Conteúdo digital exclusivo!

Cadastre-se e transforme seus estudos em uma experiência única de aprendizado!

Acesse agora

Portal:
www.editoradobrasil.com.br/apoema

Código de aluno:
2412160A2076541

Lembre-se de que esse código é pessoal e intransferível. Guarde-o com cuidado, pois é a única forma de você utilizar os conteúdos do portal.

ADILSON LONGEN
- Licenciado em Matemática pela Universidade Federal do Paraná (UFPR)
- Mestre em Educação com linha de pesquisa em Educação Matemática pela UFPR
- Doutor em Educação com linha de pesquisa em Educação Matemática pela UFPR
- Professor do Ensino Fundamental e do Ensino Médio

APOEMA
MATEMÁTICA 9

1ª **edição**
São Paulo, 2018

Dados Internacionais de Catalogação na Publicação (CIP)
(Câmara Brasileira do Livro, SP, Brasil)

Longen, Adilson
  Apoema: matemática 9 / Adilson Longen. – 1. ed. –
São Paulo: Editora do Brasil, 2018. – (Coleção apoema)

  ISBN 978-85-10-07033-1 (aluno)
  ISBN 978-85-10-07034-8 (professor)

  1. Matemática (Ensino fundamental) I. Título. II. Série.

18-20728   CDD-372.7

Índices para catálogo sistemático:
1. Matemática: Ensino fundamental 372.7

Maria Alice Ferreira – Bibliotecária – CRB-8/7964

© Editora do Brasil S.A., 2018
Todos os direitos reservados

Direção-geral: Vicente Tortamano Avanso

Direção editorial: Felipe Ramos Poletti
Gerência editorial: Erika Caldin
Supervisão de arte e editoração: Cida Alves
Supervisão de revisão: Dora Helena Feres
Supervisão de iconografia: Léo Burgos
Supervisão de digital: Ethel Shuña Queiroz
Supervisão de controle de processos editoriais: Marta Dias Portero
Supervisão de direitos autorais: Marilisa Bertolone Mendes

Supervisão editorial: Valéria Elvira Prete
Edição: Andriele de C. Landim
Assistência editorial: Cristina Perfetti e Rodolfo da Silva Campos
Apoio editorial: Anne Pessota e Karina Danza
Coordenação de revisão: Otacilio Palareti
Copidesque: Gisélia Costa, Ricardo Liberal, Sylmara Beletti
Revisão: Alexandra Resende, Andréia Andrade, Elaine Silva e Rosani Andreani
Pesquisa iconográfica: Amanda Felício
Assistência de arte: Letícia Santos
Design gráfico: Patrícia Lino
Capa: Megalo Design
Imagem de capa: Fernando Favoretto
Ilustrações: DAE (Departamento de Arte e Editoração), Branco Chiacchio, Christiane S. Messias, Daniel Queiroz Porto, Eduardo Belmiro, Fernando Raposo, Hélio Senatore, Ilustra Cartoon, Jane Kelly/Shutterstock.com (ícones seções), Paula Haydee Radi, Paulo César Pereira, Reinaldo Rosa, Ronaldo Barata e Saulo Nunes Marques
Produção cartográfica: DAE (Departamento de Arte e Editoração), Sonia Vaz
Coordenação de editoração eletrônica: Abdonildo José de Lima Santos
Editoração eletrônica: N Public/Formato Comunicação
Licenciamentos de textos: Cinthya Utiyama, Jennifer Xavier, Paula Harue Tozaki e Renata Garbellini
Controle de processos editoriais: Bruna Alves, Carlos Nunes, Jefferson Galdino, Rafael Machado e Stephanie Paparella

1ª edição/1ª impressão, 2018
Impresso na BMF Gráfica e Editora

Rua Conselheiro Nébias, 887
São Paulo, SP – CEP 01203-001
Fone: +55 11 3226-0211
www.editoradobrasil.com.br

APRESENTAÇÃO

Queremos convidá-lo a estudar matemática não como uma ciência completamente alheia à realidade e parada no tempo. Ao contrário, o estudo que aqui propomos é dinâmico e pensado para aqueles que desejam de fato compreender como os conceitos e as teorias relacionados a essa disciplina foram elaborados e como aplicá-los.

Há a ideia equivocada de que a matemática é feita de regras, fórmulas e relações que aparentemente não têm sentido. Ao observarmos a construção de um enorme prédio na cidade, depararmo-nos com relógios digitais ou mesmo telas de computadores, contarmos, fazermos estimativas de medidas e mesmo uma simples observação sobre as letras e os algarismos da placa de um automóvel, a matemática está presente. Compreendê-la, portanto, é ampliar a percepção do mundo que já conhecemos.

Esperamos que a vontade de compreender essa ciência, aliada ao desejo de investigação, sejam motivos suficientes para conduzi-lo ao estudo que aqui propomos. Que ao final você perceba que a matemática é uma atividade humana repleta de significados e aplicações.

Bom estudo!

O autor

SUMÁRIO

UNIDADE 1 – Números reais ... 8

CAPÍTULO 1 – Os números racionais ... 10
Números racionais e suas representações ... 10
Outros números ... 13

CAPÍTULO 2 – Os números reais ... 14
Os números irracionais ... 14
Conviver – O número irracional pi (π) ... 17
De olho no legado – A circunferência e o número π ... 19
Os números reais ... 20

CAPÍTULO 3 – Potenciação e radiciação dos números reais ... 22
Potenciação ... 22
• A notação científica ... 23
• Propriedades da potenciação ... 26
Conviver – Potenciação e taxas percentuais ... 28
Radiciação ... 29
• Raiz enésima ... 30
Potência com expoente racional e raiz cúbica ... 30
Cálculo com radicais ... 32
• Adição e subtração de radicais ... 34
• Multiplicação e divisão com radicais ... 36
• Potenciação e radiciação com radicais ... 37
Calculadora em foco ... 39
Retomar ... 40

UNIDADE 2 – Álgebra ... 44

CAPÍTULO 4 – Cálculo algébrico ... 46
Expressões algébricas ... 46
• Fórmulas e figuras geométricas ... 49
De olho no legado – Registro de equações ao longo da história ... 51

CAPÍTULO 5 – Produtos notáveis ... 52
Quadrado da soma de dois termos ... 52
Quadrado da diferença de dois termos ... 55
Produto da soma pela diferença de dois termos ... 57

CAPÍTULO 6 – Fatoração ... 60
Fator comum e por agrupamento ... 60
Fatoração por produtos notáveis ... 64
Conviver – Cálculo do cubo da soma ... 67
Retomar ... 68

UNIDADE 3 – Geometria ... 72

CAPÍTULO 7 – Ângulos e retas ... 74
Ângulos formados por retas paralelas e uma transversal ... 74
Caleidoscópio – Geometria africana ... 76

CAPÍTULO 8 – Semelhança de triângulos ... 78
Segmentos de medidas proporcionais ... 78
• Teorema de Tales ... 81

- Triângulos semelhantes 87
- De olho no legado – Tales de Mileto 93

CAPÍTULO 9 – Arcos e ângulos na circunferência 94
Comprimento do arco 94
- Ângulo central e ângulo inscrito 97
- Ângulo inscrito 97
- Relação entre o ângulo inscrito e o ângulo central 99
- Conviver – Quadriláteros na circunferência 102
Retomar 104

UNIDADE 4 – Equações do 2º grau 108

CAPÍTULO 10 – Resolução de equações 110
Equações do 2º grau 110
Resolução de equações do 2º grau 112
- Equações incompletas na forma $ax^2 + c = 0$ 113
- Equações incompletas na forma $ax^2 + bx = 0$ 114

CAPÍTULO 11 – Equações completas 116
Resolução por meio de trinômio quadrado perfeito 116
- Solução geral 119

CAPÍTULO 12 – Estudo das raízes 122
Resolução de problemas 122
- De olho no legado – Número de ouro 124
- Conviver – Proporção áurea 126
- Soma e produto das raízes 128
Retomar 132

UNIDADE 5 – Estatística e probabilidade 136

CAPÍTULO 13 – Probabilidades 138
Cálculo de probabilidades 138
- Eventos independentes e eventos dependentes 143
- Eventos independentes 143
- Eventos dependentes 144
- Conviver – A probabilidade e nosso lugar no mundo 148

CAPÍTULO 14 – Análise de informações 149
Análise de informações da mídia 149
- Cuidados com informações divulgadas 153
- De olho no legado – Escritores indígenas 157
Professores em foco 158

CAPÍTULO 15 – Pesquisas e tratamento da informação 159
Construção de gráficos com base em dados 159
- Efetuando pesquisas 162
- Conviver – Pesquisa 163
Retomar 164

UNIDADE 6 – Relações métricas, construções e plano cartesiano 168

CAPÍTULO 16 – Triângulo retângulo 170
Relações métricas no triângulo retângulo 170
- Teorema de Pitágoras 175

De olho no legado - Escola pitagórica 180

CAPÍTULO 17 – O plano cartesiano 182
Localização de pontos 182
- Cálculo das coordenadas do ponto médio 185
- Cálculo da distância entre dois pontos 189

CAPÍTULO 18 – Polígono regulares 193
Construção de polígonos regulares 193
Conviver – Pavimentação do plano 197
Retomar 198

UNIDADE 7 – Álgebra: relações entre grandezas 202

CAPÍTULO 19 – Função 204
Conceito de função 204
- Representação no plano cartesiano 209

CAPÍTULO 20 – Funções especiais 213
Função afim 213
- Representação gráfica de função afim 216
Conviver – GeoGebra na construção de gráficos de funções afins 220
Função quadrática 221
- Representação gráfica de uma função quadrática 223
Conviver – GeoGebra na construção de gráficos de funções quadráticas 226

CAPÍTULO 21 – Relações entre grandezas 227
Razões e relações de proporcionalidade 227
- Regra de três composta 230

Retomar 232

UNIDADE 8 – Porcentagens, formas e medidas 236

CAPÍTULO 22 – Porcentagem 238
Resolução de problemas com porcentagens 238
- Cálculo de percentuais sucessivos 241

CAPÍTULO 23 – Figuras espaciais 244
Vistas ortogonais e perspectivas 244
- Projeção ortogonal 245
- Desenhos em perspectiva 246

CAPÍTULO 24 – Medidas de volumes 249
Volume de prismas 249
Volume de cilindros 253

Retomar 256
Gabarito 260
Referências 272

UNIDADE 1

Planeta Terra fotografado a 20 km acima do solo.

 Antever

Em algumas situações, precisamos de números extremamente grandes ou extremamente pequenos para expressar medidas. Isso é muito comum quando tratamos de medidas astronômicas, como no caso da extensão da Terra ou no caso da medida de elementos microscópicos, como uma célula embrionária.

Para facilitar a leitura e os cálculos referentes a esse tipo de medida, utilizamos a notação científica, que é um dos conteúdos que iremos retomar nesta unidade.

Números reais

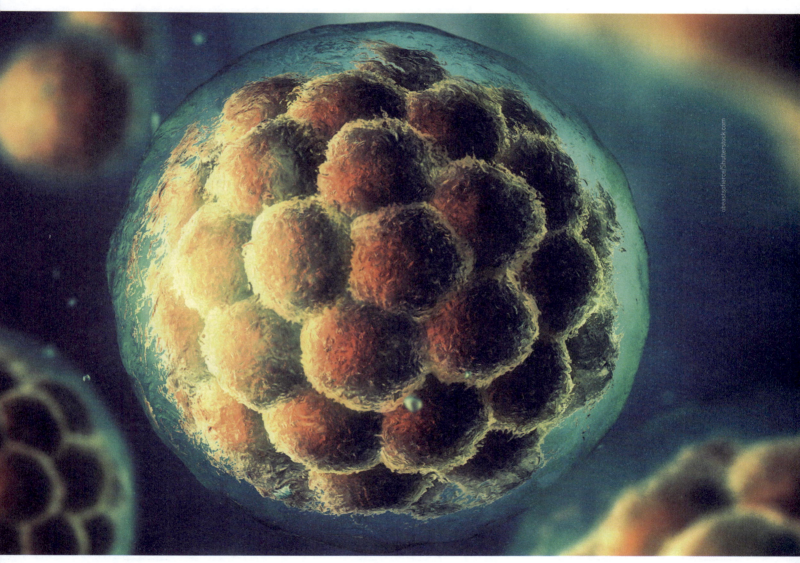

Célula vista por microscópio.

1. Você sabe qual é a extensão do planeta Terra?

2. Observando a imagem da célula, você saberia dizer quanto ela realmente mede?

CAPÍTULO 1
Os números racionais

Números racionais e suas representações

Ao longo do Ensino Fundamental, o estudo dos conjuntos numéricos vem sendo ampliado. Iniciamos pelo conjunto dos números naturais, passamos pelo conjunto dos números inteiros e, posteriormente, pelo conjunto dos racionais.

Retomando o que já foi estudado, podemos afirmar que:
- todo número natural é também inteiro;
- todo número inteiro é também racional;
- os números racionais podem ser escritos na forma $\frac{a}{b}$, com a e b inteiros e $b \neq 0$;
- os números racionais podem ser representados na reta numérica, como a seguir:

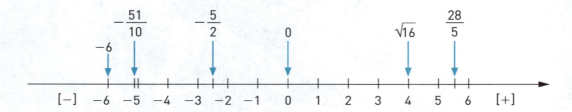

- a comparação entre dois números racionais pode ser feita pela posição em que o número está representado na reta, assim como fazemos com os números inteiros;
- todo número racional pode ser representado na forma fracionária ou na forma decimal.

Responda:
1. Qual é a representação decimal do número racional $\frac{5}{9}$?
2. Qual é a representação fracionária do número racional 0,03?
3. Converse com os colegas sobre como você fez para responder às questões anteriores.

Quando representamos um número racional na forma decimal podemos obter um **decimal exato** ou uma **dízima periódica**. Observe os exemplos:

0,375 ⟶ decimal exato – contém um número finito de casas decimais
40,333333... ⟶ dízima periódica – contém um número infinito de casas decimais

Lembre que a fração que corresponde a uma dízima periódica é denominada **fração geratriz** dessa dízima. Observe as situações a seguir, de como podemos obter a fração geratriz de uma dízima periódica com base em sua representação decimal.

1ª situação

Vamos obter a fração geratriz do número racional 0,8888...

- Indicando pela incógnita x a dízima que corresponde à fração que queremos determinar, temos:
$$x = 0{,}8888\ldots \text{ (I)}$$
- Multiplicamos os dois membros dessa igualdade por 10, de tal maneira que a vírgula desloque uma casa decimal para a direita:
$$10x = 8{,}8888\ldots \text{ (II)}$$
- Subtraímos (I) de (II), obtendo assim a forma fracionária do número racional (a fração geratriz da dízima).

$$10x - x = 8{,}8888\ldots - 0{,}8888\ldots$$
$$9x = 8$$
$$x = \frac{8}{9} \longrightarrow \text{fração geratriz}$$

2ª situação

Agora vamos obter a fração geratriz da dízima periódica 0,373737...

- Indicando pela incógnita x a dízima que corresponde à fração que queremos determinar, temos:
$$x = 0{,}373737\ldots \text{ (I)}$$
- Multiplicamos os dois membros dessa igualdade por 100, de tal maneira que a vírgula se desloque duas casas decimais para a direita:
$$100x = 37{,}373737\ldots \text{ (II)}$$
- Subtraímos (I) de (II) membro a membro, obtendo assim a forma fracionária do número racional (a fração geratriz da dízima).

$$100x - x = 37{,}373737\ldots - 0{,}373737\ldots$$
$$99x = 37$$
$$x = \frac{37}{99} \longrightarrow \text{fração geratriz}$$

> Quando subtraímos duas dízimas periódicas com representações infinitas, estamos considerando que o período da dízima sempre se repete.

Atividades — no caderno

1. Escreva, na forma decimal, cada um dos seguintes números racionais a seguir e classifique-os como decimal exato ou dízima periódica.

   a) $-\dfrac{22}{3}$

   b) $\dfrac{45}{13}$

   c) $\dfrac{72}{999}$

   d) $-\dfrac{7}{1\,400}$

2. De cada número a seguir, obtenha a fração geratriz.

   a) $0{,}\overline{75}$

   b) $0{,}\overline{4}$

   c) $2{,}\overline{5}$

   d) $0{,}\overline{129}$

3. O número 2,7 é um número racional que está entre os inteiros 2 e 3.

   a) Escreva mais quatro números racionais entre 2 e 3.

   b) Agora escreva outros quatro números racionais que estejam entre 2,7 e 2,8.

11

4 Em uma folha do caderno Pedro desenhou quatro segmentos paralelos e indicou neles suas medidas. Veja como ele fez:

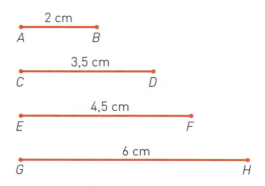

Lembre-se de que razão é a relação entre duas grandezas, representada por uma divisão. A razão entre a e b é $\frac{a}{b}$.

Obtenha, em cada item a seguir, o número racional na forma fracionária (fração irredutível) que representa:

a) a razão entre as medidas *AB* e *CD*, nessa ordem;

b) a razão entre as medidas *GH* e *CD*, nessa ordem;

c) a razão entre as medidas *CD* e *EF*, nessa ordem;

d) a razão entre as medidas *EF* e *GH*, nessa ordem.

5 Em relação à atividade anterior, responda:

a) Multiplicando o comprimento *AB* por um número, obtém-se o comprimento *GH*. Qual é esse número?

b) Multiplicando o comprimento *GH* por um número, obtém-se o comprimento *AB*. Qual é esse número?

6 Junte-se a um colega para fazer a atividade a seguir de acordo com as instruções.

1. Separem régua, esquadro e uma folha de papel.

2. Desenhem na folha um quadrado cujo lado meça 10 cm.

3. Com a régua, obtenham a medida aproximada da diagonal desse quadrado.

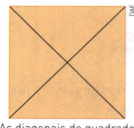

As diagonais do quadrado são congruentes.

Agora, respondam:

a) Entre quais números inteiros consecutivos está a medida em centímetros da diagonal desse quadrado?

b) Qual é o número inteiro mais próximo da medida em centímetros da diagonal desse quadrado?

7 Elabore um problema que envolva números racionais na ordem dos centésimos. Troque seu problema com um colega para que um encontre a resposta do problema do outro. Verifiquem se ambos acertaram.

Outros números

Você já ouviu falar da Escola Pitagórica?

Inúmeras são as histórias a respeito de um grego chamado Pitágoras.

Esse filósofo e matemático que viveu na Grécia Antiga tinha discípulos, que ficaram conhecidos como **pitagóricos**. Para eles, os números governavam o mundo e estavam por trás dos fatos, dos acontecimentos e da natureza.

É atribuído a Pitágoras um famoso teorema que relaciona entre si os lados de um triângulo retângulo, mas pesquisas indicam que os babilônios tinham esse conhecimento mais de 2 mil anos antes dos pitagóricos. Um tablete de argila babilônio escrito por volta de 1800 a.C., denominado Plimpton 322, contém sequências de números correspondentes às **ternas pitagóricas**.

Busto de Pitágoras de Samos (c. 570 a.C.-496 a.C.), em Roma, Itália.

Tablete de argila babilônio Plimpton 322.

A figura ao lado, formada por triângulos retângulos (quando um dos ângulos de um triângulo é reto), tem suas medidas representadas por raízes quadradas de números naturais e consecutivos. Veja:

Se você observar com atenção cada um dos triângulos, verá que um dos lados mede 1 unidade de comprimento, e as medidas dos lados que se ligam ao centro da chamada **espiral pitagórica** são representadas por raízes quadradas de números naturais. Acontece que nem sempre essas raízes são números racionais. Para que elas tenham significado, precisaremos estudar um novo conjunto numérico, o conjunto dos números irracionais.

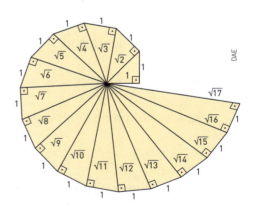

Responda:
1. Quais das raízes quadradas apresentadas são números racionais e inteiros?
2. Entre quais números racionais e inteiros está situado o número correspondente a $\sqrt{17}$?

CAPÍTULO 2

Os números reais

Os números irracionais

Assim como acontece com os números naturais e com os inteiros, os números racionais também se mostram insuficientes para representar todas as medidas ou resultados de operações. Veja a situação a seguir.

A medida da área do quadrado maior, de lado ℓ, é igual ao dobro da medida da área do quadrado menor, cujo lado mede 1 unidade de comprimento. Lembrando que a medida da área de um quadrado é igual ao quadrado da medida de seu lado, então temos que:

$$A_{\text{quadrado maior}} = 2 \cdot A_{\text{quadrado menor}}$$
$$\ell^2 = 2 \cdot 1^2$$
$$\ell^2 = 2$$

Assim, a medida do lado do quadrado maior será a raiz quadrada da área, ou seja: $\ell = \sqrt{2} = ?$

Qual é o número racional que, elevado ao quadrado, resulta em 2? Ou, perguntando de outra maneira, qual é a raiz quadrada de 2? Por meio de aproximações podemos tentar descobrir a resposta para essa questão. Verificamos se é um número entre 1 e 2:

$$\begin{cases} 1^2 = 1 \\ 2^2 = 4 \end{cases} \quad 1 < \ell < 2$$

Agora, com uma calculadora vamos aproximar alguns números, com uma casa decimal:

$$\begin{cases} 1{,}4^2 = 1{,}96 \\ 1{,}5^2 = 2{,}25 \end{cases} \quad 1{,}4 < \ell < 1{,}5$$

Aproximando agora com duas casas decimais:

$$\begin{cases} 1{,}41^2 = 1{,}9881 \\ 1{,}42^2 = 2{,}0164 \end{cases} \quad 1{,}41 < \ell < 1{,}42$$

Agora aproximamos com três casas decimais:

$$\begin{cases} 1{,}414^2 = 1{,}999396 \\ 1{,}415^2 = 2{,}002225 \end{cases} \quad 1{,}414 < \ell < 1{,}415$$

Por mais que queiramos continuar, sempre vamos encontrar um valor aproximado. O resultado da raiz quadrada de 2 não tem uma parte periódica e não pode ser escrito na forma fracionária.

Dizemos então que $\sqrt{2}$ não é um número racional: ele é um **número irracional**.

Utilize uma calculadora e responda:
1. O lado desse quadrado está entre os números 1,4141 e 1,4149?
2. E entre os números 1,4142 e 1,4148?

Números assim são chamados de **números irracionais**. Assim como $\sqrt{2}$, existem infinitos números irracionais, por exemplo, $\sqrt{3}$, $\sqrt{5}$, $\sqrt{7}$, $\sqrt{11}$, $\sqrt{13}$, $\sqrt{17}$.

Observe o que aparece no visor quando você calcula $\sqrt{5}$:

Resultado da $\sqrt{5}$ numa calculadora comum.

Caso você digite esse número e o eleve ao quadrado, aparecerá o seguinte:

O número 2,236067977 não é exatamente a raiz quadrada de 5, mas sim uma aproximação racional para ela.

Quando não há necessidade de uma precisão muito grande, podemos utilizar aproximações racionais para representar tais números.

Exemplos de aproximações com duas casas decimais: $\sqrt{2} \cong 1{,}41$; $\sqrt{3} \cong 1{,}73$; $\sqrt{5} \cong 2{,}24$.

Mesmo que um número tenha muitas casas decimais, apenas isso não é o suficiente para caracterizá-lo como número irracional.

A fração $\dfrac{24}{17}$, por exemplo, tem um período formado por 16 casas, mas ao fazer essa divisão em uma calculadora, dependendo de seu modelo, obtemos o número 1,4117647058, que parece não ter período – mas tem e, portanto, é um número racional.

> Os números que não podem ser representados como quociente (razão) de dois números inteiros são denominados **números irracionais**. A representação de um número irracional na forma decimal tem infinitas casas decimais e, nele, não há período.

Podemos representar os números irracionais na reta numérica por uma aproximação decimal ou então, em algumas situações, utilizando um procedimento geométrico com o compasso. Vamos localizar o ponto $\sqrt{2}$ na reta numérica.

Desenhando um quadrado de lado 2 cm, com medida de área 4 cm², podemos decompor em 4 quadradinhos de 1 cm² de área. Em seguida, dividindo ao meio cada quadradinho, obtemos 4 triângulos retângulos de base e altura medindo 1 cm. Como a área do triângulo é $\dfrac{1 \cdot 1}{2} = 0{,}5$, a medida da área do quadrado azul é $4 \cdot 0{,}5$ cm² $= 2$ cm². Como a área mede 2 cm², a medida do lado do quadrado azul é $\sqrt{2}$ cm. Dessa forma, podemos transpor, usando o compasso, a medida do lado do quadrado azul ($\sqrt{2}$ cm) para a reta numérica. Observe:

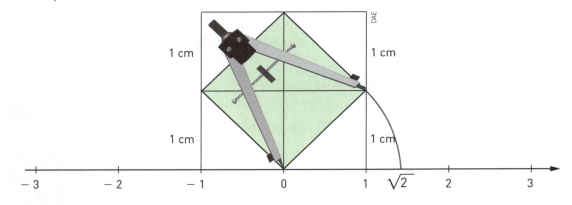

 **Atividades**

1. Responda às questões a seguir.

   a) Se a representação de um número na forma decimal tem infinitas casas, isso significa que é irracional?

   b) Se a representação decimal de um número tem uma quantidade finita de casas decimais, esse número pode ser irracional?

2. O lado do quadrado representado ao lado mede $\sqrt{3}$ cm. Utilizando uma calculadora, podemos obter o valor aproximado para a medida do lado, isto é, $\sqrt{3} \cong 1{,}732$.

   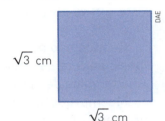

   Determine:

   a) a medida aproximada do perímetro desse quadrado;

   b) a medida da área do quadrado considerando a medida aproximada de seu lado;

   c) a medida da área considerando que a medida do lado do quadrado é $\sqrt{3}$ cm.

3. Retomando parte da espiral pitagórica, observe as medidas dos lados dos triângulos retângulos representados ao lado e, com o auxílio de uma calculadora, escreva as medidas aproximadas, com 4 casas decimais, correspondentes a:

   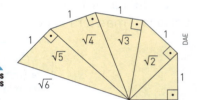

   a) $\sqrt{3}$;   b) $\sqrt{5}$;   c) $\sqrt{6}$.

4. Ainda utilizando a calculadora, determine o quadrado de cada um dos números obtidos na atividade anterior. E, em seguida, responda: Elevando esses números ao quadrado, você obteve os valores 3, 5 e 6, respectivamente?

5. Represente no caderno uma reta numérica dividida em partes de 1 cm. Em seguida, localize aproximadamente a posição dos pontos correspondentes aos números irracionais:

   a) $\sqrt{2}$;
   b) $\sqrt{3}$;
   c) $\sqrt{5}$;
   d) $\sqrt{10}$;
   e) $\sqrt{20}$.

6. O professor informou aos alunos que $\sqrt{20}$ era 4,47213595... Pensando nessa afirmação, responda: A representação decimal feita para $\sqrt{20}$ é infinita e periódica, infinita e não periódica ou finita e exata?

7. Observe o quadrado ao lado e responda às questões.

   a) Qual é a medida do lado desse quadrado?

   b) Qual é a área de um quadrado com 6,32 cm de lado?

   c) E com 6,33 cm de lado?

   d) A raiz quadrada de 40 é um número irracional? Quantas casas decimais ela tem?

Conviver

O número irracional pi (π)

Em alguns momentos dessa coleção, você já fez atividades que envolveram o comprimento de uma circunferência e a medida de seu diâmetro. Caso queira fazer novamente esse tipo de atividade, considere uma latinha em forma de cilindro e observe suas duas bases, que têm a forma de círculo.

O contorno do círculo é uma circunferência. Para obtermos o comprimento da circunferência, podemos contornar a lata com um barbante e depois medir o comprimento do barbante correspondente ao contorno da lata. Observe as ilustrações a seguir:

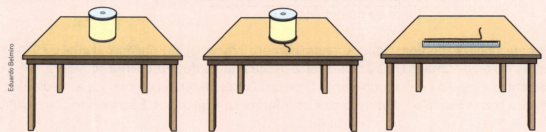

Junte-se a mais três ou quatro colegas para fazer esta atividade e sigam as instruções!

Instruções

1 Separem os seguintes materiais:
- uma calculadora;
- uma régua;
- um pedaço de barbante de 1 m;
- uma moeda de R$ 0,50;
- uma caneca redonda;
- uma lata de milho verde;
- um CD.

2 Utilizando a régua, obtenham a medida do diâmetro (D) dos objetos e, com base nela, calculem seus raios (r), que têm a metade da medida do diâmetro.

3 Com o barbante, contornem cada objeto para conseguir a medida do comprimento de suas circunferências (C). Copiem e preencham as três primeiras colunas da tabela com valores aproximados.

4 Dividam, utilizando a calculadora, o comprimento da circunferência pelo diâmetro correspondente de cada objeto; em seguida copiem e completem a tabela abaixo.

	D (cm)	r (cm)	C (cm)	C/D
Moeda				
Caneca				
Lata				
CD				

5 Apresentem as tabelas para os demais colegas e respondam às seguintes perguntas:

a) Todos os valores da última coluna são números iguais?

b) Qual é a conclusão que se pode chegar com os resultados obtidos?

Na história da Matemática, diversos estudiosos tentaram obter o comprimento de uma circunferência procurando estabelecer relações com alguma medida. Por meio de tentativas chegaram a uma conclusão intrigante. Ao dividir a medida do comprimento de uma circunferência qualquer pelo dobro da medida do seu raio, observaram que essa divisão resultava sempre em um mesmo número um pouco maior que 3.

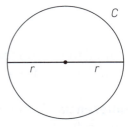

C: comprimento

r: raio

$$\frac{\text{medida do comprimento de uma circunferência}}{\text{dobro da medida do raio}} = ?$$

Atualmente, pode-se demonstrar que π é um número irracional. Sua forma decimal é 3,14159265..., tendo infinitas casas decimais. Utilizamos a letra grega π (pi) para representá-lo.

A razão entre a medida do comprimento C de uma circunferência de raio r e a medida do dobro desse raio (que corresponde ao diâmetro da circunferência) é igual a π. Escrevendo com símbolos:

$$\frac{C}{2r} = \pi$$

Observações:

Para calcular a medida do comprimento C de uma circunferência de raio r, podemos utilizar a relação acima. Isolando a medida da circunferência no primeiro membro, temos:

$$C = 2\pi \cdot r$$

Normalmente, utilizamos uma aproximação para o número π, substituindo-o por 3,14. Essa aproximação é usada para obter a medida do comprimento de uma circunferência conhecendo a medida de seu raio r.

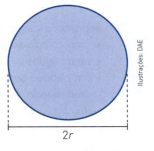

Exemplo

Calcule a medida aproximada do comprimento de uma circunferência de raio igual a 5 cm.

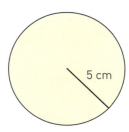

Vamos utilizar a relação matemática mencionada anteriormente:

$$C \cong 2\pi \cdot r$$
$$C \cong 2 \cdot 3,14 \cdot 5$$
$$C \cong 31,4$$

Assim, a medida aproximada do comprimento da circunferência é 31,4 cm.

De olho no legado

A circunferência e o número π

As tentativas dos gregos antigos de medir a circunferência da Terra levaram naturalmente a questões afins, tais como a maneira de determinar o diâmetro da Terra. Se medir a distância diretamente pela superfície parecia impossível, medi-la passando pelo centro da Terra estava no reino da pura fantasia. Novamente a resposta foi fornecida pela Geometria.

Uma das propriedades fundamentais das circunferências é que todas elas se parecem. Elas podem ser grandes ou pequenas, aumentadas ou diminuídas, mas já que todas as partes são proporcionais, razões como aquela que o comprimento da circunferência mantém com o diâmetro valem para todas as circunferências. A única questão é: que razão é essa? Desde a Antiguidade (a Bíblia o menciona) sabia-se que a resposta é aproximadamente 3. (Aproximações mais precisas como $3\frac{1}{8}$ eram conhecidas muito antes pelos babilônios e pelos egípcios.) Nos tempos modernos, a letra **π**, ou *pi*, passou a ser usada para denotar essa razão, já que π é a primeira letra da palavra grega para **perímetro** (medida do contorno). Os primeiros cálculos cuidadosos do valor de π foram feitos por um dos maiores cientistas da Antiguidade – Arquimedes, um contemporâneo de Eratóstenes. Ele mostrou que o valor de π estava entre $3\frac{10}{71}$ e $3\frac{1}{7}$. Isso significa que, se a distância ao redor do mundo, começando e terminando em Alexandria, é de 40 mil quilômetros, a distância direta passando pelo centro da Terra está entre 12 800 e 12 900 quilômetros – uma margem de erro notavelmente pequena.

Então, há mais de 2 mil anos, o tamanho e a forma da Terra já estavam muito bem estabelecidos. Infelizmente, com o desmoronamento das civilizações antigas, milhares de anos de sabedoria acumulada ficaram perdidos para o continente europeu. Por sorte, o declínio do Ocidente coincidiu aproximadamente com o surgimento da civilização e da cultura árabes, e muito conhecimento antigo foi traduzido e transferido para lá. Junto com isso veio o desejo de aperfeiçoar aquilo que era conhecido. Um exemplo foi

a façanha assombrosa de al-Kashi de Samarcanda, que, em 1424, levou o método de Arquimedes de calcular o valor de **π** a distâncias jamais sonhadas, determinando seu valor com até 16 casas decimais. Ele fez isso não só pelo simples prazer de calcular bem além do que alguém jamais havia calculado, mas também para um propósito bem específico: determinar a circunferência [da Terra] com a precisão da espessura de um pelo de cavalo. Para ter uma ideia do grau de precisão que ele alcançou ao calcular o valor de **π**, observemos que, se a Terra fosse uma esfera perfeita com uma circunferência de 40 mil quilômetros, a estimativa de al-Kashi para o **π** determinaria o diâmetro da Terra com uma precisão de menos de um milionésimo de centímetro. Até aquela época, a única conquista remotamente comparável havia sido o valor $\frac{355}{113}$ ou $3\frac{16}{113}$, descoberto no século V pelo matemático chinês Tsu Ch'ungchih, que dá o valor correto de **π** até seis casas decimais.

Osserman, Robert. *A magia dos números no universo*. São Paulo: Mercuryo, 1997, p. 27-29

Para responder às seguintes perguntas, utilize uma calculadora:

1. Utilizando a aproximação feita por Arquimedes, entre quais números racionais se encontra o número π? Use uma aproximação de 5 casas decimais.

2. Qual a representação decimal do número π com 8 casas decimais? Pesquise.

Os números reais

Os números que podem ser escritos como o quociente de dois números inteiros quaisquer, com o divisor diferente de zero, são ditos **números racionais**. Aqueles que não podem ser representados como o quociente de dois números inteiros são denominados **números irracionais**. Cada número racional ou irracional pode ser representado por um ponto na reta numérica. Considerando todos os números racionais e também todos os números irracionais obtemos o conjunto dos **números reais**.

> **Número real** é todo número que é racional ou irracional.

Lembrando que tanto os números naturais quanto os números inteiros são racionais, podemos elaborar um diagrama que mostra a relação que os conjuntos numéricos têm entre si:

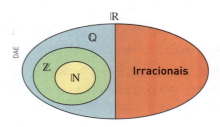

> $\mathbb{N}$ representa o conjunto dos números naturais.
> $\mathbb{Z}$ representa o conjunto dos números inteiros.
> $\mathbb{Q}$ representa o conjunto dos números racionais.

Observações:
- Todo número que é racional é real.
- Todo número que é irracional é real.
- Todo número real é racional ou é irracional.
- Associamos cada número real a um ponto na reta e, reciprocamente, cada ponto da reta associamos a um número real. A reta é conhecida como **reta real**.

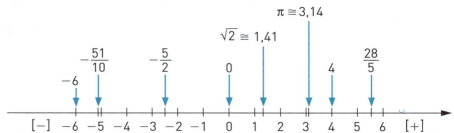

- A comparação entre dois números reais é feita de forma análoga à comparação de números racionais.

> Comparar dois números reais a e b significa estabelecer uma das seguintes sentenças como verdadeira:
> $a < b$ ou $a = b$ ou $a > b$

Responda:
1. Pode um número ser irracional e racional ao mesmo tempo?
2. Qual dos números irracionais é maior: $3\sqrt{2}$ ou π? Justifique sua resposta.

Observe agora como podemos comparar alguns números.

Exemplo 1

Vamos comparar os números 3,72 e 3,721.
Comparamos a parte inteira de cada um deles; aquele que tiver a maior parte inteira é o número maior.

Como no exemplo os dois têm a mesma parte inteira, comparamos a parte decimal igualando o número de casas decimais, quando necessário:

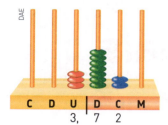 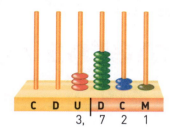

0,72 = 0,720
0,720 (setecentos e vinte milésimos)
0,721 (setecentos e vinte e um milésimos)
Como 0,720 < 0,721, temos que 3,72 < 3,721.

Exemplo 2

Vamos comparar os números $\sqrt{10}$ e 3,5.
Utilizando uma calculadora, temos uma aproximação para o número irracional $\sqrt{10}$, isto é:

$$\sqrt{10} \cong 3,16.$$

Como 3,16 é menor que 3,5, concluímos que $\sqrt{10} < 3,5$.

Atividades

1 Utilize uma calculadora e escreva os números reais correspondentes a:
a) $\sqrt{1,44}$
c) $\sqrt{0,49}$
e) $\sqrt{0,25}$
b) $\sqrt{12\,100}$
d) $\sqrt{57\,600}$
f) $\sqrt{18}$

2 Em relação aos números obtidos no exercício anterior, responda às questões.
a) Todos são reais?
b) Quais são racionais?
c) Quais são irracionais?

3 Utilizando uma calculadora, obtenha na forma decimal, com três casas decimais, os seguintes números reais:
a) $2 + \sqrt{2}$
b) $\sqrt{10} - \sqrt{5}$
c) $4 + \sqrt{7}$
d) $\sqrt{8} - \sqrt{3}$

4 Utilizando uma calculadora para fazer a aproximação e uma régua para traçar uma reta numérica como a representada abaixo, localize os números reais $\sqrt{8}$, $\frac{22}{3}$ e $\sqrt{7}$.

5 Qual número é maior: $5 \cdot \sqrt{2}$ ou $2 \cdot \sqrt{5}$? Explique como você determinou.

6 Um terreno em forma de quadrado tem a área igual a 625 m². Qual é a medida, em metros, do lado desse quadrado?

7 Algumas medidas de comprimento são efetuadas utilizando-se a unidade polegada, em que 1 polegada corresponde a 2,54 cm. Qual é a área, em centímetros quadrados, de um quadrado cuja medida do lado é 2 polegadas?

21

CAPÍTULO 3
Potenciação e radiciação dos números reais

Potenciação

Empréstimos e financiamentos são operações comuns no mercado financeiro. Muitas empresas se especializam em trabalhar com operações desse tipo, que geram lucro por meio da cobrança de juro. Usa-se a potenciação na Matemática Financeira para calcular esses modelos de cobrança.

Vamos pesquisar! Procure informações sobre as taxas de juro que são cobradas em diferentes linhas de crédito. Por exemplo, se um correntista tiver crédito em sua conta bancária e começar a utilizá-lo, quanto pagará de juro ao dia e ao mês? E um cliente que atrasar o pagamento da fatura de seu cartão de crédito, quanto de juro será cobrado?

Deve-se tomar cuidado ao usar uma linha de crédito, pois em muitos casos as taxas de juro cobradas são altas.

Neste capítulo abordaremos o estudo de potenciação, recordando o cálculo com expoentes inteiros, e ampliaremos esse conhecimento com a introdução da notação científica. Por meio desses estudos, poderemos analisar situações sobre o cálculo de juros.

↑ Linhas de crédito são empréstimos concedidos a pessoas físicas ou jurídicas, oferecidas por instituições bancárias ou financeiras.

Responda:
1. Qual o significado de "taxa abusiva" de juro?
2. Quando você multiplica um valor em reais por 1,02, o resultado obtido é quantos por cento maior que o valor inicial? Justifique sua resposta.

Vimos que a potenciação pode representar uma multiplicação com fatores iguais. Para representar, por exemplo, o produto do número 3 por ele mesmo cinco vezes, utilizamos a potenciação, escrevendo:
$$3^5 = 3 \cdot 3 \cdot 3 \cdot 3 \cdot 3 = 243$$

Cada um dos termos relacionados em uma potenciação recebe uma denominação própria.

$$\text{base} \longrightarrow 3^5 = 243 \longleftarrow \text{potência}$$
(expoente)

Observações:
- Quando o expoente é igual a 0 e a base é diferente de 0, a potência resultante é igual a 1, isto é:
$$a^0 = 1 \ (a \neq 0)$$
- Quando o expoente é igual a 1, a potência resultante é a própria base.
$$a^1 = a$$
- Se o expoente é negativo, invertemos a base elevando-a ao expoente positivo.
$$a^{-n} = \frac{1}{a^n}$$

Observe atentamente a resolução de cada um dos exemplos a seguir e vá anotando no caderno cada propriedade utilizada ao longo da execução da expressão, por exemplo:

$$2^{-3} = \frac{1}{2^3}$$

Exemplo 1

Calcule o valor da expressão numérica: $2^{-3} + \left(\frac{3}{2}\right)^3 - (-2)^{-2}$

- Aplicando as observações e o que você já estudou sobre potenciação nos anos anteriores, temos:

$$2^{-3} + \left(\frac{3}{2}\right)^3 - (-2)^{-2} = \frac{1}{2^3} + \frac{27}{8} - \frac{1}{(-2)^2} =$$

$$= \frac{1}{8} + \frac{27}{8} - \frac{1}{4} = \frac{1}{8} + \frac{27}{8} - \frac{2}{8} = \frac{26}{8} = \frac{13}{4}$$

Exemplo 2

Quantos algarismos há no resultado de $16 \cdot 10^9$?

- Em uma potência de base 10, o expoente natural indica a quantidade de zeros que seguem o algarismo 1.

$$16 \cdot 10^9 = 16 \cdot \underbrace{10 \cdot 10 \cdot 10 \cdot 10 \cdot 10 \cdot 10 \cdot 10 \cdot 10 \cdot 10}_{9} = 16 \cdot \underbrace{1\,000\,000\,000}_{9}$$

$$16 \cdot 10^9 = 16\,000\,000\,000$$

Portanto, existem 11 algarismos na potência resultante.

A notação científica

Nas ciências, de modo geral, é possível analisar grandezas macroscópicas (como a área da Floresta Amazônica) e também grandezas microscópicas (como a menor coisa que pode ser vista por um microscópio).

- Área da Floresta Amazônica: **5 500 000 000** metros quadrados.
- Capacidade de um microscópio eletrônico: **0,00000000005** metro.

A notação científica possibilita expressar essas grandezas de forma mais simples, por meio de potências de base 10. Assim, evita-se a escrita desnecessária de números com muitos algarismos ou com muitas casas decimais e a leitura se torna mais fácil.

> Um número real N está escrito em notação científica quando estiver na forma $N = a \cdot 10^k$, sendo $1 \leq a < 10$ e k um número inteiro.

Floresta Amazônica.

Modelo de um microscópio eletrônico.

Assim, retornando aos exemplos de grandezas macroscópicas (a área da Floresta Amazônica, por exemplo) e microscópicas, temos:
- a área da Floresta Amazônica é de **5,5 · 10⁹** metros quadrados;
- a capacidade de um microscópio eletrônico é **5 · 10⁻¹¹** metros.

Junte-se a um colega para pesquisar:
1. Pesquisem dois exemplos de grandezas macroscópicas diferentes das que foram utilizados no livro. Apresentem-nas para os colegas.
2. Pesquisem dois exemplos de grandezas microscópicas diferentes das que foram utilizadas no livro. Apresentem-nas para os colegas.

Exemplo 1

Escreva o número 0,000000674 em notação científica.

- Para isso, a vírgula deve ficar posicionada entre os algarismos 6 e 7, ou seja, ela será deslocada 7 casas decimais para a direita. Isso equivale a multiplicar o número por 10^7.
- Para não alterar o valor numérico, dividimos por 10^7.

$$0{,}000\,000\,674 = 0{,}000\,000\,674 \cdot \frac{10^7}{10^7} = 6{,}74 \cdot \frac{1}{10^7} = 6{,}74 \cdot 10^{-7}$$

Exemplo 2

A massa do planeta Terra é 5 960 000 000 000 000 000 000 000 kg. Vamos expressar essa massa por meio de notação científica.

- A grandeza deve ser o produto de um número entre 1 e 10 por uma potência de base 10. Assim, posicionamos a vírgula entre os algarismos 5 e 9 deslocando-a para a esquerda 24 casas decimais, o que equivale a dividir o número por 10^{24}.

Para não alterá-lo, multiplicamos por 10^{24}.

$$5\,960\,000\,000\,000\,000\,000\,000\,000 \text{ kg} = 5{,}96 \cdot 10^{24} \text{ kg}.$$

Representação artística do planeta Terra.

Exemplo 3

Escreva todos os algarismos do número $2{,}3 \cdot 10^{-6}$.

- Observe que 10^{-6} corresponde a 0,000001 (6 casas decimais). Assim, temos:

$$2{,}3 \cdot 10^{-6} = 2{,}3 \cdot 0{,}000001 = 0{,}0000023.$$

Atividades

1. Copie e complete o quadro a seguir com os valores que estão faltando. Observe que, na primeira linha, estão indicadas potências com expoentes inteiros, e na segunda linha, os resultados dessas potências:

$7{,}3 \cdot 10^2$	$2{,}301 \cdot 10^4$	$0{,}92 \cdot 10^5$	$3{,}1346 \cdot 10^4$	$5{,}24 \cdot 10^1$	$2{,}22222 \cdot 10^7$
730	23 010				

2 Escreva os números a seguir utilizando a notação científica.

a) 0,00000015

b) 230 000 000

c) 0,000000000345

d) 455 000

3 Escreva os números a seguir como potências de base 10.

a) 100 000

b) 1 000 000

c) 0,001

d) 0,1

e) 100 000 000

f) 0,0001

4 Calcule o valor numérico da expressão seguinte.

$$2^{-2} + 5^{-1} + \left(\frac{2}{3}\right)^0$$

5 Quando calculamos uma potência com expoente natural, podem ocorrer as seguintes situações:
- base positiva, expoente par: resultado positivo;
- base positiva, expoente ímpar: resultado positivo;
- base negativa, expoente par: resultado positivo;
- base negativa, expoente ímpar: resultado negativo.

Observando essas possibilidades, calcule o valor numérico de cada item a seguir.

a) $(-3)^4$

b) $(-5)^3$

c) $(-0,2)^3$

d) $(-7)^3$

e) $(-0,05)^2$

f) -3^5

g) $(-4)^4$

h) -4^4

i) $\left(-\frac{1}{5}\right)^3$

j) $\left(\frac{1}{4}\right)^3$

k) $(-0,5)^4$

l) $(-0,01)^3$

6 Em um papel milimetrado, cada quadradinho tem 0,001 m de medida de lado. Qual é a área desse quadradinho em m²?

7 O volume de um cubo é calculado elevando a medida de sua aresta ao cubo. Qual é o volume de um cubo cuja aresta mede 0,2 cm?

8 Escreva os números a seguir em notação científica.

Número	Notação científica	Número	Notação científica
1 000		0,001	
1 000 000		0,000001	
1 000 000 000		0,000000001	
1 000 000 000 000		0,000000000001	

9 Na escola de Paula, cada aula tem duração de 50 minutos. Em uma manhã, ela assiste a 5 aulas. Escreva, em notação científica, o tempo, em segundos, correspondente ao total de aulas às quais ela assiste em uma manhã.

10 Elabore um problema que envolva números macroscópicos. Entregue a um colega para que ele o resolva. Verifique se a resposta está correta.

Propriedades da potenciação

Na área de informática, a capacidade de armazenamento de um disco rígido, por exemplo, é mensurada utilizando os múltiplos do *byte*: *kilobyte*, *megabyte*, *gigabyte*, *terabyte* etc.

Em símbolos:

byte – **B**
kilobyte – **kB**
megabyte – **MB**
gigabyte – **GB**
terabyte – **TB**

Discos rígidos, também conhecidos como *HD*.

Pendrive é um dispositivo de memória capaz de gravar dados.

Os computadores trabalham com impulsos elétricos, que podem ser negativos ou positivos. A esses impulsos elétricos é dado o nome de **bit** (**BI**nary digi**T**). Quando temos um conjunto de 8 *bits*, damos o nome de **byte**. Como o *bit* representa 2 valores (1 ou 0), temos que:

$$1 \text{ byte} = 1 \text{ B} = 2^8 \text{ bits} = 256 \text{ bits}$$

As outras unidades são múltiplas do *byte* e são assim resumidas e representadas:

$$1 \text{ kilobyte} = 1 \text{ kB} = 1\,024 \text{ B} = 2^{10} \text{ B}$$
$$1 \text{ megabyte} = 1 \text{ MB} = 1\,024 \text{ kB} = 2^{10} \text{ kB}$$
$$1 \text{ gigabyte} = 1 \text{ GB} = 1\,024 \text{ MB} = 2^{10} \text{ MB}$$
$$1 \text{ terabyte} = 1 \text{ TB} = 1\,024 \text{ GB} = 2^{10} \text{ GB}$$

Observando as unidades de medidas de capacidade de armazenamento acima, responda:
1. Quantos *bytes* (B) há em um arquivo de 1 *gigabyte*? Escreva a resposta na forma de potência.
2. Quantos *kilobytes* (kB) há em um arquivo de 1 *gigabyte*? Escreva a resposta na forma de potência.

Além das unidades de medidas de capacidade de armazenamento acima, utilizamos potenciação em diversas outras situações. Assim, é importante que você observe a existência de propriedades que envolvem potências.

> **Propriedade 1**
> O produto de potências de mesma base é igual à potência que se obtém conservando a base e adicionando os expoentes: $a^m \cdot a^n = a^{m+n}$

Exemplo 1

$3^{10} \cdot 3^4 \cdot 3^{-5} = 3^{10 + 4 + (-5)} = 3^9$

> **Propriedade 2**
> O quociente de potências de mesma base é igual à potência que se obtém conservando a base e subtraindo os expoentes: $a^m \div a^n = \dfrac{a^m}{a^n} = a^{m-n}$ $(a \neq 0)$

Exemplo 2

$\dfrac{4^{12} \cdot 4^{-5}}{4^{-4}} = \dfrac{4^{12+(-5)}}{4^{-4}} = \dfrac{4^7}{4^{-4}} = 4^{7-(-4)} = 4^{11}$

Propriedade 3

O produto de potências de mesmo expoente é igual à potência que se obtém multiplicando as bases e conservando o expoente:

$$a^m \cdot b^m = (a \cdot b)^m$$

Exemplo 3

$25 \cdot 4 = 5^2 \cdot 2^2 = (5 \cdot 2)^2 = 10^2 = 100$

Propriedade 4

O quociente de potências de mesmo expoente é igual à potência que se obtém dividindo as bases e conservando o expoente:

$$a^m \div b^m = \frac{a^m}{b^m} = \left(\frac{a}{b}\right)^m \quad (b \neq 0)$$

Exemplo 4

$\dfrac{64}{27} = \dfrac{4^3}{3^3} = \left(\dfrac{4}{3}\right)^3$

Propriedade 5

Uma potência elevada a um expoente que está elevado a outro expoente é igual à potência que se obtém conservando a base e multiplicando os expoentes (potência da potência): $(a^m)^n = a^{m \cdot n}$

Exemplo 5

$(3^4)^5 = 3^{4 \cdot 5} = 3^{20}$

Atividades

1 Reduza cada item a uma só potência, conforme propriedades de potenciação.

a) $3^7 \cdot 3^8$

b) $\dfrac{5^8}{5^{13}}$

c) $(7^3)^4$

d) $x^{17} \cdot x^{-10}$

e) $\dfrac{a^{-2}}{a^{-4}}$

f) $(y^{-4})^{-5}$

2 Simplifique a expressão usando as propriedades de potenciação para reduzi-la a uma potência de base igual a 3.

$$\frac{3^2 \cdot (3^3)^3 \cdot 27^{-4}}{81^3 \cdot 9^{-2}}$$

3 Depois do *gigabyte*, temos também o *terabyte* como unidade de capacidade de armazenamento. Na tabela ao lado, utilizando a aproximação $2^{10} \cong 10^3$, você deverá completar as potências de base 10.

Unidade	Símbolo	Valor	Múltiplo base 2	Múltiplo base 10
kilobyte	kB	1 024 B	2^{10}	
megabyte	MB	1 024 KB	2^{20}	
gigabyte	GB	1 024 MB	2^{30}	
terabyte	TB	1 024 GB	2^{40}	

4 No *pendrive* ilustrado ao lado está indicada a capacidade de armazenamento.

Um arquivo de 1 TB será dividido para ser armazenado em *pendrives* com capacidade de 32 GB. Quantos *pendrives* serão necessários?

Os *pendrives* podem ter capacidades diferentes de armazenamento (memória).

5 Elabore um problema utilizando informações da tabela da atividade 3. Após a elaboração, troque com um colega para que um solucione o problema proposto pelo outro.

Conviver

Potenciação e taxas percentuais

O estudo da potenciação e de suas propriedades nos permite avaliar taxas sobre produtos, empréstimos e até mesmo sobre a inflação anual.

Participantes:
- 3 ou 4 alunos.

Material:
- computador com acesso a uma planilha eletrônica.

Situação 1

Imaginem que uma geladeira que custa R$ 1.200,00 no mês de março sofra um aumento de 2% em seu valor no mês de abril, depois, outro aumento de 2% no mês de maio e, por fim, mais um aumento de 2% no mês de junho. Qual é o valor dessa geladeira após esses aumentos?

Em uma planilha eletrônica vamos atribuir significados e valores para algumas células:

	A	B	C	D	E	F
1	Objeto	Valor inicial	Taxa 1	Taxa 2	Taxa 3	Valor final
2	Geladeira	1200	1,02	1,02	1,02	=(B2*C2*D2*E2)

Lembre-se de que um aumento de 2% equivale a 100% mais 2%, o que resulta em 102% ou 1,02, pois consideramos o valor do objeto (100%) e o seu aumento (2%).

Para calcular o valor final, utilizamos uma multiplicação sucessiva:
- Tomamos o valor inicial da geladeira (célula B2), multiplicamos esse valor pelo primeiro aumento, referente a 2% (célula C2), e, posteriormente, pelos outros dois aumentos referentes a 2% (células D2 e E2).

A expressão na planilha eletrônica que indica esse cálculo é **=(B2*C2*D2*E2)**.

O valor final dessa geladeira, após os aumentos, é de aproximadamente R$ 1.273,45.

Note que três aumentos sucessivos de 2% correspondem a um único aumento de 6,1%.

$$1273,45 - 1200 = 73,45 \qquad \frac{73,45}{1200} \cong 0,0612083 \cong 6,1\%$$

Utilizando potências, podemos escrever o valor final V da geladeira como:
$V = 1\,200 \cdot 1,02 \cdot 1,02 \cdot 1,02 = 1\,200 \cdot (1,02)^3 = 1\,200 \cdot 1,061208 \cong 1.273,45$.

Situação 2

Um tênis custava R$ 85,00 em dezembro; entretanto, sofreu um desconto e passou a custar R$ 72,00. Qual é a taxa percentual do desconto aplicada nesse tênis?

Utilizando novamente a planilha eletrônica, temos:

	A	B	C	D
1	Objeto	Valor inicial	Valor final	Taxa de desconto
2	Tênis	85	72	=(B2 − C2)/B2

A taxa de desconto é obtida retirando do valor inicial do produto o valor que ele passou a custar e dividindo o resultado pelo valor inicial $\left(\dfrac{85 - 72}{85} \cong 0,1529, \text{ isto é, } 15,29\%\right)$.

1 Um vestido custava R$ 310,00. Para ser alugado para um evento, seu preço sofreu um aumento de 4,35%. Após seu uso, a loja o anunciou novamente por R$ 290,00. Qual é a taxa de redução de preço que esse vestido sofreu?

Radiciação

No cálculo de área de figuras geométricas planas, uma das unidades que utilizamos é o metro quadrado, que deve ser compreendido como um quadrado com medida de lado igual a 1 metro. Se, entretanto, conhecemos a área de um quadrado e desejamos calcular a medida do lado, utilizamos a raiz quadrada. Para exemplificar: se o quadrado tem lado medindo ℓ e sua área é igual a A, temos:

$$A = \ell^2$$
$$\ell = \sqrt{A}$$

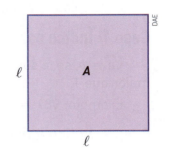

Com uma calculadora podemos determinar raízes quadradas de números reais que não sejam negativos. Para tanto, digitamos o número e escolhemos a tecla $\sqrt{\ }$, destacada na figura ao lado. Em algumas calculadoras, primeiro pressionamos a tecla $\sqrt{\ }$ para então digitarmos o número que desejamos obter a raiz.

Neste capítulo, além de retomarmos o conceito de raiz quadrada, ampliaremos o estudo considerando a raiz cúbica e a relação existente entre **radiciação** e **potenciação**.

Vamos iniciar pela raiz quadrada:

> $\sqrt{a} = b$, se e somente se, $b^2 = a$, a e b são números reais e não negativos.

Exemplos:

- $\sqrt{196} = 14$, pois $14^2 = 196$
- $\sqrt{27{,}04} = 5{,}2$, pois $5{,}2^2 = 27{,}04$

Responda:
1. Como você verifica se é verdadeira a sentença aritmética $\sqrt{17{,}64} = 4{,}2$?
2. Quantos números naturais de zero a 100 são quadrados perfeitos? Quais?

Agora que você já conhece os números reais, irá verificar que nem sempre uma raiz quadrada é exata. Como procedemos quando estamos diante de um número que não admite raiz exata?

Podemos usar a calculadora ou fazer aproximações. Um exemplo bem interessante de raiz quadrada que não é exata é o cálculo do lado ℓ de um quadrado de área 2.

Observe, na figura, que o lado do quadrado tracejado mede 1 unidade, logo a área também é unitária. Já a área do quadrado maior é o dobro da área do quadrado menor.

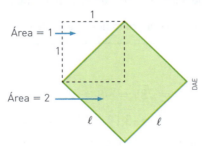

Como a área do quadrado maior é igual a 2, a medida do lado ℓ será representada por $\sqrt{2}$, pois:
$$(\sqrt{2})^2 = 2.$$

Raiz enésima

Para calcular a raiz enésima, temos que considerar dois casos:

Caso 1: Índice par

$\sqrt[n]{a} = b$, se, e somente se, $b^n = a$, a e b são números reais não negativos e n é um número natural maior que 1.

Exemplo: $\sqrt[4]{81} = 3$, pois $3^4 = 81$

Caso 2: Índice ímpar

$\sqrt[n]{a} = b$, se, e somente se, $b^n = a$, a e b são números reais e n é um número natural maior que 1
Exemplo: $\sqrt[5]{-32} = -2$, pois $(-2)^5 = -32$

Observação: Sendo a um número real não negativo, tem-se que $\sqrt{a^2} = a$.
Assim, no exemplo:

$$\sqrt{(-4)^2} \neq -4, \text{ pois } \sqrt{(-4)^2} = \sqrt{16} = 4$$

Potência com expoente racional e raiz cúbica

Existe uma relação entre a potenciação e a radiciação que nos possibilita ampliar o conhecimento dessas duas operações. A radiciação pode ser compreendida como uma potência, mas com o expoente não inteiro. Vamos observar isso iniciando pela raiz quadrada.

> Qualquer raiz quadrada de um número real não negativo é uma potência de expoente $\dfrac{1}{2}$, ou seja:
> $$\sqrt{a} = a^{\frac{1}{2}} \quad (a \geq 0)$$

Uma maneira de compreender essa relação é por meio das propriedades da potenciação, que vimos anteriormente, porém com expoentes não inteiros. Observe o exemplo.

$$3 = 3^1 = 3^{\frac{1}{2} + \frac{1}{2}} = 3^{\frac{1}{2} \cdot 2} = \left(3^{\frac{1}{2}}\right)^2 = \left(\sqrt{3}\right)^2$$

Esse fato permite ampliar a ideia de raiz, obtendo também outras raízes de índices diferentes de 2, como a seguir.

> Sendo a um número real não negativo, m um número natural maior que 0 e n um número natural maior que 1, define-se: $a^{\frac{m}{n}} = \sqrt[n]{a^m}$

Exemplo:
- $8^{\frac{1}{3}} = (2^3)^{\frac{1}{3}} = 2^{3 \cdot \frac{1}{3}} = 2^1 = 2$ ou $8^{\frac{1}{3}} = \sqrt[3]{8^1} = \sqrt[3]{8} = 2$
- $625^{\frac{1}{4}} = \sqrt[4]{625^1} = \sqrt[4]{625} = 5$ ou $625^{\frac{1}{4}} = (5^4)^{\frac{1}{4}} = 5^{4 \cdot \frac{1}{4}} = 5^1 = 5$

Observação: Se $\dfrac{m}{n}$ for uma fração irredutível de denominador ímpar, podemos ter a negativo. Veja a seguir.

$$(-32)^{\frac{1}{5}} = \sqrt[5]{-32} = -2$$

Observação: A raiz cúbica de um número positivo pode ser interpretada geometricamente como o cálculo da medida da aresta de um cubo, conhecendo-se seu volume.

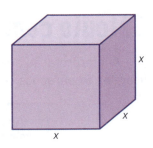

Exemplo:
Obtenha a medida da aresta de um cubo de volume igual a 27 cm³.
- Cálculo da medida da aresta: $x = \sqrt[3]{27} = 3$

Portanto, a aresta mede 3 cm.

Atividades

1. Cada número abaixo é raiz quadrada de outro número. Indique quais são essas raízes quadradas.
   a) 7
   b) 10
   c) 1,2
   d) 0,8

2. O tampo de uma mesa tem o formato de um quadrado cuja área é igual a 1,69 m². Responda:
   a) Qual é a medida de cada lado do tampo dessa mesa?
   b) Qual é o perímetro do tampo dessa mesa?

3. Conhecendo-se a medida a da aresta de um cubo podemos calcular seu volume V, conforme relação abaixo:

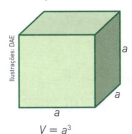

$V = a^3$

Copie e complete o quadro com as medidas que estão faltando:

Aresta (cm)	2	4			11
Volume (cm³)			216	1 000	

4. A diagonal do quadrado menor é a medida do lado do quadrado maior. Dessa maneira, o quadrado maior tem o dobro da área do quadrado menor. Se a área do quadrado maior é igual a 8 cm², determine:

   a) a medida do lado do quadrado maior;
   b) a área do quadrado menor;
   c) a medida do lado do quadrado menor.

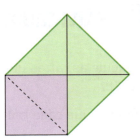

5. Pedro elaborou o seguinte problema:

   Um cubo tem aresta que mede 1 cm. Duplicando a aresta desse cubo, obtém-se outro cubo.

   Responda: O segundo cubo tem volume igual ao dobro do volume do primeiro cubo?

Duplica-se a medida da aresta

Cálculo com radicais

A interpretação de radicais como potências de expoentes fracionários possibilita-nos efetuar simplificações e operações com radicais por meio das propriedades da potenciação que vimos anteriormente.

> Ao dividirmos ou multiplicarmos o índice n e o expoente m de um radical por um mesmo número x, o resultado não se altera. Em símbolos:
> $$\sqrt[n]{a^m} = \sqrt[n \cdot x]{a^{m \cdot x}}$$
> Para:
> - a número real não negativo.
> - m número natural maior que 0.
> - n número natural maior que 1.
> - x número natural maior que 0.

Exemplos:

- $\sqrt[6]{64} = \sqrt[6]{2^6} = \sqrt[6:3]{2^{6:3}} = \sqrt[2]{2^2} = \sqrt{4} = 2$
- $\sqrt[8]{625} = \sqrt[8]{5^4} = \sqrt[8:4]{5^{4:4}} = \sqrt[2]{5^1} = \sqrt{5}$
- $\sqrt[15]{7^{10}} = \sqrt[15:5]{7^{10:5}} = \sqrt[3]{7^2} = \sqrt[3]{49}$

Essa propriedade de simplificação permite extrair ou mesmo simplificar radicais fatorando o radicando.

Essa propriedade pode ser justificada por uma propriedade da potenciação.

> A raiz de um produto com dois ou mais fatores é igual ao produto das raízes desses fatores. Em símbolos: $\sqrt[n]{a \cdot b} = \sqrt[n]{a} \cdot \sqrt[n]{b}$

$$\sqrt[n]{a \cdot b} = (a \cdot b)^{\frac{1}{n}} = a^{\frac{1}{n}} \cdot b^{\frac{1}{n}} = \sqrt[n]{a} \cdot \sqrt[n]{b}$$

No caso de índice n par, os radicandos devem ser não negativos, isto é, $a \geq 0$ e $b \geq 0$.

Exemplos:

- $\sqrt{200} = \sqrt{100 \cdot 2} = \sqrt{100} \cdot \sqrt{2} = 10 \cdot \sqrt{2} = 10\sqrt{2}$
- $\sqrt{48} = \sqrt{2^4 \cdot 3} = \sqrt{2^4} \cdot \sqrt{3} = 2^2 \cdot \sqrt{3} = 4 \cdot \sqrt{3} = 4\sqrt{3}$
- $\sqrt[3]{216} = \sqrt[3]{2^3 \cdot 3^3} = \sqrt[3]{2^3} \cdot \sqrt[3]{3^3} = 2 \cdot 3 = 6$
- $3\sqrt{10} = \sqrt{9} \cdot \sqrt{10} = \sqrt{9 \cdot 10} = \sqrt{90}$

 Atividades

1 Calcule as raízes utilizando as propriedades da radiciação.
   a) $\sqrt{196}$
   b) $\sqrt[3]{125}$
   c) $\sqrt{576}$
   d) $\sqrt[4]{625}$

2 Simplifique cada radical pela fatoração do radicando.
   a) $\sqrt{200}$
   b) $\sqrt{700}$
   c) $\sqrt{180}$
   d) $\sqrt{27}$
   e) $\sqrt{90}$
   f) $\sqrt{72}$
   g) $\sqrt{40}$
   h) $\sqrt{45}$

3 Considerando a aproximação $\sqrt{2} \cong 1{,}41$, calcule os radicais a seguir.
   a) $4\sqrt{2}$
   b) $\sqrt{18}$
   c) $\sqrt{32}$
   d) $\sqrt{98}$

4 Desenvolva os itens a seguir, conforme o exemplo.
$$10\sqrt{5} = \sqrt{100} \cdot \sqrt{5} = \sqrt{100 \cdot 5} = \sqrt{500}$$
   a) $2\sqrt{5}$
   b) $4\sqrt{2}$
   c) $7\sqrt{2}$
   d) $10\sqrt{7}$
   e) $3\sqrt{2}$
   f) $4\sqrt{5}$
   g) $2\sqrt{6}$
   h) $2\sqrt[3]{2}$

5 O professor de Matemática começou a aula passando um desafio na lousa para saber qual dos dois números escritos na forma de radical era maior. Nenhum aluno resolveu de imediato o desafio. No final da aula, porém, Mateus apresentou uma solução afirmando que $\sqrt[3]{3}$ é o maior dos dois números. Você concorda? Justifique.

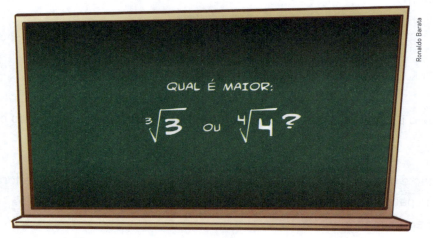

6 Junte-se a um colega para fazer esta atividade. Sigam as instruções:

1. Leiam o texto a seguir.

Nos computadores podemos encontrar modelos diferentes de calculadoras. As calculadoras mais simples não permitem obter, por exemplo, raiz cúbica ou qualquer outra raiz com índice maior que 3. Ao fazer a opção por uma calculadora científica, o computador apresenta o modelo a seguir.

Quando não dispomos de calculadoras científicas ou de ferramentas computacionais, conhecer as operações que envolvem radicais pode ser bastante útil. Ao longo do capítulo veremos como efetuar adição, subtração, multiplicação, divisão, potenciação e também radiciação com radicais.

2. Encontrem em um computador, *smartphone* ou calculadora com as teclas exemplificadas acima e procure calcular as seguintes raízes:
   a) $\sqrt[3]{1\,000}$
   b) $\sqrt[6]{4\,096}$
   c) $\sqrt[5]{3\,200\,000}$
   d) $\sqrt[7]{78\,125}$

3. Agora, com 5 casas decimais, calculem as seguintes raízes:
   a) $\sqrt[3]{100}$
   b) $\sqrt[4]{900}$
   c) $\sqrt[5]{-200}$
   d) $\sqrt[3]{-50}$

Adição e subtração de radicais

Considere, por exemplo, que um retângulo tem as medidas de seus lados representadas por números irracionais expressos na forma de radical, como na figura a seguir. Como podemos representar seu perímetro?

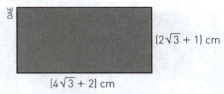

Sabemos que o perímetro é a medida do contorno da figura. Assim, indicando o perímetro por P, temos:

$$P = (4\sqrt{3} + 2) + (4\sqrt{3} + 2) + (2\sqrt{3} + 1) + (2\sqrt{3} + 1)$$

Essa operação é uma adição que envolve radicais. Se usarmos uma calculadora, podemos obter uma aproximação para $\sqrt{3}$ e, dessa forma, determinar o perímetro do retângulo.

- Usando a aproximação $\sqrt{3} \cong 1,73$:

$$P \cong (4 \cdot 1,73 + 2) + (4 \cdot 1,73 + 2) + (2 \cdot 1,73 + 1) + (2 \cdot 1,73 + 1)$$
$$P \cong 8,92 + 8,92 + 4,46 + 4,46$$
$$P \cong 26,76$$

Outro procedimento é a simplificação de radicais por meio de adição e subtração. Nesse caso, temos de usar a mesma estratégia da adição de expressões algébricas semelhantes. Observe o exemplo.

Exemplo:
Efetue as operações indicadas fazendo a redução de termos semelhantes.
- $4xy - 7xy + 10xy = (4 - 7 + 10)xy = 7xy$
- $5m + 2n - 10m - 8n = (5m - 10m) + (2n - 8n) = -5m - 6n$

Da mesma forma, também podemos efetuar a adição ou a subtração com radicais. Entretanto, os radicais devem ser semelhantes.

> Dois ou mais radicais são semelhantes se tiverem o mesmo índice e também o mesmo radicando.

Note que, no exemplo do perímetro do retângulo, os radicais apresentados são semelhantes. Assim, temos:

$$P = (4\sqrt{3} + 2) + (4\sqrt{3} + 2) + (2\sqrt{3} + 1) + (2\sqrt{3} + 1)$$
$$P = (4\sqrt{3} + 4\sqrt{3} + 2\sqrt{3} + 2\sqrt{3}) + (2 + 2 + 1 + 1)$$
$$P = (4 + 4 + 2 + 2) \cdot \sqrt{3} + 6$$
$$P = 12\sqrt{3} + 6$$

Observações:
- Quando os radicais não puderem ser reduzidos a radicais semelhantes, apenas indicamos a adição ou a subtração:

$$\sqrt{5} + \sqrt{2}$$

- Algumas vezes os radicais não são semelhantes; porém, podem ser reduzidos a radicais semelhantes.

Exemplo 1:
Efetue as operações indicadas.

$$4\sqrt{18} - 3\sqrt{32} + 6\sqrt{2} = 4\sqrt{3^2 \cdot 2} - 3\sqrt{2^4 \cdot 2} + 6\sqrt{2} =$$
$$= 4 \cdot 3 \cdot \sqrt{2} - 3 \cdot 4 \cdot \sqrt{2} + 6\sqrt{2} =$$
$$= 12\sqrt{2} - 12\sqrt{2} + 6\sqrt{2} =$$
$$= (12 - 12 + 6)\sqrt{2} = 6\sqrt{2}$$

Exemplo 2:
Efetue as adições e subtrações indicadas.

$\sqrt{500} + 7\sqrt{200} - \sqrt{20} - 7\sqrt{8} =$
$= \sqrt{100 \cdot 5} + 7\sqrt{100 \cdot 2} - \sqrt{4 \cdot 5} - 7\sqrt{4 \cdot 2} =$ ⟶ Um procedimento diferente da decomposição em fatores primos é encontrar um dos fatores que seja um quadrado perfeito.
$= 10\sqrt{5} + 7 \cdot 10\sqrt{2} - 2\sqrt{5} + 7 \cdot 2\sqrt{2} =$
$= 10\sqrt{5} + 70\sqrt{2} - 2\sqrt{5} - 14\sqrt{2} =$
$= (10 - 2)\sqrt{5} + (70 - 14)\sqrt{2} =$
$= 8\sqrt{5} + 56\sqrt{2}$ ⟶ Radicais não semelhantes.

Atividades

1. Calcule os resultados das expressões numéricas.
   a) $\sqrt{81} + \sqrt{64} + \sqrt{100}$
   b) $\sqrt{36} - \sqrt{400} + \sqrt{16}$
   c) $\sqrt[3]{64} + \sqrt[3]{27} + \sqrt[3]{8} + \sqrt[3]{1}$
   d) $\sqrt{64} - \sqrt{144} + \sqrt{256}$
   e) $\sqrt{169} - \sqrt{81} + \sqrt{36}$
   f) $2\sqrt[3]{64} - 3\sqrt[3]{27}$

2. Fatore o radicando extraindo dele um quadrado perfeito, como no exemplo.

$$\sqrt{72} = \sqrt{36 \cdot 2} = 6\sqrt{2}$$

   a) $\sqrt{98}$
   b) $\sqrt{288}$
   c) $\sqrt{128}$
   d) $\sqrt{800}$

3. Calcule as expressões procurando reduzi-las inicialmente a radicais semelhantes.
   a) $4\sqrt{32} - 20\sqrt{8} + 3\sqrt{50}$
   b) $2\sqrt{20} - 9\sqrt{45} + 3\sqrt{605}$
   c) $\sqrt{98} + 5\sqrt{147}$
   d) $\sqrt{3} - 2\sqrt{27} + \sqrt{363}$

4. Determine o perímetro da figura a seguir.

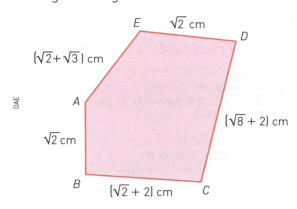

Multiplicação e divisão com radicais

Embora, na prática, geralmente trabalhemos com a raiz quadrada e, algumas vezes, a raiz cúbica, a propriedade vista anteriormente para a multiplicação de radicais pode ser ampliada para qualquer índice natural maior que 2.

Exemplo 1:
Vamos calcular o produto: $\sqrt[5]{32} \cdot \sqrt[5]{1024}$

- Uma maneira é calcular cada uma das raízes e, somente então, multiplicar os resultados:

$$\sqrt[5]{32} \cdot \sqrt[5]{1024} = \sqrt[5]{2^5} \cdot \sqrt[5]{2^{10}} = 2 \cdot 2^2 = 8$$

- Outro procedimento é apropriar-se do fato de que "o produto de duas raízes de mesmo índice é igual à raiz do produto":

$$\sqrt[5]{32} \cdot \sqrt[5]{1024} = \sqrt[5]{32 \cdot 1024} = \sqrt[5]{32\,768} = \sqrt[5]{2^{15}} = 2^3 = 8$$

Esse procedimento constitui uma propriedade.

> Para multiplicar dois radicais de mesmo índice, conservamos o índice e multiplicamos os radicandos. Em símbolos:
> $$\sqrt[n]{a} \cdot \sqrt[n]{b} = \sqrt[n]{a \cdot b}$$

Observações:

- Se o índice for par, os radicandos devem ser não negativos.
- Se os índices forem diferentes, primeiramente podemos reduzi-los a índices iguais, para então empregarmos a propriedade.

Exemplo 2:
Utilizando a propriedade do produto de dois radicais, reduza a um só radical o produto $\sqrt{3} \cdot \sqrt[5]{2}$.
Como os índices são 2 e 5, reduzimos ao índice 10 (10 é múltiplo de 2 e de 5):

$$\sqrt{3} \cdot \sqrt[5]{2} = \sqrt[2 \cdot 5]{3^{1 \cdot 5}} \cdot \sqrt[5 \cdot 2]{2^{1 \cdot 2}} = \sqrt[10]{3^5 \cdot 2^2}$$

Além da propriedade para a multiplicação de radicais, há também uma propriedade para a divisão.

> Para dividir dois radicais de mesmo índice, conservamos o índice e dividimos os radicandos. Em símbolos:
> $$\frac{\sqrt[n]{a}}{\sqrt[n]{b}} = \sqrt[n]{\frac{a}{b}} \quad (b \neq 0)$$

Observações:

- Se o índice for par, os radicandos devem ser não negativos.
- Algumas vezes, a eliminação do radical do denominador pode facilitar o cálculo com radicais. Esse procedimento é chamado de **racionalização dos denominadores**.

> Quando o denominador é a raiz quadrada de um número positivo, multiplicamos o numerador e o denominador pelo radical que está no denominador. Esse radical é chamado de **fator de racionalização** (sejam a e b números inteiros, com b diferente de zero).
> $$\frac{b}{\sqrt{a}} = \frac{b \cdot \sqrt{a}}{\sqrt{a} \cdot \sqrt{a}} = \frac{b\sqrt{a}}{a}$$

Exemplo 3:
Escreva o resultado de $\dfrac{\sqrt{45}}{5}$.

- Podemos escrever: $\dfrac{\sqrt{45}}{\sqrt{5}} = \sqrt{\dfrac{45}{5}} = \sqrt{9} = 3$.

Exemplo 4:
Escreva o resultado de $\dfrac{2}{\sqrt{2}}$ e $\dfrac{5}{3\sqrt{2}}$.

$$\dfrac{2}{\sqrt{2}} = \dfrac{2 \cdot \sqrt{2}}{\sqrt{2} \cdot \sqrt{2}} = \dfrac{2 \cdot \sqrt{2}}{\sqrt{4}} = \dfrac{2 \cdot \sqrt{2}}{2} = \sqrt{2}$$

$$\dfrac{5}{3\sqrt{2}} = \dfrac{5\sqrt{2}}{3\sqrt{2}\sqrt{2}} = \dfrac{5\sqrt{2}}{3\sqrt{4}} = \dfrac{5\sqrt{2}}{3 \cdot 2} = \dfrac{5\sqrt{5}}{6}$$

Potenciação e radiciação com radicais

Vimos, no início desta unidade, que a radiciação pode ser interpretada como potenciação com expoente não inteiro. Nos tópicos anteriores, aprendemos a efetuar adição, subtração, multiplicação e divisão com radicais. Agora, veremos como efetuar, por exemplo:

$(\sqrt{5})^{10} = ?$ ⟶ potência de raiz

$\sqrt[4]{\sqrt[3]{\sqrt{2}}} = ?$ ⟶ raiz de raiz

As duas questões podem ser explicadas pela definição de raiz como potência de expoente racional. Considerando inicialmente esses dois exemplos, observe as duas maneiras que podemos usar para realizar os cálculos.

1ª maneira: Utilizando a propriedade do produto de radicais.

- $(\sqrt{5})^{10} = \sqrt{5} \cdot \sqrt{5} \cdot \sqrt{5} \cdot \sqrt{5} \cdot \sqrt{5} \cdot \sqrt{5} \cdot \sqrt{5} \cdot \sqrt{5} \cdot \sqrt{5} \cdot \sqrt{5}$
- $(\sqrt{5})^{10} = \sqrt{5 \cdot 5 \cdot 5 \cdot 5 \cdot 5 \cdot 5 \cdot 5 \cdot 5 \cdot 5 \cdot 5}$
- $(\sqrt{5})^{10} = \sqrt{5^{10}}$ ⟶ O expoente 10 do radical tornou-se expoente do radicando.
- $(\sqrt{5})^{10} = 5^5 = 3\,125$

2ª maneira: Utilizando a definição, vista anteriormente, de radiciação como potência de expoente racional.

$$(\sqrt{5})^{10} = \left[5^{\frac{1}{2}}\right]^{10} = 5^{\frac{1}{2} \cdot 10} = 5^5 = 3\,125$$

> Para n natural maior ou igual a 1 e m um expoente inteiro, vale a relação:
> $$(\sqrt[n]{a})^m = \sqrt[n]{a^m}$$

Para calcularmos a raiz da raiz, observe que a explicação segue a propriedade de potência da potência. Assim, ao resolver o segundo exemplo, temos:

$$\sqrt[4]{\sqrt[3]{\sqrt{2}}} = \left[\left[2^{\frac{1}{2}}\right]^{\frac{1}{3}}\right]^{\frac{1}{4}} = 2^{\frac{1}{2} \cdot \frac{1}{3} \cdot \frac{1}{4}} = 2^{\frac{1}{24}} = \sqrt[24]{2}$$

Nesse caso, a raiz da raiz é efetuada multiplicando os índices dos radicais.

> Sendo m e n números inteiros positivos, vale a relação:
> $$\sqrt[m]{\sqrt[n]{a}} = \sqrt[m \cdot n]{a}.$$

Atividades

1. Efetue as multiplicações reduzindo o resultado a um só radical e simplificando-o quando possível.
   a) $4\sqrt{2} \cdot \sqrt{5}$
   b) $\sqrt{3} \cdot \sqrt{8}$
   c) $\sqrt{6} \cdot \sqrt{10}$
   d) $\sqrt{8} \cdot \sqrt{2}$
   e) $\sqrt{5} \cdot \sqrt{125}$
   f) $\sqrt[3]{3} \cdot \sqrt[3]{9}$

2. Efetue as divisões escrevendo o resultado em um só radical.
   a) $\dfrac{\sqrt{12}}{\sqrt{3}}$
   b) $\dfrac{\sqrt{28}}{\sqrt{7}}$
   c) $\dfrac{\sqrt{32}}{\sqrt{2}}$
   d) $\dfrac{\sqrt{6}}{\sqrt{216}}$

3. Racionalize os denominadores das frações seguintes.
   a) $\dfrac{1}{\sqrt{5}}$
   b) $\dfrac{3}{\sqrt{3}}$
   c) $\dfrac{1}{2\sqrt{2}}$
   d) $\dfrac{9}{2\sqrt{7}}$

4. Faça uso da propriedade distributiva da multiplicação em relação à adição (ou subtração) para obter os produtos e indique a resposta na forma mais simples possível.
   a) $\sqrt{2} \cdot (3 + \sqrt{2})$
   b) $4\sqrt{3} \cdot (\sqrt{3} + \sqrt{2})$
   c) $2\sqrt{5} \cdot (1 - \sqrt{5})$
   d) $6\sqrt{2} \cdot (\sqrt{2} - \sqrt{3})$

5. Calcule as potências seguintes.
   a) $(\sqrt[3]{2})^6$
   b) $(\sqrt[3]{4})^2$
   c) $(\sqrt{7})^4$
   d) $(\sqrt{5})^6$
   e) $(\sqrt{6})^{-2}$
   f) $(\sqrt{10})^{-4}$

6. O volume de um cubo é calculado elevando a medida de sua aresta ao cubo. Assim, determine o volume do cubo cuja medida da aresta é:
   a) 5 cm
   b) $\sqrt{5}$ cm
   c) $\sqrt[3]{5}$ cm

7. Reescreva cada expressão numérica a seguir usando apenas um radical.
   a) $\sqrt{\sqrt{5}}$
   b) $\sqrt{\sqrt{\sqrt[3]{2}}}$
   c) $\sqrt{\sqrt[4]{\sqrt[3]{7}}}$
   d) $\sqrt{\sqrt{\sqrt{\sqrt{10}}}}$

8. Escreva a expressão $\sqrt{2\sqrt{3}}$ com um só radical.

Calculadora em foco

Utilizando a calculadora científica de um computador (figura abaixo), podemos notar que existem algumas funções para o cálculo de raízes, como mostram as figuras a seguir.

Para encontrar a calculadora científica, é só clicar em Exibir e selecionar a opção Científica.

A tecla $\sqrt[y]{x}$ significa "raiz em qualquer índice y de um valor x", e a tecla $\sqrt[3]{x}$ significa "raiz cúbica de um valor x". A tecla $\sqrt{}$, que representa a raiz quadrada, é facilmente encontrada numa calculadora comum.

Para extrair uma raiz quadrada utilizando essa calculadora, basta digitar o número que você quer extrair seguido da tecla correspondente à raiz quadrada. Se quisermos obter a raiz quadrada de 12, por exemplo, apertamos as teclas $\boxed{1}\ \boxed{2}\ \boxed{\sqrt{}}$ e imediatamente teremos o resultado com um número considerável de casas decimais. Para obter uma raiz cúbica, realizamos o mesmo procedimento, mas temos de utilizar o botão que simboliza a raiz cúbica: $\sqrt[3]{x}$. O valor mostrado na calculadora pode ser arredondado para 3,46, com apenas duas casas decimais.

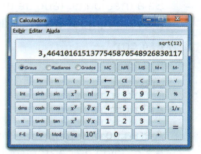

Resultado de $\sqrt{12}$

Na calculadora, digitamos $\boxed{8}\ \boxed{\sqrt[3]{x}}$ e obtemos o resultado 2. Veja na figura ao lado.

Mas, e se quisermos obter, por exemplo, a raiz quíntupla de 84 ($\sqrt[5]{84}$)? Para isso, utilizamos o botão $\sqrt[y]{x}$. A letra y indica o índice da raiz. Para resolver essa questão, basta digitar $\boxed{8}\ \boxed{4}\ \boxed{\sqrt[y]{x}}$, nessa ordem, e, em seguida, apertar a tecla $\boxed{5}$, que corresponde ao índice da raiz que queremos saber.

Repare que iniciamos a digitação pelo valor de x (84) e terminamos pelo valor de y (5). Veja o resultado ao lado.

Podemos escrever esse número com apenas duas casas decimais e fazer uma aproximação: 2,43.

Resultado de $\sqrt[3]{8} = 2$

Retomar

1. Todos os números abaixo são reais, porém um deles é natural e outro irracional: qual é natural e qual é irracional?
   a) 1,2
   b) $\sqrt{2}$
   c) 25
   d) 0,333...

2. Calculando-se 2^{-3}, obtém-se:
   a) 0,25
   b) 0,125
   c) 0,5
   d) 0,15

3. Se a medida do lado de um quadrado é igual a $2\sqrt{2}$ cm, qual é a área desse quadrado?
   a) 4 cm²
   b) 6 cm²
   c) 8 cm²
   d) 12 cm²

4. A área de um quadrado é igual a 13 cm². Qual é a medida do perímetro desse quadrado?
   a) $2\sqrt{13}$ cm
   b) 52 cm
   c) $4\sqrt{13}$ cm
   d) $\sqrt{13}$ cm

5. A medida de massa 0,000002 g expressa na notação científica é:
   a) $2 \cdot 10^{-5}$ g
   b) $2 \cdot 10^{5}$ g
   c) $2 \cdot 10^{-6}$ g
   d) $2 \cdot 10^{6}$ g

6. Qual é o número inteiro mais próximo de $\sqrt{200}$?
   a) 13
   b) 14
   c) 15
   d) 16

7. Assinale a alternativa que indica corretamente o valor de $\sqrt{2} \cdot \sqrt{3} \cdot \sqrt{6}$.
   a) 4
   b) 5
   c) 6
   d) 7

8. Ao calcular a metade de 2^{10}, obtemos como resultado:
   a) 2^5
   b) 2^9
   c) 2^4
   d) 128

9. Sobre o valor de $\sqrt{32 + 64}$ é correto afirmar que:
   a) é um número ímpar.
   b) é um número natural múltiplo de 4.
   c) é um número irracional.
   d) é um número natural par.

10. Calculando $\sqrt[4]{0,0001}$, obtemos:
    a) 0,2
    b) 10
    c) 0,1
    d) 0,3

11. Considerando que o quadrado abaixo tem área correspondente a 48 cm², é correto afirmar que a medida x é:

    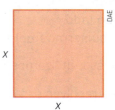

    a) $2\sqrt{3}$ cm.
    b) $3\sqrt{3}$ cm.
    c) $6\sqrt{3}$ cm.
    d) $4\sqrt{3}$ cm.

12 Ainda sobre o quadrado da questão anterior, podemos afirmar que seu perímetro, em centímetros, é de:

a) $16\sqrt{3}$ c) $18\sqrt{3}$
b) $12\sqrt{3}$ d) $4\sqrt{3}$

13 O valor da expressão $\sqrt{200} + \sqrt{300} + \sqrt{500}$ pode ser escrito na forma:

a) $\sqrt{2} + \sqrt{3} + \sqrt{5}$.
b) $(\sqrt{2} + \sqrt{3} + \sqrt{5}) \cdot 10$.
c) $(\sqrt{2} + \sqrt{3} + \sqrt{5}) \cdot 5$.
d) $(\sqrt{2} + \sqrt{3} + \sqrt{5}) \cdot 100$.

14 Sobre os números $3\sqrt{5}$ e $5\sqrt{3}$ é correto afirmar que:

a) são iguais.
b) $3\sqrt{5}$ é maior que $5\sqrt{3}$.
c) $5\sqrt{3}$ é maior que $3\sqrt{5}$.
d) seus quadrados são iguais.

15 Reduzindo a expressão $[2^3]^{10}$ a uma só potência, obtemos:

a) 2^{13}.   c) 2^3.
b) 2^{23}.   d) 2^{30}.

16 Escrevendo o número 210 000 000 em notação científica, temos:

a) $21 \cdot 10^7$.   c) $21 \cdot 10^8$.
b) $2,1 \cdot 10^8$.   d) $2,1 \cdot 10^7$.

17 O volume de um cubo é calculado elevando-se a medida de sua aresta ao cubo. Na figura abaixo está representado um cubo de volume igual a 64 cm³. A medida de sua aresta é:

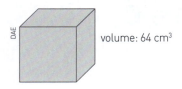
volume: 64 cm³

a) 8 cm.   c) 6 cm.
b) 4 cm.   d) 9 cm.

18 Em uma atividade que envolve padrões numéricos, Marta elaborou o seguinte quadro:

1º número	2º número	3º número	4º número	5º número
$3\sqrt{3}$	9	$9\sqrt{3}$	27	$27\sqrt{3}$

Começando no 1º número, uma explicação correta para formar essa sequência é:

a) cada número é o anterior adicionado ao número $\sqrt{3}$.
b) cada número é o anterior elevado ao quadrado.
c) cada número é o dobro do número anterior.
d) cada número é o anterior multiplicado pelo número $\sqrt{3}$.

19 Na lousa estava escrita a seguinte expressão numérica envolvendo uma adição de potências com números inteiros:

$$1^1 + (-1)^1 + 2^2 + (-2)^2 + 3^3 + (-3)^3$$

O resultado correto dessa adição é:

a) zero   c) 32
b) 8   d) 12

20 O número N escrito abaixo está representado como a multiplicação de dois números escritos na notação científica.

$$N = (5 \cdot 10^8) \cdot (4 \cdot 10^{-3})$$

Escrevendo N na notação científica obtemos:

a) $N = 2 \cdot 10^8$
b) $N = 2 \cdot 10^5$
c) $N = 2 \cdot 10^6$
d) $N = 2 \cdot 10^{-6}$

21 A medida do diâmetro de um fio com espessura muito pequena é de 0,0002 cm. Multiplicando-se essa medida por 5 000, obtemos:

a) 1 cm   c) 10 cm
b) 0,1 cm   d) 0,01 cm

22 Carlos estava estudando a radiciação de números reais. Em um determinado livro de Matemática, encontrou o seguinte desafio:

> O resultado da expressão numérica abaixo é um número natural. Qual é esse número?
>
> $$\sqrt{13 + \sqrt{7 + \sqrt{2 + \sqrt{4}}}}$$

Ele resolveu o desafio corretamente e encontrou como resposta o seguinte valor:

a) 4
b) 5
c) 6
d) 7

23 A expressão com radicais $\sqrt{8} - \sqrt{18} + 2\sqrt{2}$ pode ser escrita também como:

a) $-\sqrt{2}$
b) $\sqrt{12}$
c) $-\sqrt{8}$
d) $\sqrt{2}$

24 (Obmep) No primeiro estágio de um jogo, Pedro escreve o número 3 em um triângulo e o número 2 em um quadrado. Em cada estágio seguinte, Pedro escreve no triângulo a soma dos números do estágio anterior e no quadrado a diferença entre o maior e o menor desses números. Qual é o número escrito no triângulo do 56º estágio?

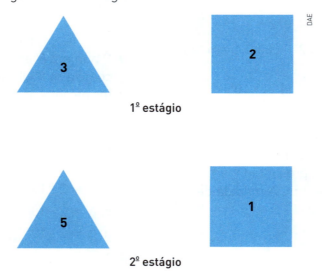

a) 3×2^{26}
b) 5×2^{28}
c) 5×2^{56}
d) 3×2^{28}
e) 5×2^{27}

25 Observe a imagem a seguir. Essa construção corresponde à localização do número:

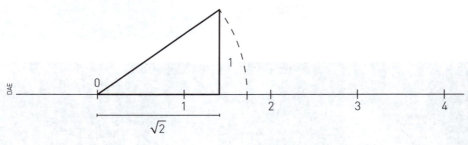

a) $\sqrt{2}$
b) $\sqrt{3}$
c) $\sqrt{4}$
d) $\sqrt{5}$

26 (Saresp) O número irracional $\sqrt{7}$ está compreendido entre os números:

a) 2 e 3.
b) 13 e 15.
c) 3 e 4.
d) 6 e 8.

27 (OBM) Seja $n = 9867$. Se você calculasse $n^3 - n^2$, encontraria um número cujo algarismo das unidades é:

a) 0
b) 2
c) 4
d) 6
e) 8

28 (OBM) O valor da soma $\dfrac{2^{2003} \cdot 9^{1001}}{4^{1001} \cdot 3^{2003}} + \dfrac{2^{2002} \cdot 9^{1001}}{4^{1001} \cdot 3^{2003}}$ é:

a) $\dfrac{1}{3}$
b) $\dfrac{2}{3}$
c) 1
d) $\dfrac{4}{3}$
e) 2

29 (OBM) Considere os números $X = 2^{700}$, $Y = 11^{200}$ e $Z = 5^{300}$. Assinale a alternativa correta:

a) $X < Y < Z$.
b) $Y < X < Z$.
c) $Y < Z < X$.
d) $Z < X < Y$.
e) $X < Y < X$.

O homem que calculava, de Malba Tahan (Record).

Esse livro traz uma leitura que aproxima o leitor cada vez mais da Matemática. Por meio de histórias, podem ser observardos truques e curiosidades que envolvem conhecimentos diversos sobre conteúdos matemáticos.

UNIDADE 2

Mesa e bancos de tampos retangulares.

 Muitas formas retangulares estão presentes em nosso cotidiano: por exemplo, nas janelas, portas, mesas e nos bancos, no formato de prédios e casas, de utensílios do lar etc. Ao projetar objetos retangulares, um *designer* deve levar em consideração medidas diversas. Para isso, utiliza conhecimentos sobre álgebra.

Álgebra

Trampolim retangular.

1. Como você representa o perímetro de um retângulo em que a medida de um dos lados é 3x − 1 e a medida do outro lado é 2x?

2. Que expressão algébrica representa a área desse retângulo?

CAPÍTULO 4

Cálculo algébrico

Expressões algébricas

Você já montou uma caixa de papelão em forma de bloco retangular?

Considere que você dispõe de uma folha de papelão em forma de retângulo, cujas medidas são: 80 cm de comprimento e 50 cm de largura.

Veja os passos para montar a caixa.

- 1º passo: dos quatro cantos desse retângulo retiramos quadrados de medidas iguais. Vamos representar essa medida por x.
- 2º passo: indicamos com linhas tracejadas onde serão feitas as dobras.

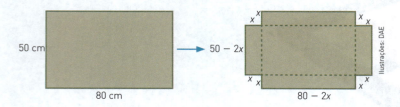

- 3º passo: dobramos as linhas tracejadas como abas em direção ao centro da figura; assim, formamos uma caixa como a da ilustração ao lado.

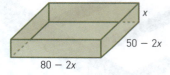

Responda:
1. Em função de x, quais são as medidas das arestas da caixa?
2. Para $x = 10$ cm, quais são as medidas das arestas da caixa?

Na situação anterior, utilizamos algumas expressões algébricas para representar as medidas das arestas da caixa. Podemos usar expressões algébricas também para determinar o volume dessa caixa – lembrando que o volume de um bloco retangular é obtido pelo produto das três dimensões (comprimento, largura e altura). Vamos obter uma expressão algébrica que represente o volume V dessa caixa, utilizando as expressões que você encontrou para responder à questão 1.

$$V = (80 - 2x) \cdot (50 - 2x) \cdot x$$
$$V = (4\,000 - 160x - 100x + 4x^2) \cdot x$$
$$V = 4\,000x - 160x^2 - 100x^2 + 4x^3$$
$$V = 4x^3 - 260x^2 + 4\,000x$$

→ O volume V é representado por uma expressão algébrica.

Responda:
1. Que valor numérico essa expressão algébrica assume quando $x = 5$?
2. Qual é o significado desse valor numérico?

Na expressão algébrica anterior, utilizamos apenas uma letra para representar as medidas das arestas e também do volume da caixa construída. Mas podemos ter expressões algébricas com mais de uma letra.

A seguir, vamos obter uma expressão algébrica que represente a área do retângulo abaixo, conforme medidas indicadas na mesma unidade de comprimento.

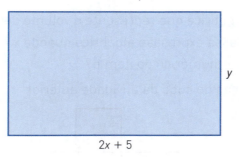

Lembrando que a área de um retângulo é representada pelo produto das medidas do comprimento pela largura e considerando que A representa a área, temos:

$$A = (2x + 5) \cdot y$$
$$A = 2x \cdot y + 5 \cdot y$$
$$A = 2xy + 5y$$

A área A é representada por uma expressão algébrica.

> Uma expressão algébrica é formada por letras, números e sinais que indicam as operações. Em uma expressão algébrica, as letras são denominadas **variáveis**.

Pensando ainda no retângulo anterior, vamos obter uma expressão algébrica que represente a medida de seu perímetro. Representando o perímetro pela letra P, temos:

$$P = 2x + 5 + 2x + 5 + y + y$$
$$P = (2x + 2x) + (y + y) + (5 + 5)$$

Agrupando termos semelhantes:

$$P = 4x + 2y + 10$$

Atividades

1) O retângulo ao lado está dividido por uma linha tracejada em dois retângulos menores. A letra x representa a medida da largura em metros.

Escreva uma expressão algébrica que represente a área:

a) do retângulo A;

b) do retângulo B;

c) do retângulo de lados medindo 8 m e x m.

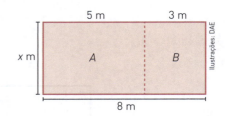

2) Considerando que a idade de uma pessoa seja representada, em anos, por x, determine uma expressão algébrica que indique a idade dela:

a) 10 anos depois;

b) 5 anos antes.

3 Marcos tem 10 anos; e seu pai, 35 anos. Escreva uma expressão algébrica que represente a idade de:

a) Marcos daqui a x anos;

b) seu pai daqui a x anos.

4 Observe o cubo abaixo e a representação da medida de cada aresta em função de uma variável x.

Agora:

a) Escreva uma expressão algébrica que represente o volume desse cubo.

b) Qual é o valor numérico dessa expressão algébrica quando $x = 5$?

c) Qual é o significado do valor numérico do item b?

5 Observe a seguir a planificação do cubo da atividade anterior.

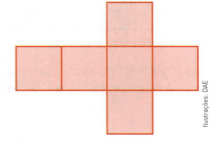

a) Escreva uma expressão algébrica que represente a área da planificação do cubo.

b) Calcule o valor numérico dessa expressão algébrica para $x = 5$.

c) Qual é o significado desse valor numérico?

6 Escreva expressões algébricas que representem o perímetro das figuras a seguir conforme medidas indicadas. Agrupe os termos semelhantes.

a)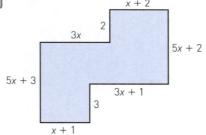

b)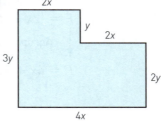

7 Junte-se a um colega para fazer esta atividade.

Observem os três quadrados da imagem e as medidas de seus lados indicadas por n, $n + 1$ e $n + 2$.

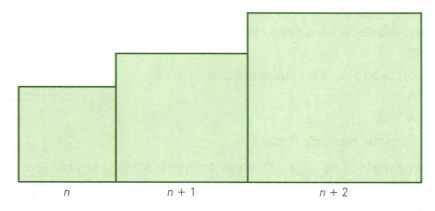

Obtenha uma expressão algébrica que represente a soma das áreas desses quadrados.

Fórmulas e figuras geométricas

Neste capítulo usamos diversas situações de cálculo que envolvem figuras geométricas para explicar procedimentos e resultados da álgebra. Esse contexto possibilita melhor compreensão da utilização e manipulação de expressões algébricas.

Com base no conhecimento de algumas medidas de uma figura geométrica plana podemos, por exemplo, calcular a medida de sua área ou mesmo de seu perímetro. Ao estabelecer tais expressões estamos utilizando as chamadas fórmulas. Observe, por exemplo, o retângulo abaixo:

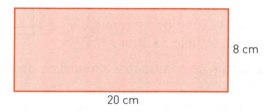

Responda:
1. Qual é a área desse retângulo?
2. Se um retângulo tiver medida da base representada por b e medida da altura representada por h, na mesma unidade de comprimento, que fórmula permite calcular a área A desse quadrilátero?

As fórmulas utilizadas em Geometria permitem generalizar resultados diversos. Quando você está diante de um polígono convexo e deseja obter o número total de diagonais, por exemplo, uma maneira é fazer a contagem. Outra possibilidade é utilizar a fórmula:

$$d = \frac{n \cdot (n - 3)}{2}$$

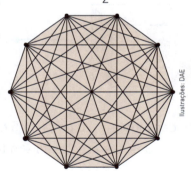

Nessa fórmula, d representa o número de diagonais do polígono, e a expressão algébrica do segundo membro possibilita o cálculo do número de diagonais quando se conhece a quantidade n total de vértices (ou de lados) do polígono.

Na imagem, o número de vértices é igual a 10; então, a quantidade total de diagonais é:

$$d = \frac{10 \cdot (10 - 3)}{2} = \frac{10 \cdot 7}{2} = 35$$

Nas atividades a seguir você irá relacionar Geometria com Álgebra por meio de fórmulas que já são de seu conhecimento.

Atividades

1. Podemos calcular a área A do retângulo conhecendo-se as medidas da base b e da altura h na mesma unidade de comprimento:

   a) Qual é a área do retângulo cujas medidas da base e da altura são 15 cm e 8,3 cm?

   b) A medida da altura de um retângulo é igual a x cm. Escreva uma fórmula que forneça a área desse retângulo considerando que a base mede o triplo da altura.

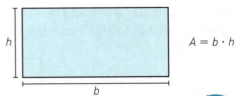

2. A fórmula $A = L^2$ relaciona a área A do quadrado e a medida L de seu lado.

   a) Se a área for igual a 12 cm², qual será aproximadamente a medida de seu lado? Use uma calculadora e dê a resposta com 3 casas decimais.

   b) Se duplicarmos a medida do lado de um quadrado, o que acontecerá com sua área?

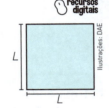

3. A fórmula a seguir representa a área de um trapézio conforme medidas indicadas na figura:

   Escreva uma nova fórmula para a medida da área de um trapézio cuja altura tenha a mesma medida da base menor e cuja base maior tenha o dobro da medida da base menor. Escreva essa fórmula em função da medida h da altura.

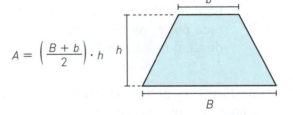

4. Ao lado do bloco retangular a seguir está representada a fórmula que permite calcular o seu volume V.

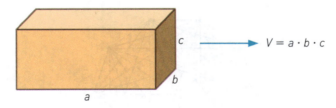

   a) Qual é o volume do bloco considerando a = 20 cm, b = 5 cm e c = 8 cm?

   b) Se nesse bloco retangular as medidas das arestas forem todas iguais a x, qual será a fórmula para o cálculo do volume?

5. Observe o paralelogramo representado a seguir e a fórmula que fornece sua área A em função da medida b da base e da medida h da altura.

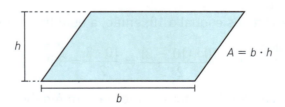

Elabore um problema que envolva a área de um paralelogramo com base na fórmula. Apresente o problema a um colega para que ele o resolva.

De olho no legado

Registro de equações ao longo da história

Os matemáticos alexandrinos viram-se obrigados a se preocupar com a arte do cálculo pelos problemas que encontravam, em Astronomia e Mecânica. Os primeiros matemáticos hindus devotavam grande atenção aos problemas numerais de interesse comercial. Quando nos referimos a esta atividade hindu, chamando-a *álgebra*, não nos devemos esquecer que as palavras álgebra e aritmética não são usadas, nos nossos livros didáticos, com o mesmo sentido que têm na história da Matemática. O que hoje chamamos Aritmética não corresponde à *arithmetika* dos gregos, (...). A aritmética escolar compõe-se, em parte de regras de cálculo, baseadas nos algarismos árabes e hindus, em parte da solução de problemas numéricos sem o recurso dos símbolos numerais abstratos que constituem a álgebra. As regras simples e consistentes que regem a utilização dos números abstratos e os símbolos taquigráficos representativos dos verbos e das operações matemáticas não foram descobertas instantâneas, mas tardas e demoradas. Diofante foi o primeiro matemático a tentar organizar uma notação desta espécie, e por muitos séculos os matemáticos trataram os problemas numéricos por processos inteiramente individuais. Cada escritor empregava uma estenografia própria; nenhum tentava implantar uma convenção universal. Assim, viam-se todos forçados, quando desejosos de explicar a outrem os seus métodos, a voltar à linguagem vulgar. Os matemáticos empregam o termo *álgebra* para denominar as regras que solucionam os problemas sobre números, quer sejam escritos por extenso (álgebra retórica), mais ou menos simplificados por abreviaturas (álgebra sincopada) ou mediante letras e sinais operativos (álgebra simbólica). Os problemas de aritmética comercial que aprendemos a resolver nos bancos escolares correspondem àquilo que os matemáticos denominam álgebra retórica. Não houve uma linha de evolução contínua no uso de um simbolismo taquigráfico. Autores individuais usavam abreviaturas de várias espécies, e às vezes substituíam os números por letras. Os árabes usavam expressões sincopadas, análogas às nossas equações. Outros autores, de entre os primeiros conversos à cultura mourisca – como o frade dominicano Jordanus (cerca 1220 d.C.) –, substituíam as palavras por símbolos. Seu contemporâneo, Leonardo da Vinci de Pisa (Fibonacci), fazia outro tanto. Os exemplos seguintes, que ilustram a transição da álgebra puramente retórica para a moderna taquigrafia algébrica, não se destinam a exibir uma sequência histórica contínua, e sim a revelar, em plena perspectiva histórica, o fato de haver a linguagem das grandezas escapado da linguagem vulgar a passos quase imperceptíveis.

Hogben, Lancelot. *Maravilhas da Matemática*. Rio de Janeiro: Globo, 1958. p. 319-320.

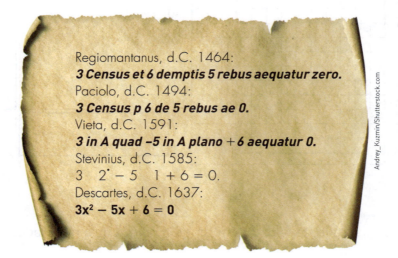

Regiomantanus, d.C. 1464:
3 Census et 6 demptis 5 rebus aequatur zero.
Paciolo, d.C. 1494:
3 Census p 6 de 5 rebus ae 0.
Vieta, d.C. 1591:
3 in A quad −5 in A plano + 6 aequatur 0.
Stevinius, d.C. 1585:
3 2˙ − 5 1 + 6 = 0.
Descartes, d.C. 1637:
$3x^2 - 5x + 6 = 0$

① Represente, por meio de símbolos algébricos, o problema a seguir:
- A medida procurada é igual ao dobro da raiz quadrada da diferença do triplo de certa medida com o quadrado da mesma medida.

CAPÍTULO 5
Produtos notáveis

Quadrado da soma de dois termos

Existem situações em que podemos utilizar diversas estratégias de cálculo para obter uma resposta. Um exemplo bem simples é o cálculo do quadrado do número 13:

$$13^2 = 169$$

Uma das possíveis estratégias é fazer a multiplicação 13 · 13 = 169, que também pode ser resolvida de outras formas, como por decomposição, para facilitar o cálculo mental: (10 + 3) · (10 + 3).

$$(10 + 3) \cdot (10 + 3) = 169$$

$$\left.\begin{array}{rcl} 3 \cdot 3 &=& 9 \\ 3 \cdot 10 &=& 30 \\ 10 \cdot 3 &=& 30 \\ 10 \cdot 10 &=& 100 \end{array}\right\} \rightarrow 9 + 30 + 30 + 100 = 169$$

Outra maneira é considerar a expressão numérica (10 + 3)², que pode ser representada e resolvida da seguinte maneira:

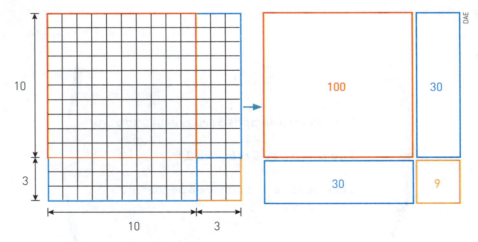

Observando que o quadrado de lado 13 cm foi dividido em dois quadrados e dois retângulos, responda:

1. Quais são as áreas das quatro figuras em que o quadrado de lado 13 foi dividido?
2. Qual é a soma das áreas dessas quatro figuras?

Utilizando uma situação análoga à apresentada anteriormente, vamos considerar um quadrado ABCD cujo lado mede $a + b$. Conforme a figura seguinte, ele está dividido em dois retângulos congruentes e dois quadrados menores que o inicial. Ao comparar duas maneiras diferentes de calcular a área do quadrado ABCD, chegamos a um resultado algébrico importante.

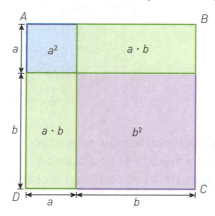

1ª maneira:
O quadrado da medida do lado: $(a + b)^2$.

2ª maneira:
A soma das áreas em que o quadrado foi dividido: $a^2 + 2 \cdot a \cdot b + b^2$.

Como nessas duas maneiras os resultados são iguais, podemos escrever a seguinte igualdade:

$$(a + b)^2 = a^2 + 2 \cdot a \cdot b + b^2$$

quadrado da soma de dois termos

O **quadrado da soma de dois termos** é obtido por meio do quadrado do primeiro mais duas vezes o primeiro multiplicado pelo segundo mais o quadrado do segundo termo.
Em símbolos: $(a + b)^2 = a^2 + 2 \cdot a \cdot b + b^2$.

Algebricamente, podemos obter esse resultado da seguinte forma:
$(a + b)^2 = (a + b) \cdot (a + b)$
$(a + b)^2 = a \cdot (a + b) + b \cdot (a + b)$
$(a + b)^2 = a^2 + ab + ba + b^2 \Rightarrow (a + b)^2 = a^2 + 2ab + b^2$

- O polinômio $a^2 + 2ab + b^2$ é denominado **trinômio quadrado perfeito**, pois tem três parcelas (monômios) e representa o quadrado do binômio $(a + b)$.
- Podemos dizer que $(a + b) \cdot (a + b)$ representa a forma fatorada do trinômio $a^2 + 2ab + b^2$. Essa sentença é verdadeira para quaisquer valores de a e b.

Exemplos:
- $(x + 1)^2 = x^2 + 2 \cdot x \cdot 1 + 1^2 = x^2 + 2x + 1$
- $(mn + 4)^2 = (mn)^2 + 2 \cdot mn \cdot 4 + 4^2 = m^2n^2 + 8mn + 16$
- $(3 + \sqrt{3})^2 = 3^2 + 2 \cdot 3 \cdot \sqrt{3} + (\sqrt{3})^2 = 9 + 6\sqrt{3} + 3 = 12 + 6\sqrt{3}$
- $\left(y + \dfrac{3}{2}\right)^2 = y^2 + 2 \cdot y \cdot \dfrac{3}{2} + \left(\dfrac{3}{2}\right)^2 = y^2 + 3y + \dfrac{9}{4}$

Polinômio é a expressão algébrica representada pela soma algébrica de monômios.

Atividades

1 Encontre o quadrado de cada um dos seguintes binômios.

a) $(x + 5)^2$

b) $(a + 3)^2$

c) $(4 + m)^2$

d) $(x + a)^2$

e) $(3x + 2)^2$

f) $(4a + 1)^2$

g) $(2x + y^2)^2$

h) $\left(\dfrac{1}{2}x + 4a\right)^2$

2 Na unidade 1 deste volume você estudou os números irracionais. Imagine que um quadrado tenha a medida de seu lado, em centímetros, representada por um número irracional, como observado na figura ao lado:

a) Obtenha a área desse quadrado em centímetros quadrados em função de $\sqrt{2}$.

b) Considerando que $\sqrt{2} \cong 1{,}414$, escreva a área desse quadrado na forma decimal.

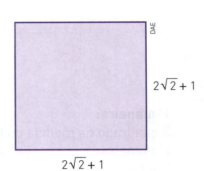

$2\sqrt{2} + 1$

3 O quadrado da soma de dois termos pode também ser utilizado para efetuarmos cálculos numéricos que envolvem o quadrado de números. Veja no quadro ao lado um procedimento que pode ser utilizado.

Observe o exemplo e calcule os quadrados indicados a seguir:

Vamos calcular 101^2:
$101^2 = (100 + 1)^2$
$101^2 = 100^2 + 2 \cdot 100 \cdot 1 + 1^2$
$101^2 = 10\,000 + 200 + 1$
$101^2 = 10\,201$

a) 51^2;

b) 202^2;

c) 83^2;

d) 43^2.

4 Considere o quadrado a seguir e as medidas indicadas.

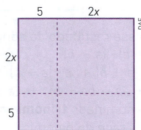

a) Determine a área de cada uma das quatro partes em que o quadrado está dividido.

b) Represente a área da figura total por meio do quadrado de um binômio.

c) Escreva um polinômio que corresponda à área da figura.

5 Junte-se a um colega para realizar esta atividade.

a) Calculem $(4 + 10)^2$ e depois $4^2 + 10^2$. Os resultados são iguais ou diferentes?

b) Calculem $(7 + 8)^2$ e depois $7^2 + 2 \cdot 7 \cdot 8 + 8^2$. Os resultados são iguais ou diferentes?

c) Calculem $(x + y)^2$ e depois $(-x - y)^2$. Os resultados são iguais ou diferentes?

Quadrado da diferença de dois termos

Vimos anteriormente como podemos obter o quadrado da soma de dois termos. Por meio do resultado que foi estabelecido, podemos calcular também o quadrado da diferença de dois termos, isto é:

$$(a - b)^2 = (a + (-b))^2$$
$$(a - b)^2 = a^2 + 2 \cdot a \cdot (-b) + (-b)^2$$
$$(a - b)^2 = a^2 - 2 \cdot a \cdot b + b^2$$

Outra maneira de obter o quadrado da diferença de dois termos, por meio de figuras, é observando a equivalência de áreas. Observe a seguir.

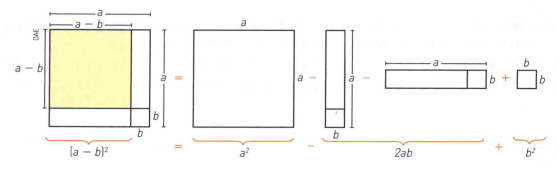

Nessa construção, partimos de um quadrado de área a^2 (lado a) e obtemos a área do quadrado cujo lado é $(a - b)$ subtraindo as áreas dos retângulos e adicionando a área do quadrado menor, pois foi subtraído duas vezes. Essa representação só é válida se $a > b > 0$.

> **O quadrado da diferença de dois termos** é obtido pelo quadrado do primeiro menos duas vezes o primeiro termo multiplicado pelo segundo mais o quadrado do segundo termo. Em símbolos: $(a - b)^2 = a^2 - 2 \cdot a \cdot b + b^2$.

Exemplos de quadrados da diferença de dois termos:
- $(r - 3)^2 = r^2 - 2 \cdot r \cdot 3 + 3^2 = r^2 - 6r + 9$
- $(4 - \sqrt{2})^2 = 4^2 - 2 \cdot 4 \cdot \sqrt{2} + (\sqrt{2})^2 = 16 - 8\sqrt{2} + 2 = 18 - 8\sqrt{2}$
- $\left(s - \dfrac{1}{3}\right)^2 = s^2 - 2 \cdot s \cdot \dfrac{1}{3} + \left(\dfrac{1}{3}\right)^2 = s^2 - \left(\dfrac{2}{3}\right)s + \dfrac{1}{9}$

Responda:
1. Utilizando a propriedade distributiva, obtenha $(a - b)^2$ a partir de $(a - b) \cdot (a - b)$.
2. Qual é o trinômio correspondente ao desenvolvimento de $(10 - x)^2$?

 **Atividades**

1 Encontre o quadrado de cada binômio.

a) $(x - 7)^2$

b) $(a - 5)^2$

c) $(6 - y)^2$

d) $(4 - m)^2$

e) $(3x - 5)^2$

f) $(x - y^2)^2$

g) $(3x - x^2)^2$

h) $(8 - 2x)^2$

i) $\left(\dfrac{1}{2}x - 2a\right)^2$

2 Determine uma expressão algébrica que represente apenas a área da parte colorida do quadrado. Considere as medidas indicadas em uma mesma unidade de comprimento.

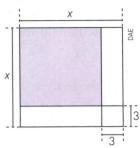

3 O quadrado da diferença de dois termos pode ser utilizado para efetuarmos cálculos numéricos que envolvem o quadrado de números. No quadro ao lado, veja um exemplo de procedimento.

Vamos calcular 99^2:
$99^2 = (100 - 1)^2$
$99^2 = 100^2 - 2 \cdot 100 \cdot 1 + 1^2$
$99^2 = 10\,000 - 200 + 1$
$99^2 = 9\,801$

Utilizando esse procedimento, calcule os quadrados indicados a seguir:

a) 49^2;

b) 198^2;

c) 77^2;

d) 39^2.

4 Copie e complete o quadro a seguir.

Quadrado de um binômio	Trinômio correspondente
	$y^2 - 16y + 64$
$(2m - 1)^2$	
$(3 - 2r)^2$	

5 Desenvolva cada uma das potências indicadas e, depois, simplifique as expressões algébricas escrevendo-as na forma mais simples.

a) $(2x - 3)^2 + (2x + 1)^2 - (3x - 2)^2$

b) $(x^2 - 2x)^2 + (2 - x)^2 - (x + 2x^2)^2$

6 Na Avenida República existe uma praça de esportes ao ar livre cujo formato é quadrado. Um projeto urbanístico que visa melhorar a área verde da praça propõe uma reforma de acordo com a seguinte planta:

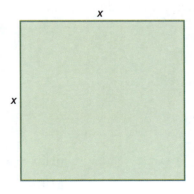

Determine a expressão algébrica que representa a nova área de esportes ao ar livre.

Produto da soma pela diferença de dois termos

Assim como ocorreu com o quadrado da soma de dois termos, vamos utilizar uma situação geométrica para observarmos outro caso de produto notável.

Considere que, de um quadrado ABCD cujo lado mede a, retiramos um quadrado menor de lado medindo b, conforme as figuras a seguir.

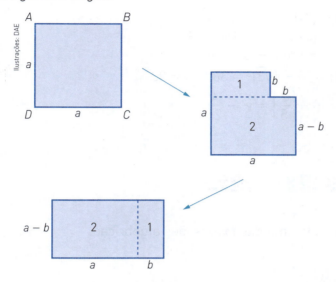

Recortamos o retângulo indicado e formamos com ele um novo retângulo de lados $a + b$ e $a - b$. Podemos calcular de duas maneiras a área formada após a retirada do quadrado de lado b:

1ª maneira

Considerando a diferença entre as áreas do quadrado de lado a e do quadrado de lado b:
$$a^2 - b^2$$

2ª maneira

Considerando a área do retângulo obtido, conforme sugere a 3ª figura acima: $(a + b) \cdot (a - b)$. Podemos escrever a seguinte igualdade:

$$\underbrace{(a + b) \cdot (a - b)}_{\text{produto da soma pela diferença de dois termos}} = a^2 - b^2$$

Responda:
1. Quais são os resultados de $(20 + 2) \cdot (20 - 2)$ e de $20^2 - 2^2$? São iguais ou diferentes?
2. Utilize a propriedade distributiva da multiplicação em relação à adição e obtenha a expressão algébrica resultante de $(3x + 1) \cdot (3x - 1)$.

O produto da soma de dois números ou expressões pela diferença entre eles é conhecido como produto notável.

> **O produto da soma de dois termos pela diferença** desses dois termos é obtido por meio do quadrado do primeiro termo menos o quadrado do segundo termo. Em símbolos:
> $$(a + b) \cdot (a - b) = a^2 - b^2$$

Algebricamente, podemos obter esse resultado da seguinte forma:

$$(a + b) \cdot (a - b) = a \cdot (a - b) + b \cdot (a - b)$$
$$(a + b) \cdot (a - b) = a^2 - ab + ba - b^2$$
$$(a + b) \cdot (a - b) = a^2 - b^2$$

Podemos dizer que $(a + b) \cdot (a - b)$ representa a forma fatorada de $a^2 - b^2$.

Exemplos:

- $(2x + 1) \cdot (2x - 1) = (2x)^2 - 1^2 = 4x^2 - 1$
- $(4y + 3) \cdot (4y - 3) = (4y)^2 - 3^2 = 16y^2 - 9$
- $(mn + 5) \cdot (mn - 5) = (mn)^2 - 5^2 = m^2n^2 - 25$
- $(6 + \sqrt{3}) \cdot (6 - \sqrt{3}) = 6^2 - (\sqrt{3})^2 = 36 - 3 = 33$
- $\left(y - \dfrac{2}{5}\right) \cdot \left(y + \dfrac{2}{5}\right) = y^2 - \left(\dfrac{2}{5}\right)^2 = y^2 - \dfrac{4}{25}$

 Atividades

1 Calcule o produto de cada uma das expressões algébricas.

a) $(3x - 5) \cdot (3x + 5)$

b) $(2x + 7) \cdot (2x - 7)$

c) $(4y + 3) \cdot (4y - 3)$

d) $(x - y^2) \cdot (x + y^2)$

e) $(3x - x^2) \cdot (3x + x^2)$

f) $\left(\dfrac{1}{2} - 2a\right) \cdot \left(\dfrac{1}{2} + 2a\right)$

2 Utilize o produto da soma pela diferença para calcular os seguintes produtos entre números irracionais:

a) $(\sqrt{3} + 1) \cdot (\sqrt{3} - 1)$

b) $(\sqrt{7} + \sqrt{2}) \cdot (\sqrt{7} - \sqrt{2})$

c) $(2\sqrt{5} + 3) \cdot (2\sqrt{5} - 3)$

d) $(\sqrt{10} + \sqrt{2}) \cdot (\sqrt{10} - \sqrt{2})$

3 O produto da soma de dois termos pela diferença entre eles pode também ser utilizado para efetuarmos cálculos numéricos que envolvem o produto de números. Veja no quadro abaixo um exemplo de procedimento.

> Vamos calcular $99 \cdot 101$:
> $99 \cdot 101 = (100 - 1) \cdot (100 + 1)$
> $99 \cdot 101 = 100^2 - 1^2$
> $99 \cdot 101 = 10\,000 - 1$
> $99 \cdot 101 = 9\,999$

Utilizando esse procedimento, calcule o produto de:

a) $49 \cdot 51$;

b) $198 \cdot 202$;

c) $77 \cdot 83$;

d) $39 \cdot 41$.

4 O produto da soma de dois termos pela diferença entre eles pode ser utilizado como uma forma de racionalizar o denominador de uma fração que contenha raízes quadradas. Observe como isso é feito no quadro ao lado:

a) Explique o que foi feito na passagem indicada por I.

b) Explique o que foi feito na passagem indicada por II.

$$\frac{1}{\sqrt{5} + \sqrt{3}} =$$
$$\downarrow \text{(I)}$$
$$= \frac{1}{(\sqrt{5} + \sqrt{3})} \cdot \frac{(\sqrt{5} - \sqrt{3})}{(\sqrt{5} - \sqrt{3})} =$$
$$\downarrow \text{(II)}$$
$$= \frac{\sqrt{5} - \sqrt{3}}{(\sqrt{5})^2 - (\sqrt{3})^2} = \frac{\sqrt{5} - \sqrt{3}}{2}$$

5 Utilizando o procedimento observado na atividade anterior, racionalize o denominador de cada fração abaixo.

a) $\dfrac{2}{5 - \sqrt{2}}$

b) $\dfrac{1}{\sqrt{6} + \sqrt{3}}$

c) $\dfrac{4}{6 + \sqrt{3}}$

d) $\dfrac{-1}{\sqrt{10} - 2}$

6 Copie e complete a tabela a seguir.

Produto da soma pela diferença	Diferença de dois quadrados
$(x + 10) \cdot (x - 10)$	
	$y^2 - 64$
$(2m + 1) \cdot (2m - 1)$	
	$16 - 81x^2$
$(3 + 2r) \cdot (3 - 2r)$	
	$4x^2 - 4y^2$

7 Desenvolva cada uma das operações indicadas e, depois, simplifique as expressões algébricas escrevendo-as na forma mais simples.

a) $(x - y) \cdot (x + y) + (2x + y) \cdot (2x - y) - (3x - 2y) \cdot (3x + 2y)$

b) $(2x - 1)^2 - (2x + 1)^2 - (3x + 2) \cdot (3x - 2)$

c) $(x^2 + 2x) \cdot (x^2 - 2x) + (2x^2 - x) \cdot (x + 2x^2)$

d) $(3ab - 2) - (2 + 3ab) \cdot (2 - 3ab) - (3 - 2ab)$

8 Escreva uma expressão algébrica que represente:

a) o perímetro da figura ao lado;

b) a área dessa figura.

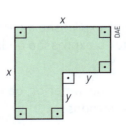

9 Elabore uma lista com cinco produtos notáveis para um de seus colegas resolver. Em seguida, discutam as resoluções.

CAPÍTULO 6 Fatoração

Fator comum e por agrupamento

Nos capítulos anteriores, utilizamos a Geometria plana, particularmente o cálculo da área de quadrados e retângulos, para explicar casos de produtos notáveis. Neste capítulo, transformaremos algumas expressões algébricas em produto, isto é, vamos escrever uma expressão algébrica na forma fatorada. A **fatoração** pode ser considerada aqui o caminho inverso da propriedade distributiva da multiplicação, por exemplo, em relação à adição.

Para exemplificar, vamos considerar um retângulo de altura x dividido em três outros retângulos cujas bases medem a, b e c, como indicado na figura a seguir.

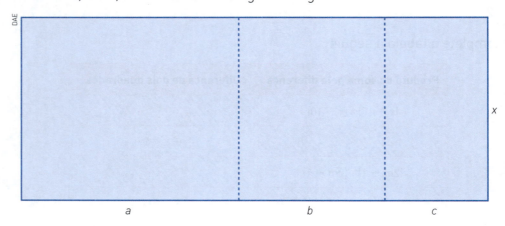

A área desse retângulo pode ser calculada de duas maneiras diferentes:

$$\text{Área} = (a + b + c) \cdot x \quad \text{ou} \quad \text{Área} = ax + bx + cx$$

A primeira dessas duas formas é denominada **forma fatorada**.

> **Fatorar** uma expressão algébrica significa escrevê-la na forma de um produto de dois ou mais fatores. Assim, fatorar equivale a transformar em produto.

Responda:
1. Como obter a expressão $ax + bx + cx$ a partir da expressão $x \cdot (a + b + c)$?
2. E como obter a expressão $a \cdot (x + y + z)$ a partir da expressão $ax + ay + az$?

Retomando o exemplo anterior, observe que a segunda expressão representa a soma da área dos três retângulos considerados:

$$ax + bx + cx$$

As três parcelas dessa soma têm um fator em comum: x.

Quando essa expressão é escrita na forma fatorada x · (a + b + c), dizemos que o termo em comum foi colocado em evidência.

O caso mais simples de fatoração ocorre quando, em uma expressão algébrica ou mesmo em um polinômio, temos apenas um fator em comum. Nesse caso, para fatorar basta colocar esse fator comum em evidência. Observe alguns exemplos a seguir.

Exemplo 1

Fatore a expressão ax + ay.
- Nos dois termos dessa expressão há um fator comum: a incógnita a. Vamos colocar esse fator comum em evidência:

$$ax + ay = a \cdot x + a \cdot y = a \cdot (x + y)$$

Observação:

Para verificar se a fatoração está correta, utilize a propriedade distributiva na forma fatorada. Esse exemplo pode ser ilustrado pelo cálculo da área do retângulo maior abaixo.

Área do retângulo:

ax + ay ou a(x + y)

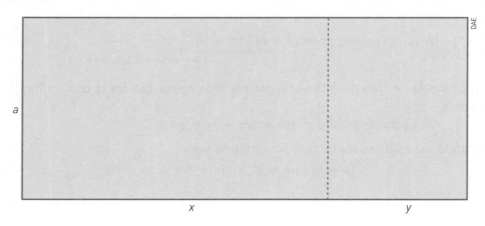

Exemplo 2

Escreva a forma fatorada da expressão algébrica 4mpx − 2mx − 4x.
- Nesta expressão algébrica temos como fator comum o termo 2x. Assim, colocamos esse fator comum em evidência:

$$4mpx - 2mx - 4x = 2x \cdot 2mp - 2x \cdot m - 2x \cdot 2 = 2x \cdot (2mp - m - 2)$$

Exemplo 3

Fatore o polinômio $2x^3 - 8x^2 + 6x$.
- Nesse caso, os três termos do polinômio têm o fator x em comum, bem como o termo 2.

$$2x^3 - 8x^2 + 6x = 2x \cdot x^2 - 2x \cdot 4x + 2x \cdot 3 = 2x \cdot (x^2 - 4x + 3)$$

Exemplo 4

Fatore a expressão algébrica am + bm + ax + bx.

- Note que não há um termo comum às quatro parcelas da expressão algébrica do exemplo anterior. Entretanto, se considerarmos os dois primeiros, temos o termo *m* em comum; nos dois últimos, o termo *x*. Assim, fatoramos de dois em dois, ou seja:

$$am + bm + ax + bx = m \cdot (a + b) + x \cdot (a + b)$$

- A soma agora tem duas parcelas e em cada uma aparece o termo (a + b). Dessa forma, colocamos esse termo em evidência:

$$am + bm + ax + bx = m(a + b) + x(a + b) = (a + b) \cdot (m + x)$$

Para compreender a fatoração por agrupamento feita anteriormente, observaremos como calcular a área do retângulo maior, conforme as medidas indicadas.

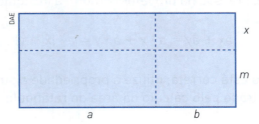

- Considerando que a área do retângulo é o produto da medida da base pela medida da altura, temos:

$$\text{Área do retângulo} = (a + b) \cdot (m + x)$$

→ forma fatorada

- Podemos calcular a área do retângulo por meio da soma das áreas dos retângulos em que ele está dividido:

$$\text{Área do retângulo} = am + bm + ax + bx$$

- Comparando essas duas maneiras, concluímos que:

$$(a + b) \cdot (m + x) = am + bm + ax + bx$$

Atividades

no caderno

1) Fatore cada expressão a seguir colocando em evidência o termo comum.

a) $4m - 8$ **c)** $16 - 4y$ **e)** $mn + 3n$

b) $3x - 9$ **d)** $mx + 2x$ **f)** $7x - 49y$

2) Observe no quadro a seguir que também podemos fazer a fatoração com expressões numéricas.

$$2\sqrt{5} + 4 - 10\sqrt{2} =$$
↓ 2 em evidência:
$$= 2 \cdot \sqrt{5} + 2 \cdot 2 - 2 \cdot 5\sqrt{2} =$$
$$= 2 \cdot (\sqrt{5} + 2 - 5\sqrt{2})$$

Fatore as expressões numéricas a seguir:

a) $16\sqrt{3} + 2\sqrt{5}$

b) $16\sqrt{5} - 8\sqrt{2}$

3 Para explicar fatoração, o professor colocou na lousa o seguinte retângulo formado por um quadrado e um retângulo menor:

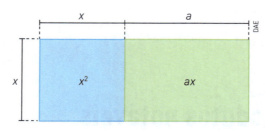

a) O que representam as expressões x^2 e ax?
b) Somando-se essas duas expressões, qual é o resultado?
c) Escreva esse resultado na forma fatorada.

4 Transforme em produto cada uma das seguintes expressões:
a) $3x^3 + 2x^2 - 4x$
b) $2x^3 + 4x^2 - 16x$
c) $6m^2 - 4m + 8$
d) $15a^2x^2 + 10a^2x - 20a^2x^3$
e) $12r^3 + 4r^2 - 24r^4$
f) $x^3y^3 - x^2y^2 + 3xy$
g) $5r^2x^2 + 10r^2x - 100r^2x^3$
h) $12y^3 - 24y^2 + 48y^4$

5 Observando o termo comum entre parênteses, fatore cada uma das seguintes expressões algébricas.
a) $7 \cdot (m - n) - x \cdot (m - n)$
b) $x \cdot (a + b) - 4 \cdot (a + b)$
c) $9 \cdot (x - 2) + y \cdot (x - 2)$
d) $50 \cdot (2m + 1) - y \cdot (2m + 1)$
e) $8x \cdot (y + 3x) - 5 \cdot (y + 3x)$
f) $m \cdot (x + y) + 10 \cdot (x + y)$

6 Junte-se a um colega para fazer esta atividade. Efetuem, por agrupamento, a fatoração das expressões a seguir.
a) $3x + 3y + bx + by$
b) $x^2 - 4x + 2x - 8$
c) $ay - by + ax - bx$
d) $mn + n + 2m + 2$
e) $mp + xp - mr - xr$
f) $9 - 3x + 3m - mx$
g) $n^2 + 18n + 81$
h) $y^2 - 24y + 144$

7 As expressões algébricas a seguir devem ser fatoradas como o produto de dois fatores apenas.

a) $ax - ay + bx - by$

b) $x^2 - 2xy + 3x - 6y$

c) $10m^2 + 15mn - 4m - 6n$

d) $x^3 + 4x^2 + x + 4$

Fatoração por produtos notáveis

Vimos anteriormente alguns modos para fatorar expressões algébricas. Os dois casos apresentados envolvem fatoração simples, quando há um termo em comum, e fatoração por agrupamento, quando o termo comum aparece em grupos de expressões algébricas. Existem ainda outros três casos de fatoração relacionados diretamente com os produtos notáveis.

Trinômio quadrado perfeito da soma

O primeiro caso de produtos notáveis relacionado à fatoração é o quadrado da soma de dois termos:

$$a^2 + 2ab + b^2 = a^2 + ab + ab + b^2$$
$$a^2 + 2ab + b^2 = a(a + b) + b(a + b)$$
$$a^2 + 2ab + b^2 = (a + b)(a + b)$$
$$a^2 + 2ab + b^2 = (a + b)^2$$

Exemplos:

- $x^2 + 10x + 25 = (x + 5)^2$
- $9m^2 + 6m + 1 = (3m + 1)^2$
- $y^2 + 2\sqrt{2}y + 2 = (y + \sqrt{2})^2$

> O quadrado da soma de dois termos representa a fatoração de um trinômio quadrado perfeito.
> $$a^2 + 2ab + b^2 = (a + b)^2$$

Trinômio quadrado perfeito da diferença

O segundo caso de produtos notáveis relacionado à fatoração é o quadrado da diferença entre dois termos.

$$a^2 - 2ab + b^2 = a^2 - ab - ab + b^2$$
$$a^2 - 2ab + b^2 = a(a - b) - b(a - b)$$
$$a^2 - 2ab + b^2 = (a - b)(a - b)$$
$$a^2 - 2ab + b^2 = (a - b)^2$$

Exemplos:

- $x^2 - 10x + 25 = (x - 5)^2$
- $9m^2 - 6m + 1 = (3m - 1)^2$
- $y^2 - 2\sqrt{2}y + 2 = (y - \sqrt{2})^2$

> O quadrado da diferença entre dois termos também representa a fatoração de um trinômio quadrado perfeito.
> $$a^2 - 2ab + b^2 = (a - b)^2$$

Diferença de dois quadrados

O terceiro caso de produtos notáveis também representa um importante método de fatoração.

Nele, a diferença entre dois quadrados pode ser obtida pelo produto da soma pela diferença de dois termos.

Nesse caso, a fatoração é imediata pela observação do produto notável.

Exemplos:

- $49 - 16x^2 = (7 + 4x)(7 - 4x)$
- $4 - m^2 = (2 + m)(2 - m)$
- $121y^2 - 1 = (11y + 1)(11y - 1)$

> A diferença entre dois quadrados pode ser transformada em produto, considerando a soma e a diferença de dois termos.
> $$a^2 - b^2 = (a + b)(a - b)$$

Observe como você poderia, por meio de fatoração, obter o produto da soma pelo produto da diferença de dois termos:

$$a^2 - b^2 = a^2 - ab + ab - b^2$$
$$a^2 - b^2 = a(a - b) + b(a - b)$$
$$a^2 - b^2 = (a - b)(a + b)$$

 Atividades

1 Fatore as expressões algébricas a seguir.

a) $x^2 + 4x + 4$

b) $a^2 + 14a + 49$

c) $4y^2 + 4y + 1$

d) $9m^2 + 6\sqrt{2}m + 2$

e) $x^2 - 6x + 9$

f) $a^2 - 16a + 64$

g) $9y^2 - 6y + 1$

h) $m^2 - 2\sqrt{2}m + 2$

i) $x^2 - 9$

j) $a^2 - 16$

k) $9y^2 - 1$

l) $m^2 - 2$

2 Utilizando produtos notáveis, fatore cada uma das seguintes expressões.

a) $4 - 4x + x^2$

b) $64 + 16y + y^2$

c) $9y^2 - 25$

d) $x^2 + 10x + 25$

e) $y^2 + 12y + 36$

f) $100 - 4x^2$

3 **(Obmep)** Qual o valor da diferença $5353^2 - 2828^2$?

a) 2525^2.

b) 3535^2.

c) 4545^2.

d) 4565^2.

e) 5335^2.

4 Um espaço público será reformulado para receber um monumento na parte central. A área em amarelo continuará sendo utilizada para o trânsito de pedestres.

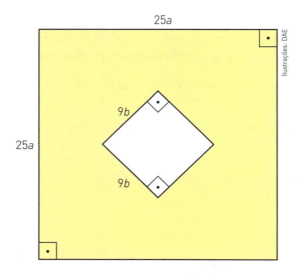

a) Determine a área em amarelo da figura acima e represente-a na forma fatorada.

b) Considerando $a = 1$ m e $b = 0,5$ m, determine a área que será ocupada pelo monumento.

5 **(Obmep)** A figura abaixo explica geometricamente, usando áreas, o desenvolvimento do produto notável.

$$(a + b)^2 = a^2 + 2ab + b^2$$

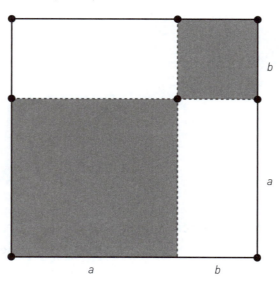

Você conseguiria obter uma figura que explicasse geometricamente, também usando áreas, a equação $(a + b)^2 + (a - b)^2 = 2(a^2 + b^2)$?

Conviver

Cálculo do cubo da soma

Expandiremos o estudo do trinômio quadrado perfeito para analisar expressões que envolvem o cubo de uma soma.

Participantes:
- 3 ou 4 alunos.

Material:
- papel;
- lápis.

Encaminhamento

Sigam as instruções.

I. Leiam a explicação abaixo:

Além das representações dos produtos notáveis trabalhadas até agora, podemos encontrar situações nas quais apareçam cubos. Vejam o exemplo:

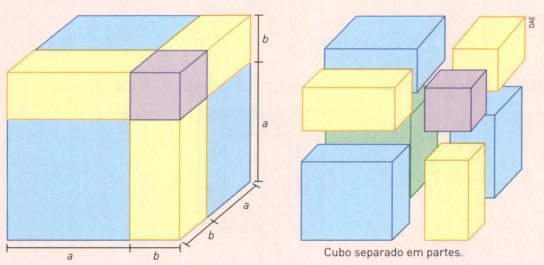

Cubo separado em partes.

A imagem representa um cubo maior formado por outros cubos e blocos retangulares menores.

II. Escrevam uma expressão que represente o volume do cubo cuja aresta mede $a + b$.

III. Observando a figura da direita, escrevam uma expressão equivalente à soma dos volumes das partes do cubo.

IV. Desenvolvam as seguintes potências:

a) $(x + 1)^3$

b) $(3z + x)^3$

V. Mostrem que $(a + b + c)^2 = a^2 + b^2 + c^2 + 2(ab + ac + bc)$ utilizando a propriedade distributiva na expressão $(a + b + c)(a + b + c)$

Retomar

1. Para que $x^2 + 10x + k$ seja um trinômio quadrado perfeito, devemos ter:
   a) $k = 1$
   b) $k = 2$
   c) $k = 20$
   d) $k = 25$

2. A expressão correspondente ao desenvolvimento de $(4x - 1)^2$ é:
   a) $16x^2 - 1$
   b) $16x^2 - 8x + 1$
   c) $4x^2 - 1$
   d) $16x^2 - 16$

3. A expressão correspondente ao desenvolvimento de $(x + 1)^3$ é:
   a) $x^3 - 3x$
   b) $x^3 + 3x$
   c) $x^3 + 3x^2$
   d) $x^3 + 3x^2 + 3x + 1$

4. Que valor devemos adicionar a $x^2 - 6x + 5$ para obter o quadrado de $x - 3$?
   a) $3x$
   b) $4x$
   c) 4
   d) 3

5. A área da região sombreada na figura a seguir, conforme as medidas indicadas, é:

   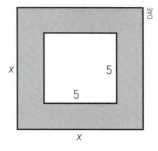

   a) $x^2 - 10$
   b) $(x + 5)(x - 5)$
   c) $(x - 5)^2$
   d) $(x^2 + 25)$

6. Simplificando a expressão numérica $\dfrac{123\,456^2 - 123\,455^2}{123\,456 + 123\,455}$, obtemos um número:
   a) maior que 600.
   b) par.
   c) não inteiro.
   d) inteiro positivo e menor que 2.

7 As medidas dos lados do retângulo estão indicadas em centímetros. Assinale a alternativa que contém duas maneiras equivalentes de encontrar a área dessa figura.

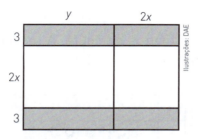

a) $6y + 12x + 2xy + 4x^2$ e $(2x + 6)(2x + y)$
b) $6y + 12x + 2xy + 4x^2$ e $(2x + 6)(2x - y)$
c) $6y + 12x + 2xy + 4x^2$ e $(x + 6)(2x + y)$
d) $6y + 12x + 2xy + 4x^2$ e $(2x + 6)(x + y)$

8 Considerando que $x + y = 7$ e que $x - y = 2$, assinale a alternativa que indica corretamente o valor de $x^2 - y^2$.

a) 11
b) 12
c) 13
d) 14

9 As medidas do retângulo a seguir estão em centímetros. É correto afirmar que a área desse retângulo, em centímetros quadrados, pode ser representada pela expressão:

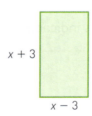

a) $x^2 + 9$
b) $x^2 - 4$
c) $x^2 + 4$
d) $x^2 - 9$

10 O quadrado maior da figura abaixo está dividido em dois retângulos e dois quadrados. As medidas indicadas estão em centímetros. Assinale a alternativa que representa corretamente a área da figura.

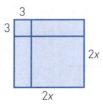

a) $4x^2 + 9$
b) $4x^2 + 12x + 9$
c) $4x^2 + 81$
d) $4x^2 + 6x + 18$

11 Outra expressão equivalente para representar a área total da figura da questão anterior é:
a) $(3 + 2x)(3 - 2x)$
b) $(3 - 2x)^2$
c) $(3 + 2x)^2$
d) $(3 - 4x)^2$

12 As medidas estão indicadas em metros na figura. A região cinza representa uma calçada que será construída contornando um jardim retangular.

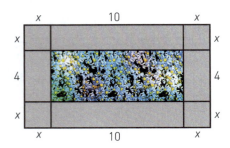

Assinale a alternativa que indica corretamente a área, em metros quadrados, desse jardim.
a) 24
b) 32
c) 40
d) 48

13 Ainda em relação à figura da questão 12, indique a alternativa que representa a área total da calçada que será construída.
a) $4x \cdot (7 + x)$
b) $2x \cdot (7 + x)$
c) $4x \cdot (7 + 2x)$
d) $x \cdot (7 + x)$

14 Observe o retângulo maior e as medidas indicadas.

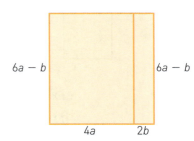

Escreva uma expressão que represente:
a) o perímetro desse retângulo;
b) a área desse retângulo.

15 Uma expressão algébrica que representa a área da figura formada pelos retângulos é:

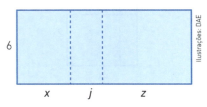

a) $6x + 6y + z$
b) $x + 6(y + z)$
c) $6(x + y + z)$
d) $6(x + y + 6z)$

70

16 Considere o quadrado maior dividido em dois retângulos congruentes e dois quadrados de tamanhos diferentes. Se a área dessas figuras está indicada internamente, assinale a alternativa que indica a área total da figura.

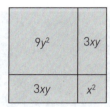

a) $9y^2 + x^2$ b) $9y^2 + 4x^2$ c) $9y^2 - x^2$ d) $(3y + x)^2$

17 Na figura abaixo está indicada a área de dois quadrados, isto é, 121 e y^2. A área de cada retângulo representado por A é:

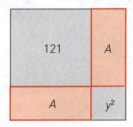

a) 11   b) y^2 c) $11y$ d) 22

18 (Obmep) Qual é o valor da expressão $\dfrac{242424^2 - 121212^2}{242424 \cdot 121212}$?

a) $\dfrac{1}{2}$

b) $\dfrac{3}{4}$

c) 1

d) $\dfrac{3}{2}$

e) $\dfrac{7}{4}$

19 (Obmep) Os números naturais x e y são tais que $x^2 - xy = 23$. Qual é o valor de $x + y$?

a) 24   d) 35
b) 30   e) 45
c) 34

20 (Saresp) Simplificando-se a expressão $\dfrac{x^2 + 3x}{x^2 - 9}$, em que $x \neq 3$, obtém-se:

a) $\dfrac{3}{x - 9}$

b) $\dfrac{x}{x - 3}$

c) $\dfrac{x}{3}$

d) $-\dfrac{x}{3}$

Equação: o idioma da álgebra,
de Oscar Guelli (Ática).

Essa é uma leitura que proporciona a compreensão da evolução da álgebra ao longo do tempo. Por meio de textos sobre a história da Matemática, você poderá observar como a utilização das letras para representar números e grandezas tornou-se um recurso no desenvolvimento dos conteúdos.

UNIDADE 3

Rodovias em uma floresta.

Retas estão presentes em nosso cotidiano e, muitas vezes, nem nos damos conta. Nos anos anteriores você já estudou algumas relações entre retas e, neste momento, esses conhecimentos serão aprofundados e ampliados com o estudo de propriedades e de um importante teorema.

1. As rodovias que aparecem na floresta lembram qual relação entre duas retas?

Geometria

Portão de ferro.

2 No portão de ferro mostrado na foto, se associarmos as barras de ferro a retas, podemos afirmar que todas as retas paralelas verticais são cortadas por uma mesma reta? Essa barra de ferro horizontal pode garantir que a distância entre as barras verticais seja a mesma?

CAPÍTULO 7

Ângulos e retas

Ângulos formados por retas paralelas e uma transversal

Vamos retomar uma situação importante, envolvendo alguns conceitos, que foi apresentada no volume anterior desta coleção.

No desenho ao lado estão representadas duas retas paralelas r e s e uma reta transversal t. Note que estão indicados oito ângulos.

Nessa figura os pares de ângulos congruentes "c e h" e "d e e" são chamados ângulos alternos internos (estão na região interna em relação às retas paralelas e em lados opostos da reta transversal). Já os pares de ângulos congruentes "b e g" e "a e f" são chamados ângulos alternos externos (estão na região externa em relação às retas paralelas e em lados opostos da reta transversal).

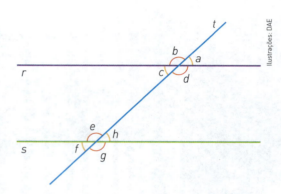

Responda:
1. Quais ângulos são congruentes, isto é, têm a mesma medida?
2. Os ângulos e e g são congruentes? Justifique.

Laura e Pedro resolveram fazer a construção anterior, formada por duas retas paralelas e uma reta transversal, utilizando instrumentos geométricos. Construíram a figura ao lado, indicando os ângulos por letras minúsculas. Em um dos ângulos utilizaram um transferidor para determinar sua medida.

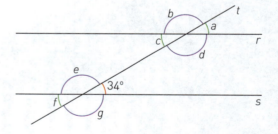

Conhecendo apenas o ângulo de medida 34°, Laura e Pedro obtiveram as medidas dos outros ângulos indicados na figura. Observe:

- $a = 34°$ ⟶ ângulos correspondentes
- $a + b = 180°$ ⟶ ângulos suplementares
  $34° + b = 180°$
  Logo, $b = 146°$.
- $b = e$ ⟶ ângulos correspondentes
  $e = 146°$
- $b = d = 146°$ ⟶ ângulos opostos pelo vértice
- $a = c = 34°$ ⟶ ângulos opostos pelo vértice
- $e = g = 146°$ ⟶ ângulos opostos pelo vértice
- $f = 34°$ ⟶ ângulo oposto pelo vértice

Após a construção e as justificativas dadas por Laura e Pedro, o professor disse que esse resultado poderia ser descrito da seguinte maneira:

> Retas paralelas cortadas por uma transversal determinam ângulos correspondentes congruentes e, reciprocamente, se uma reta transversal a outras retas determina ângulos congruentes, então as retas cortadas pela transversal são paralelas.

Atividades

1) Desenhe no caderno um paralelogramo como o que está representado ao lado. Lembre-se de que em um paralelogramo os lados opostos são paralelos.

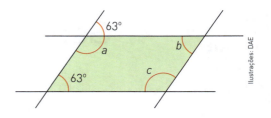

a) Qual é a medida do ângulo *a*? Justifique.
b) Qual é a medida do ângulo *b*? Justifique.
c) Qual é a medida do ângulo *c*? Justifique.

2) Junte-se a um colega para fazer esta atividade.

Na figura ao lado estão representadas três retas (*r*, *s* e *t*) e algumas medidas dos ângulos formados por elas.

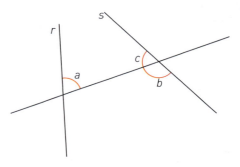

Respondam:

a) Os ângulos de medidas *a* e *b* são alternos e internos?
b) Esses ângulos são congruentes? Justifique.
c) Qual é a relação entre os ângulos de medidas *b* e *c*?

3) Para fazer esta atividade, junte-se a um colega.

Leiam o texto e observem a figura ao lado.

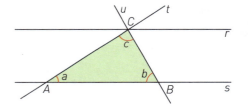

A soma das medidas dos ângulos internos de um triângulo é igual a 180°. Esse resultado pode ser justificado com base nas relações entre os ângulos formados por duas retas paralelas cortadas por uma reta transversal.

Observem que, no desenho, a reta *s* contém o lado *AB* do triângulo, e a reta *r* é paralela à reta *s* passando pelo vértice *C*. Além disso, as retas *t* e *u* são transversais às retas *r* e *s*.

a) Façam essa figura em uma folha de papel.
b) Mostrem que $a + b + c = 180°$.

4) Considere o paralelogramo *ABCD* a seguir, em que as medidas dos ângulos internos estão indicadas na figura.

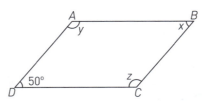

Quais são os valores de *x*, *y* e *z*?

5) Qual é o valor de *x* na figura a seguir considerando que as retas *r* e *s* são paralelas?

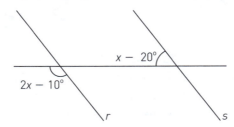

75

Caleidoscópio

Geometria africana

Os *sona* são desenhos elaborados pelos povos *cokwes*, que habitam o nordeste de Angola, partes do noroeste da Zâmbia e as áreas adjacentes ao sul do Congo.

Esse povo é conhecido pelos trabalhos ornamentais, como artesanato, máscaras e desenhos na areia. Os *sona* fazem parte da tradição oral desse povo, e são mais utilizados para memorizar as histórias contadas pelos homens mais velhos. Os meninos aprendem a contar essas histórias e também a desenhar os *sona* como parte de sua iniciação em rituais.

Cada *lusona* (singular de *sona*) pode ser desenhado sem levantar o dedo ou sem refazer uma linha. Para iniciar um *lusona*, o artista geralmente começa alisando a areia e, com a ponta dos dedos, cria uma grade de pontos chamada *tobe*, que servirá como um quadro para o desenho.

Observe a simetria da figura a seguir.

Percebe-se que ela tem um eixo de simetria vertical.

Agora observe este outro *lusona*.

Ele tem dois eixos de simetria, um perpendicular ao outro.

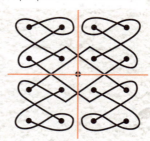

Ilustrações: Eduardo Belmiro

"Mais de 80% dos *sona* da maior coleção, [...], são simétricos. [...] *Sona* com apenas uma simetria rotacional de 180° ou de 90° são menos vulgares. A frequência de *sona* com um ou mais eixos de simetria constitui uma expressão da importância da simetria (axial) como valor cultural." *

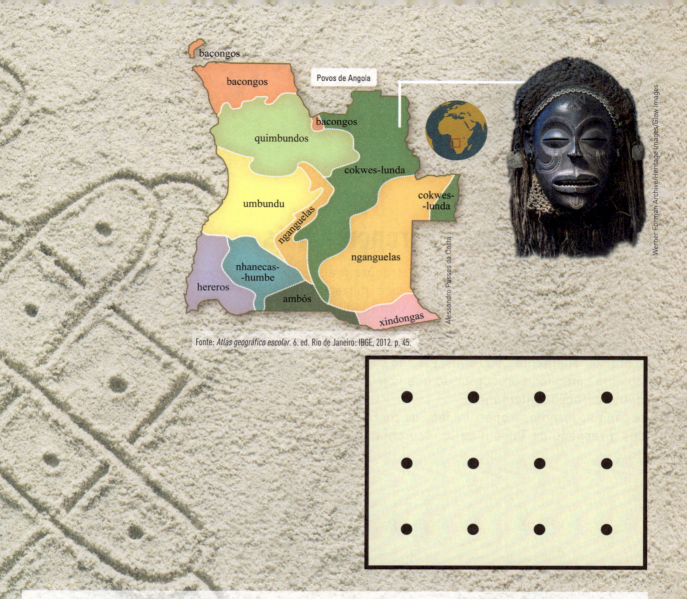

Fonte: *Atlas geográfico escolar*. 6. ed. Rio de Janeiro: IBGE, 2012. p. 45.

Agora vamos tentar fazer um *lusona*?

Observe os passos a seguir, reproduza o quadro acima no caderno e faça um *lusona*. É mais fácil primeiro pensarmos em linhas retas, formando retângulos, e depois curvarmos os cantos. Não esqueça: desenhe seu *lusona* usando somente uma linha.

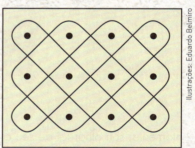

*Paulus Gerdes: *Geometria sona de Angola:* Matemática duma tradição africana. Projeto de Investigação Etnomatemática. Maputo: Universidade Pedagógica, 1993. p. 34.
Disponível em: <http://pt.scribd.com/doc/37341944/Paulus-Gerdes#page=45>.
Acesso em: mar. 2015.

77

Semelhança de triângulos

Segmentos de medidas proporcionais

As pirâmides do Egito estão entre as construções mais antigas ainda preservadas. Quais estratégias você utilizaria para determinar a altura dessas pirâmides sem medi-las diretamente?

A resposta a essa questão foi dada pelo filósofo Tales de Mileto, há aproximadamente 2 500 anos. Ele não só solucionou o problema como foi o precursor do que hoje denominamos "demonstração matemática".

Neste capítulo teremos a oportunidade de conhecer um pouco mais a respeito de Tales e de um teorema que leva seu nome.

Pirâmides de Quéops, Quéfren e Miquerinos, em Gizé, Egito.

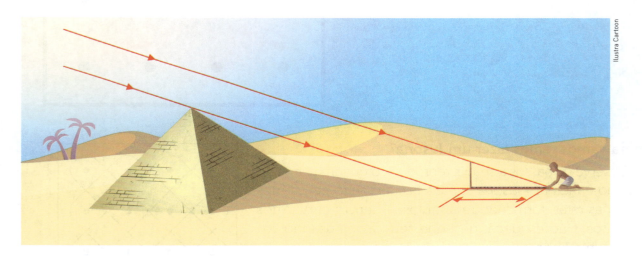

Lentamente, seu olhar foi de seu corpo à sua sombra, de sua sombra a seu corpo, depois voltou-se para a pirâmide. [...] Tales compenetrou-se dessa ideia: a relação que mantenho com minha sombra é a mesma que a pirâmide mantém com a dela. Disso deduziu o seguinte: no instante em que minha sombra for igual à minha estatura, a sombra da pirâmide será igual à sua altura!

Denis Guedj. *O teorema do papagaio.* São Paulo: Cia. das Letras, 1999.

Responda:

1. Se, de acordo com o texto acima, a altura da pirâmide é H, a altura da pessoa é h, o comprimento da sombra da pirâmide é S e o comprimento da sombra da pessoa é s, em um mesmo momento, qual você acha que seria a relação entre essas medidas?

Ao escrever a comparação entre as medidas, obtemos uma razão. Se considerarmos dois segmentos AB e CD com medidas 7 cm e 14 cm, respectivamente, a razão entre essas medidas é representada por:

$$\frac{AB}{CD} = \frac{7 \text{ cm}}{14 \text{ cm}} = \frac{1}{2}$$ → Dizemos que a razão dos segmentos AB e CD é $\frac{1}{2}$.

> A razão entre dois segmentos é a razão entre suas medidas, consideradas na mesma unidade de medida. Essa razão não tem unidade de medida.
> Dados dois segmentos AB e CD, a razão entre eles, nessa ordem, é indicada por $\frac{AB}{CD}$.

Exemplo:

Os desenhos a seguir são de uma mesma casa. No primeiro desenho as medidas são 5 cm de largura por 3 cm de altura, enquanto no segundo, 7,5 cm de largura por 4,5 cm de altura.

Ronaldo Barata

Calcule a razão entre as medidas em cada um dos desenhos.

• Primeiro desenho:

$$\frac{\text{altura}}{\text{largura}} = \frac{3 \text{ cm}}{5 \text{ cm}} = \frac{3}{5}$$

• Segundo desenho:

$$\frac{\text{altura}}{\text{largura}} = \frac{4,5 \text{ cm}}{7,5 \text{ cm}} = \frac{4,5}{7,5} = \frac{3}{5}$$

razões iguais

> Quando quatro segmentos AB, CD, EF e GH formam a proporção:
> $$\frac{AB}{CD} = \frac{EF}{GH}$$
> dizemos que $\overline{AB}$ e $\overline{CD}$ são proporcionais a $\overline{EF}$ e $\overline{GH}$.

Como as duas razões são iguais, podemos dizer que temos uma **proporção**.

79

Atividades

1) Determine a razão entre as medidas dos segmentos AB e CD, nessa ordem, considerando:
   a) $AB = 10$ cm e $CD = 30$ cm;
   b) $AB = 7{,}5$ cm e $CD = 15$ cm;
   c) $AB = 1$ cm e $CD = 0{,}5$ cm;
   d) $AB = 15$ cm e $CD = 40$ cm;
   e) $AB = 10$ cm e $CD = 1{,}5$ cm;
   f) $AB = 2\sqrt{2}$ cm e $CD = 4\sqrt{2}$ cm.

2) Expresse a razão $\dfrac{x}{y}$ na forma mais simples possível, considerando:
   a) $x = 7$ cm e $y = 0{,}7$ dm;
   b) $x = 5$ L e $y = 25$ L;
   c) $x = 2{,}5$ dias e $y = 48$ horas;
   d) $x = 9$ kg e $y = 18\,000$ g.

3) Determine o valor de x para que os segmentos AB, AC, PQ e PR formem, nessa ordem, uma proporção.

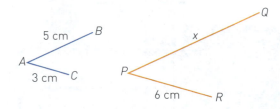

4) Se na atividade anterior AB é paralelo a PQ e AC é paralelo a PR, qual é a razão entre os ângulos BÂC e QP̂R?

5) Um segmento AB que mede 80 cm foi dividido em duas partes diretamente proporcionais aos números 3 e 5. Determine as medidas de cada uma das duas partes.

6) Um segmento AB medindo 32 cm foi dividido em duas partes diretamente proporcionais aos números 1 e 3. Qual é a medida de cada uma dessas partes?

7) Calcule a razão $\dfrac{a}{b}$, sendo:
   a) $4a = b$;
   b) $0{,}5a = 25b$;
   c) $16a = 12b$;
   d) $\dfrac{3}{2}a = 5b$.

8) Desenhe no caderno um quadrado cujo lado meça 5 cm. Em seguida, determine:
   a) a razão entre a medida de cada lado e o perímetro correspondente;
   b) a razão entre o perímetro do quadrado e a medida do lado correspondente;
   c) a razão entre a medida de um lado e a área do quadrado.

9) Junte-se a um colega para resolver as situações a seguir.
   a) Dois ângulos suplementares são tais que a razão entre as medidas é $\dfrac{2}{7}$. Quais são as medidas desses ângulos?
   b) A razão entre as medidas de dois segmentos é $\dfrac{5}{8}$. Considerem que as medidas dos segmentos estão em centímetros e a soma das medidas é 52 cm. Determinem as medidas dos dois segmentos.

10) Elabore um problema que envolva a razão entre duas grandezas e junte-se a um colega. Troquem os problemas elaborados e discutam a solução um do outro.

Teorema de Tales

O teorema de Tales está relacionado à ideia de retas paralelas que intersectam uma ou mais retas transversais, como representado na figura.

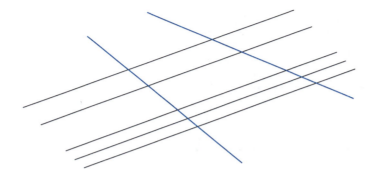

> Quando um feixe de retas paralelas é intersectado por duas retas transversais, os segmentos determinados pelas paralelas sobre as transversais são proporcionais.

As retas paralelas formam um "feixe de paralelas".

> **zoom**
> - Feixe de retas paralelas: retas distintas de um mesmo plano e paralelas entre si.
> - Reta transversal: reta que intersecta todas as retas de um feixe de paralelas.

Vamos observar a seguir duas propriedades que estão relacionadas ao feixe de retas paralelas e retas transversais.

A primeira propriedade pode ser observada na figura a seguir, na qual as retas paralelas estão igualmente espaçadas.

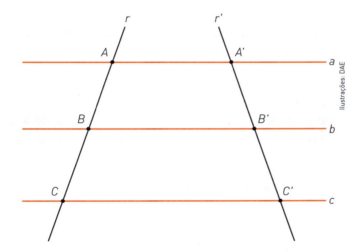

> **Primeira propriedade**
> Se um feixe de paralelas determina segmentos congruentes sobre uma transversal, também determina segmentos congruentes sobre qualquer outra transversal.

De acordo com essa propriedade, se o feixe de retas paralelas determina segmentos congruentes sobre a transversal r, também determinará segmentos congruentes na transversal r'.

Assim, se $AB = BC$ (ou $\overline{AB} \equiv \overline{BC}$: $\overline{AB}$ é congruente a $\overline{BC}$) então, $A'B' = B'C'$ (ou $\overline{A'B'} \equiv \overline{B'C'}$: $\overline{A'B'}$ é congruente a $\overline{B'C'}$).

Uma maneira de provar esse resultado é traçar duas retas paralelas à reta r, uma passando pelo ponto A' e a outra passando pelo ponto B', como na figura a seguir.

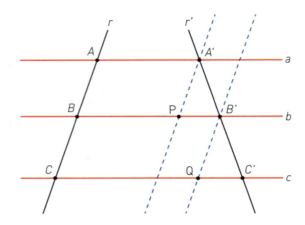

Ao traçar essas paralelas à reta r, serão determinados dois paralelogramos:
- no paralelogramo AA'PB, AB = A'P;
- no paralelogramo BB'QC, BC = B'Q.

Como sabemos que AB = BC, então A'P = B'Q.
- Nos triângulos A'PB' e B'QC', os ângulos $\hat{A}'$ e $\hat{B}'$ são congruentes.
- Nesses mesmos triângulos, os ângulos $\hat{P}$ e $\hat{Q}$ são congruentes.
- Utilizando o caso de congruência ALA, temos que os dois triângulos são congruentes.

Portanto, A'B' = B'C'.

Responda:
1. Quando dois ângulos são congruentes?
2. Se dois triângulos são congruentes, qual é a relação entre as medidas dos lados? E dos ângulos?

Para entender essa propriedade observe o exemplo a seguir.

A primeira propriedade possibilita a determinação, de forma direta, da medida de x, como na figura a seguir, na qual as retas em vermelho são transversais ao feixe de retas paralelas.

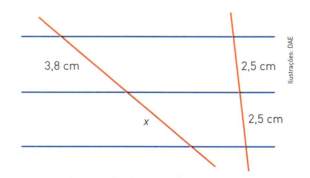

De acordo com essa propriedade, temos que x = 3,8 cm.

Segunda propriedade
Um feixe de paralelas determina, em duas transversais quaisquer, segmentos de medidas proporcionais.

A demonstração do teorema de Tales considera a primeira propriedade. Assim, vamos supor que, na figura a seguir, $\overline{AB}$ e $\overline{BC}$ sejam comensuráveis, isto é, que haja uma unidade-padrão u de medida desses segmentos. Vamos supor que há um segmento de comprimento u que "cabe" m vezes em $\overline{AB}$ e n vezes em $\overline{BC}$.

> **zoom** Dois segmentos são comensuráveis quando o quociente de suas medidas é um número racional.

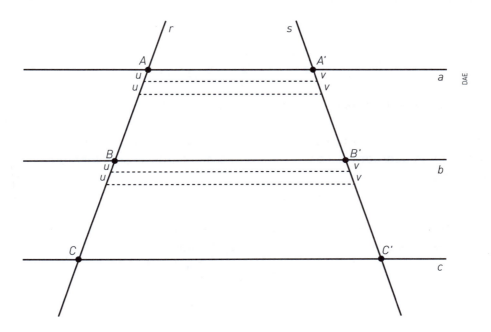

Assim, temos: $\dfrac{AB}{BC} = \dfrac{m \cdot u}{n \cdot u} = \dfrac{m}{n}$

De acordo com a figura, podemos traçar um feixe de retas paralelas igualmente espaçadas. Desse modo, o segmento $A'B'$ ficará dividido em m segmentos de comprimento v, e o segmento $B'C'$ ficará dividido em n segmentos de comprimento v. Assim, temos:

$$\dfrac{A'B'}{B'C'} = \dfrac{m \cdot v}{n \cdot v} = \dfrac{m}{n}$$

Comparando os resultados obtidos, concluímos que:

$$\dfrac{AB}{BC} = \dfrac{A'B'}{B'C'}$$

A demonstração do teorema de Tales foi feita para segmentos comensuráveis. Entretanto, essa propriedade também é válida mesmo quando os segmentos não forem comensuráveis, isto é, mesmo quando a razão entre as medidas for representada por um número irracional.

Vamos determinar o valor de x na figura a seguir, na qual as retas a, b e c são paralelas e as medidas indicadas estão em centímetros.

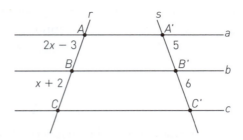

De acordo com o teorema de Tales, temos que:

$$\frac{AB}{BC} = \frac{A'B'}{B'C'}, \text{ isto é, } \frac{2x-3}{x+2} = \frac{5}{6}$$

Em uma proporção, sabemos que o produto dos termos extremos é igual ao produto dos meios, isto é:

$$6(2x - 3) = 5(x + 2)$$
$$12x - 18 = 5x + 10$$
$$7x = 28$$
$$x = 4$$

Veja a imagem a seguir e as observações que são resultantes do teorema de Tales.

- É imediato, conforme o teorema de Tales e as propriedades de proporção, que os segmentos correspondentes nas transversais formem a proporção:

$$\frac{a}{a'} = \frac{b}{b'} = \frac{c}{c'}$$

- Essa mesma proporção se mantém quando se acrescenta um segmento correspondente à soma das medidas dos segmentos:

$$\frac{a}{a'} = \frac{b}{b'} = \frac{c}{c'} = \frac{a+b+c}{a'+b'+c'}$$

 Atividades

1. Na figura, as retas a, b e c são paralelas e determinam, nas retas r e s, segmentos cujas medidas em centímetros estão representadas em função de x.

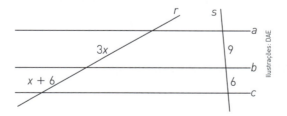

Encontre:

a) o valor de x;

b) as medidas dos segmentos determinados na reta r.

2 Um terreno em forma de trapézio foi dividido em três outros terrenos conforme a figura abaixo, em que as retas *a*, *b*, *c* e *d* são paralelas.

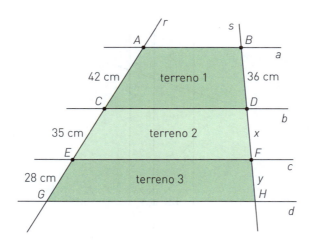

Quais são as medidas *x* e *y* indicadas?

3 Na figura a seguir, as retas *r*, *s* e *t* são paralelas e determinam nas duas transversais *a* e *b* segmentos cujas medidas estão indicadas em centímetros.

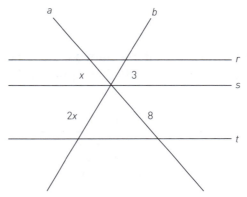

a) Determine o valor de *x*.

b) Determine as medidas dos segmentos desconhecidos da figura.

4 As retas *a* e *b* são intersectadas pelas retas paralelas *r*, *s* e *t*, que determinam segmentos cujas medidas estão em centímetros.

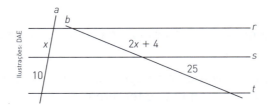

Obtenha:

a) valor de *x* indicado na figura;

b) as medidas dos dois segmentos da reta *a*;

c) as medidas dos dois segmentos da reta *b*.

5 As retas paralelas *a*, *b* e *c* intersectam duas retas transversais *r* e *s*, determinando segmentos conforme medidas indicadas na figura.

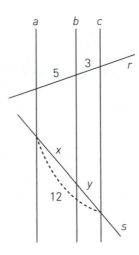

a) Qual é a razão de proporção das medidas dos segmentos determinados na reta *r* em relação aos segmentos determinados na reta *s*?

b) Determine o valor de *x*.

c) Determine o valor de *y*.

6 Na figura a seguir, as retas paralelas *r* e *s* intersectam as retas *m* e *n*. Considerando que $AB = 4$ cm, $AC = 24$ cm e $BY = 30$ cm, determine a medida do segmento *XY*.

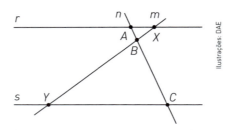

7 Junte-se a um colega para esta atividade. E sigam as instruções.

Instruções

1. Leiam o texto a seguir.

Na aplicação do teorema de Tales, encontramos uma curiosidade: **a divisão de um segmento em partes iguais**.

É claro que poderíamos medir o segmento e depois dividi-lo em tantas partes quantas quiséssemos. Entretanto, a solução usa diretamente o teorema.

Imaginem que desejamos dividir o segmento *AB*, representado a seguir, em 5 partes de mesmo comprimento.

- O procedimento para a divisão consiste em traçar, a partir do ponto A, um segmento de medida qualquer.
- Com o auxílio de um compasso, no qual fixamos a abertura, marcamos consecutivamente 5 pontos nesse segmento.
- Utilizando uma régua, ligamos o último ponto com o ponto B por meio de um segmento.
- Em seguida, traçamos, com auxílio de um compasso ou esquadro, segmentos paralelos ao primeiro, que passem pelos outros 4 pontos marcados na reta auxiliar, fazendo assim mais 4 segmentos.
- Dividimos, então, o segmento AB em 5 partes iguais.

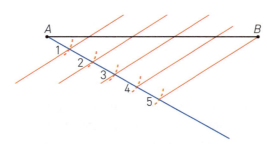

2. Utilizando régua, compasso e esquadros, representem em uma folha de papel um segmento qualquer.
3. Considerando o procedimento descrito anteriormente, dividam esse segmento em 7 partes iguais. Em seguida, apresentem para os demais colegas sua construção geométrica.

Triângulos semelhantes

Observe atentamente os três triângulos da figura a seguir. Se você pegar um esquadro e uma régua, poderá constatar que os lados correspondentes dos triângulos são paralelos. Temos aqui a ideia de semelhança entre triângulos.

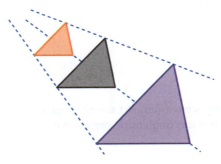

A ideia de semelhança está relacionada diretamente à ampliação e redução de figuras geométricas.
A semelhança de triângulos pode ser observada por meio do teorema de Tales. Considere três retas paralelas que intersectam duas retas transversais, de acordo com a figura a seguir.

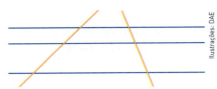

Sabemos que as retas paralelas determinam, quando intersectadas por duas transversais, segmentos cujas medidas são proporcionais. Se prolongarmos as duas retas transversais, como na figura abaixo, elas se intersectam, formando triângulos.

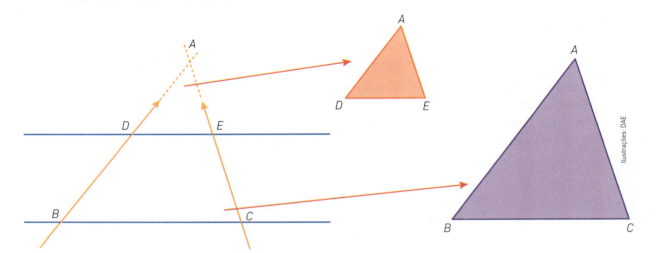

Assim como no teorema de Tales, quando dois triângulos são semelhantes, as medidas dos lados opostos a ângulos de mesma medida (lados correspondentes) são proporcionais. Assim temos, ao lado, uma importante conclusão:

Utilizando símbolos para indicar que os dois triângulos representados ao lado são semelhantes, temos:

> Dois triângulos são semelhantes quando seus ângulos correspondentes são congruentes e os lados correspondentes têm medidas proporcionais.

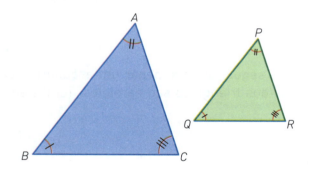

$$\triangle ABC \sim \triangle PQR \Leftrightarrow \begin{cases} \hat{A} \equiv \hat{P} \\ \hat{B} \equiv \hat{Q} \\ \hat{C} \equiv \hat{R} \end{cases} \text{ e } \frac{AB}{PQ} = \frac{AC}{PR} = \frac{BC}{QR}$$

zoom

Lados homólogos em triângulos semelhantes são os lados correspondentes, isto é, os lados opostos aos ângulos de mesma medida.

Responda:
1. Nos dois triângulos acima, quais pares de lados são homólogos?
2. Dois triângulos equiláteros são semelhantes?

Por meio de duas propriedades fundamentais sobre semelhança de triângulos, podemos verificar e caracterizar a semelhança de dois triângulos de maneira mais simples.

Para justificar essa propriedade, admitamos que os triângulos ABC e PQR tenham dois ângulos congruentes: $\hat{A} \equiv \hat{P}$ e $\hat{B} \equiv \hat{Q}$.

> **1ª propriedade**
> Se dois triângulos têm dois pares de ângulos respectivamente congruentes, então os triângulos são semelhantes.

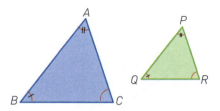

- Como sabemos que a soma das medidas dos ângulos internos de um triângulo é 180°, temos que o terceiro ângulo do triângulo ABC tem a mesma medida do terceiro ângulo do triângulo PQR. Assim, podemos concluir que $\hat{C} \equiv \hat{R}$.
- Vamos sobrepor o triângulo PQR ao triângulo ABC fazendo coincidir os vértices A e P e, em seguida, o vértice B com o vértice Q, como representado nas figuras I e II a seguir.

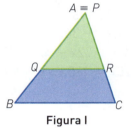
Figura I

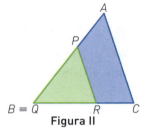
Figura II

- Utilizando o teorema de Tales, já que $\overline{BC}$ e $\overline{QR}$ são paralelos, temos:
$$\frac{AB}{PQ} = \frac{AC}{PR}$$

- Utilizando o teorema de Tales, já que $\overline{AC}$ e $\overline{PR}$ são paralelos, temos:
$$\frac{AB}{PQ} = \frac{BC}{QR}$$

De acordo com esses dois resultados, concluímos que $\frac{AB}{PQ} = \frac{BC}{QR} = \frac{AC}{PR}$, isto é, os lados dos triângulos têm medidas proporcionais.

Na figura a seguir, o segmento PQ é paralelo ao lado BC do triângulo. Dessa forma, temos nos triângulos ABC e APQ:

> **2ª propriedade**
> Toda reta paralela a um dos lados de um triângulo que intersecta os outros dois lados em pontos distintos determina um novo triângulo que é semelhante ao triângulo original.

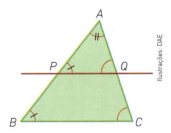

$\hat{A} \equiv \hat{A}$ (mesmo ângulo)

$\hat{B} \equiv \hat{P}$ (ângulos correspondentes)

$\hat{C} \equiv \hat{Q}$ (ângulos correspondentes)

Resumindo:
- dois triângulos que têm ângulos correspondentes congruentes são semelhantes;
- se os lados correspondentes (lados opostos a ângulos de mesma medida) de dois triângulos tiverem medidas proporcionais, então os triângulos são semelhantes.

Na figura a seguir, o segmento RS é paralelo ao segmento BC. Dessa maneira, os triângulos ABC e ARS são semelhantes. Determine o valor de x.

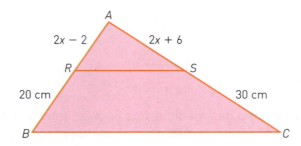

Como os triângulos são semelhantes, os lados correspondentes têm medidas proporcionais:

$$\frac{AB}{AR} = \frac{AC}{AS}$$

$$\frac{2x - 2 + 20}{2x - 2} = \frac{2x + 6 + 30}{2x + 6}$$

$(2x + 6)(2x + 18) = (2x - 2)(2x + 36)$

$4x^2 + 36x + 12x + 108 = 4x^2 + 72x - 4x - 72$

$48x + 108 = 68x - 72 \Leftrightarrow 20x = 180 \Leftrightarrow x = 9$ cm

Responda:
1. Você pode determinar a medida x no exemplo acima considerando o teorema de Tales para retas paralelas que são cortadas por duas transversais? Explique.

De acordo com as medidas indicadas na figura abaixo, determine o valor da medida desconhecida representada pela letra x.

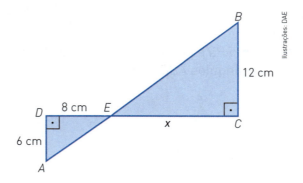

Como cada um dos triângulos ADE e BCE têm um ângulo reto e o ângulo $\hat{E}$ congruente, os outros dois ângulos têm a mesma medida. Dessa forma, podemos concluir que esses triângulos são semelhantes. Assim, temos:

$$\frac{6}{12} = \frac{8}{x} \Rightarrow 6 \cdot x = 12 \cdot 8 \Rightarrow x = 16 \text{ cm}$$

Atividades

1) Considerando as medidas indicadas na figura a seguir, determine o valor de x.

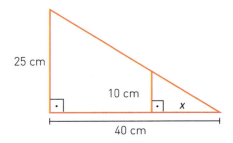

2) Na figura a seguir, temos: AB = 12 cm, AC = 13 cm e BC = 15 cm. Além disso, o segmento DE = 5 cm é paralelo ao segmento BC. Determine:

a) a medida de AD;

b) a medida de AE.

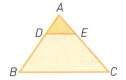

3) Considerando que os triângulos retângulos ABC e MNP são semelhantes, determine uma relação entre as medidas x e y indicadas.

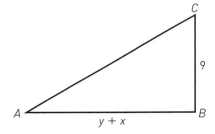 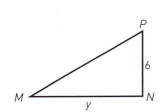

4) Nesta figura estão indicados dois triângulos retângulos:

Responda:

a) Existe ângulo congruente ao ângulo A na figura? Qual?

b) Os dois triângulos são semelhantes?

c) Qual é a proporção entre as medidas dos lados dos triângulos?

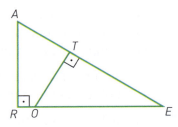

5) Na figura a seguir, considere que os segmentos AB e CD são paralelos.

a) Os triângulos ABE e CDE são semelhantes?

b) Qual é a medida correspondente ao termo desconhecido x indicado na figura?

6 Considerando que o segmento ED é paralelo ao segmento BC, responda:

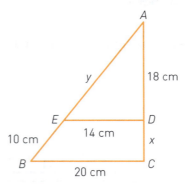

a) Os triângulos AED e ABC são semelhantes?

b) Qual é a razão de proporção entre as medidas dos lados do triângulo AED e ABC, nessa ordem (caso sejam semelhantes)?

c) Qual é a medida indicada pela letra x?

d) Qual é a medida indicada pela letra y?

7 Na figura a seguir, as medidas dos lados dos dois triângulos estão em centímetros. Além disso, α = β. Determine as medidas x e y.

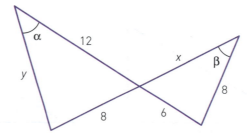

8 Lúcia desenhou dois triângulos semelhantes. O primeiro tem perímetro igual a 20 cm, e o segundo, perímetro igual a 100 cm. Se as medidas dos lados do primeiro triângulo são 5 cm, 6 cm e 9 cm, quais são as medidas dos lados do segundo triângulo?

9 Elabore um problema que envolva dois triângulos semelhantes, as medidas dos lados de um dos triângulos e seu perímetro. Em seguida, peça a que um colega o resolva.

10 Na ilustração a seguir, a sombra de um prédio mede 15 m em determinada hora do dia. Nessa mesma hora, a sombra de um poste de 5 m, mede 3 m. Determine a altura desse prédio.

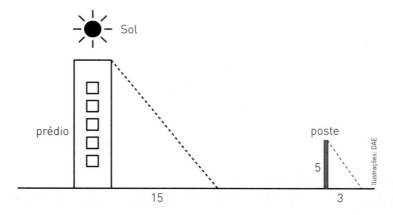

De olho no legado

Tales de Mileto

O texto a seguir aborda o conhecimento que temos a respeito da história de Tales de Mileto. Leia e, se necessário, converse com o professor de História sobre esse contexto histórico.

Os últimos séculos do segundo milênio a.C. testemunharam muitas mudanças econômicas e políticas. Algumas civilizações desapareceram, o poder do Egito e da Babilônia declinou, e outros povos, especialmente os hebreus, os assírios, os fenícios e os gregos, passaram ao primeiro plano. A Idade do Ferro que se anunciava trazia consigo mudanças abrangentes no que se refere à guerra e a todas as atividades que exigiam instrumentos ou ferramentas. Inventou-se o alfabeto e se introduziram as moedas. O comércio foi crescentemente incentivado e se fizeram muitas descobertas geográficas. O mundo estava pronto para um novo tipo de civilização.

O aparecimento dessa nova civilização se deu nas cidades comerciais espalhadas ao longo das costas da Ásia Menor e, mais tarde, na parte continental da Grécia, na Sicília e no litoral da Itália. A visão estática do Oriente antigo sobre as coisas tornou-se insustentável e, numa atmosfera de racionalismo crescente, o homem começou a indagar *como* e *por quê*.

Sicília, que antigamente era conhecida como Mileto.

Pela primeira vez na matemática, como em outros campos, o homem começou a formular questões fundamentais como "*Por que* os ângulos da base de um triângulo isósceles são iguais?" e "*Por que* o diâmetro de um círculo divide esse círculo ao meio?". Os processos empíricos do Oriente antigo, suficientes o bastante para responder questões na forma de como, não mais bastavam para as indagações mais científicas na forma de por quê. Algumas experiências com o método demonstrativo foram se consubstanciando e se impondo, e a feição dedutiva da matemática, considerada pelos doutos como sua característica fundamental, passou ao primeiro plano. Assim, a matemática, no sentido moderno da palavra, nasceu nessa atmosfera de racionalismo e em uma das novas cidades comerciais localizadas na costa oeste da Ásia Menor. Segundo a tradição a geometria demonstrativa começou com Tales de Mileto, um dos "sete sábios" da Antiguidade, durante a primeira metade do sexto século a.C.

Segundo parece, Tales começou sua vida como mercador, tornando-se rico o bastante para dedicar a parte final de sua vida ao estudo e a algumas viagens. Diz-se que ele viveu por algum tempo no Egito, e que despertou admiração ao calcular a altura de uma pirâmide por meio da sombra. De volta a Mileto ganhou reputação, graças a seu gênio versátil, de estadista, conselheiro, engenheiro, homem de negócios, filósofo, matemático e astrônomo. Tales é o primeiro personagem conhecido a quem se associam descobertas matemáticas. E, creditam-se a ele os seguintes resultados elementares:

1. Qualquer diâmetro efetua a bissecção do círculo em que é traçado.
2. Os ângulos da base de um triângulo isósceles são iguais.
3. Ângulos opostos pelo vértice são iguais.
4. Se dois triângulos têm dois ângulos e um lado em cada um deles respectivamente iguais, então esses triângulos são iguais.
5. Um ângulo inscrito num semicírculo é reto.

O valor desses resultados não deve ser aquilatado por eles mesmos, mas antes pela crença de que Tales obteve-os mediante alguns raciocínios lógicos e não pela intuição ou experimentalmente.

Howard Eves. *Introdução à história da Matemática*. Campinas: Editora da Unicamp, 2004. p. 94-95.

Responda:

❶ Você conhece os cinco resultados apresentados acima e atribuídos a Tales? Saberia explicar oralmente para os colegas por que cada um deles é verdadeiro?

❷ Você saberia dar um exemplo de uma demonstração empírica e um exemplo de uma demonstração dedutiva?

CAPÍTULO 9
Arcos e ângulos na circunferência

Comprimento de arco

O número π representa a razão entre o comprimento de uma circunferência e a medida de seu diâmetro na mesma unidade de medida.

O cálculo do comprimento de uma circunferência pode ser feito com base na relação anterior. Essa relação, que já foi abordada anteriormente nesta coleção, possibilita o cálculo do comprimento de uma circunferência conhecendo-se a medida de seu diâmetro (ou a medida de seu raio). Para efeitos de aproximação, podemos utilizar π com o valor aproximado de 3,14.

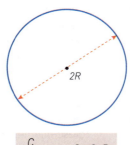

Responda:
1. Na relação anterior, ao duplicar a medida do diâmetro de uma circunferência, o que acontece com o comprimento da circunferência?
2. Qual relação matemática possibilita calcular a área A da região limitada por uma circunferência de raio R?

Quando você desenha uma circunferência em uma folha de papel e indica nela dois pontos distintos A e B, a circunferência fica dividida em duas partes denominadas arcos.

Todo arco corresponde a um ângulo cujo vértice está no centro da circunferência: ângulo central. Assim, por exemplo, a partir da figura ao lado vamos considerar apenas um dos dois arcos AB e destacar o correspondente ângulo central.

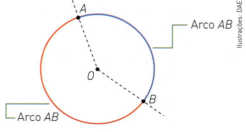

A medida do comprimento de um arco pode ser encontrada estabelecendo uma proporção entre a medida de seu ângulo central, o comprimento da circunferência e o ângulo central correspondente a uma volta completa, isto é:

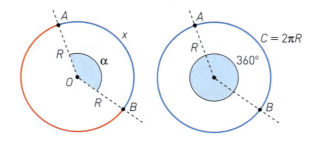

Comprimento do arco	Medida do ângulo central
x	α
$2\pi R$	$360°$

Temos então a seguinte proporção:

$\dfrac{x}{2\pi R} = \dfrac{\alpha}{360}$ (medida de α em graus)

94

Considerando uma circunferência de raio 10 cm, responda:
1. Qual é o comprimento da circunferência?
2. Qual é o comprimento do arco dessa circunferência correspondente a um ângulo central de 30°?

Assim como para medir arcos utilizamos uma proporção, também no cálculo da área de um setor circular esse procedimento é empregado. Note, por exemplo, como podemos calcular a área de um setor circular cujo ângulo central é α (em graus):

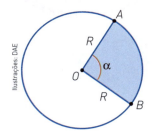
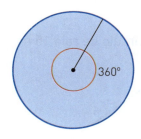

Área do setor	Medida do ângulo central
A	α
πR^2	360°

Exemplo:
Vamos calcular a área de um setor circular correspondente a um ângulo de 60° de um círculo de raio igual a 20 cm.
- Utilizamos a seguinte proporção:

$$\frac{A}{\pi R^2} = \frac{60}{360}$$
$$\frac{A}{\pi \cdot 20^2} = \frac{60}{360}$$
$$\frac{A}{400\pi} = \frac{1}{6} \rightarrow A = \frac{200\pi}{3} \text{ cm}^2$$

Nas atividades a seguir, utilize proporções tanto para o cálculo do comprimento de arcos quanto para o cálculo de área de setores circulares.

Atividades

1. Em uma circunferência de raio 2 cm foi marcado um ângulo central de 30°. Utilizando a aproximação 3,14 para π, responda:

   a) Qual é o comprimento da circunferência?

   b) Qual é o comprimento do arco dessa circunferência de medida 30°?

2. Na figura ao lado está representado um pêndulo de comprimento 15 cm que oscila entre A e B descrevendo um ângulo de 40°. Qual é o comprimento da trajetória descrita pela extremidade desse pêndulo do ponto A até o ponto B. Use a aproximação 3,14 para π.

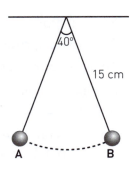

3 O ponteiro que marca os minutos em um relógio de parede mede 10 cm. Observe na figura que o ângulo demarcado em vermelho indica o espaço percorrido pelo ponteiro dos minutos das 12h até as 12h15min de um mesmo dia.

Responda:

a) Qual é a medida do ângulo descrito pelo ponteiro dos minutos nesse intervalo de tempo?

b) Qual é a medida do arco descrito pela extremidade desse ponteiro nesse intervalo de tempo?

4 O setor circular abaixo foi retirado de um círculo de raio 15 m.

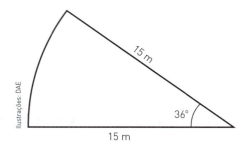

Calcule a área desse setor considerando que π é aproximadamente 3,14.

5 Um setor circular foi traçado em um círculo de raio 5 cm. Sabe-se que o comprimento do arco correspondente é igual a 8 cm. Então:

a) determine a medida aproximada do ângulo central correspondente a esse arco;

b) calcule a área do setor circular.

6 Junte-se a um colega para resolver a situação a seguir.

Esta figura representa a planta de uma piscina infantil que será construída em um clube. Essa piscina será formada por três setores circulares iguais tais que $R = 20$ m.

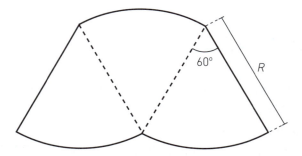

Determinem:

a) a medida aproximada do perímetro dessa piscina;

b) a área aproximada ocupada pela piscina.

7 As rodas de alguns automóveis têm aproximadamente 32 cm de raio. Se essas rodas dão 16 000 voltas numa pista de passeio, qual é a distância percorrida pelo automóvel?

8 Junte-se a um colega e elaborem um problema que envolva o deslocamento de uma bicicleta. Em seguida, resolvam o problema e apresentem-no para os demais colegas.

Ângulo central e ângulo inscrito

Utilizamos a unidade grau para medir ângulos. Como todo arco de uma circunferência corresponde um a **ângulo central**, essa mesma unidade é adotada para medir arcos.

Assim, por exemplo, quando consideramos um arco de 30°, significa que estamos considerando em uma circunferência um arco que corresponda a um ângulo central de 30°.

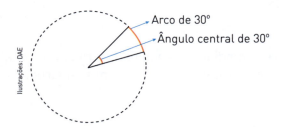

> Um arco pode ser medido em uma unidade de medida de comprimento (como cm, m etc) ou em graus, que é a unidade de medida utilizada para medir ângulos.

Agora considere na figura a seguir os arcos *AB*, *CD* e *EF* todos correspondentes a um ângulo central de medida 45°. Esses arcos foram traçados por meio de circunferências que têm o mesmo centro *O*, porém com raios de medidas diferentes. Observe a imagem:

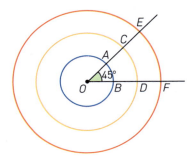

> A medida de um arco em graus é a medida do ângulo central correspondente a ele.

Responda:
1. O que os arcos *AB*, *CD* e *EF* têm em comum?
2. O que diferencia esses arcos?

Ângulo inscrito

Vimos que todo arco de circunferência corresponde a um ângulo central de mesma medida. O ângulo central é assim denominado porque seu vértice está no centro da circunferência. Caso o vértice do ângulo seja um ponto pertencente à circunferência, ele será, então, denominado **ângulo inscrito** à circunferência.

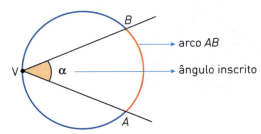

Na figura acima, $A\hat{V}B$ é o ângulo inscrito na circunferência, pois o vértice *V* pertence à circunferência.

Observe que, em todo ângulo inscrito, o ângulo central corresponde ao mesmo arco AB.

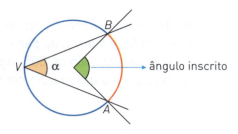

Você irá explorar uma propriedade que envolve a medida de ângulos inscritos em uma mesma circunferência. Para isso, numa folha de papel, faça um desenho de acordo com as instruções a seguir.

Instruções
1. Desenhe uma circunferência de raio 10 cm.
2. Nessa circunferência marque dois pontos A e B para demarcar um arco (veja figura abaixo).
3. Escolha um ponto P_1 da circunferência e, com a régua, ligue esse ponto por um segmento com o ponto A e depois, com outro segmento, ligue P_1 ao ponto B.

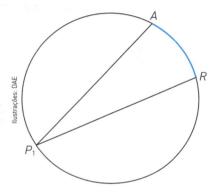

4. Com um transferidor obtenha a medida do ângulo inscrito com vértice no ponto P_1.
5. Localize um ponto P_2 pertencente à circunferência mas não pertencente ao arco menor AB. Ligue esse ponto, por meio de um segmento, ao ponto A e depois ao ponto B.
6. Com um transferidor obtenha a medida do ângulo inscrito com vértice no ponto P_2.
Qual é a conclusão? Conte para os colegas.

Se você fez a construção anterior, deve ter observado que os ângulos inscritos correspondentes ao mesmo vértice têm a mesma medida.
  Caso você considere um arco AB correspondente à semicircunferência, o ângulo inscrito com extremidades nos pontos A e B terá medida igual a 90°.

> Em uma circunferência, os ângulos inscritos correspondentes a um mesmo arco têm a mesma medida.

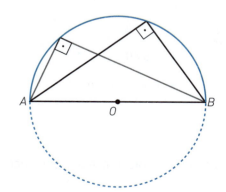

98

Relação entre o ângulo inscrito e o ângulo central

Podemos também obter uma relação entre a medida de um ângulo inscrito numa circunferência e o ângulo central que corresponde ao mesmo arco:

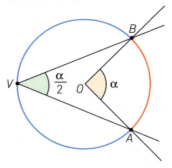

> Um ângulo inscrito em uma circunferência tem a metade da medida do ângulo central correspondente ao mesmo arco.

Nessa propriedade, o ângulo inscrito e o ângulo central devem pertencer à mesma circunferência e corresponder ao mesmo arco, como pode ser observado na figura a seguir.

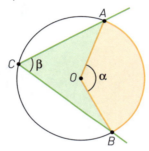

Para justificar essa relação, consideraremos um arco AB, um ângulo inscrito de medida β e um ângulo central de medida α. Deveremos mostrar que $\beta = \dfrac{\alpha}{2}$.

Inicialmente, mudaremos a posição do ângulo inscrito de tal forma que um de seus lados passe pelo centro da circunferência, isto é: o triângulo OPA, que é isósceles, pois OA e OP representam o raio da circunferência. Como a soma das medidas dos ângulos internos de um triângulo é igual a 180°, temos:

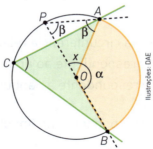

$$x + \beta + \beta = 180°$$
$$x + 2\beta = 180°$$

Observe ainda que os ângulos de medidas x e α são suplementares, isto é:

$$x + \alpha = 180°$$

Comparando esses dois últimos resultados, podemos escrever que:

$$x + 2\beta = x + \alpha$$
$$2\beta = \alpha$$
$$\beta = \dfrac{\alpha}{2}$$

Atividades

1. Na circunferência ao lado está indicada a medida em graus do menor arco *AB*. Determine, em graus:

   a) a medida do ângulo central indicado por *x*;

   b) a medida do maior arco *AB*.

2. Responda:

   a) Se um arco *AB* de uma circunferência mede 120°, qual é a medida do ângulo central correspondente a esse arco?

   b) Se o menor arco *AB* de uma circunferência mede 100°, qual é a medida do ângulo central correspondente ao maior arco *AB* nessa mesma circunferência?

3. O ponto *O* representa o centro de cada uma das circunferências. Determine a medida do ângulo *x* indicado.

   a)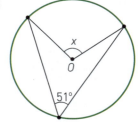

   b)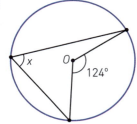

4. Considere em uma circunferência um arco de 39°, conforme indicado na figura ao lado.

   Determine:

   a) a medida indicada por *x*;

   b) a medida indicada por *y*.

5. Na figura a seguir, o segmento *BC* representa a medida do diâmetro da circunferência.

   Determine:

   a) a medida do ângulo inscrito nessa circunferência relativa ao arco *BC*;

   b) a medida do ângulo inscrito correspondente ao arco *AC*;

   c) a medida do ângulo central correspondente ao ângulo inscrito com vértice em *C*;

   d) a medida do ângulo central correspondente ao ângulo inscrito com vértice em *B*.

6. Determine o valor de *x* observando a figura a seguir.

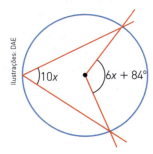

7 Junte-se a um colega para resolver os problemas a seguir.

a) Se a medida de um ângulo inscrito em uma circunferência é 30°, qual é a medida do arco, em graus, correspondente a ele?

b) Se a medida de um ângulo central de uma circunferência é 45°, qual é a medida de um ângulo inscrito nessa mesma circunferência relativo ao mesmo arco?

c) Se a medida de um ângulo inscrito numa circunferência é 90°, qual é a medida do ângulo central correspondente a ele?

d) Se um ângulo inscrito numa circunferência tiver medida em graus representada por 3x, qual será a expressão que representa a medida do ângulo central correspondente ao mesmo arco?

e) A medida de um ângulo central corresponde a $\frac{1}{6}$ da medida total, em graus, de uma circunferência. Qual é a medida de um ângulo inscrito correspondente ao mesmo arco?

f) A medida de um ângulo inscrito em uma circunferência é a metade da medida de um ângulo reto. Qual é a medida do ângulo central correspondente ao mesmo arco?

g) Um arco é $\frac{1}{16}$ de uma circunferência. Qual é a medida do ângulo central correspondente a ele?

h) Na figura a seguir, está indicada a medida, em graus, α de um ângulo inscrito numa circunferência correspondente ao arco AB. Qual é a medida, em graus, do arco AB?

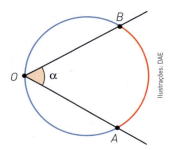

8 Desenhe uma circunferência e inscreva nela um ângulo de 35°. Depois responda:

a) Qual é a medida do ângulo central correspondente ao mesmo arco?

b) Qual é a medida, em graus, do arco correspondente ao ângulo inscrito?

9 Na figura a seguir estão representados a medida de um arco de 88°, o ângulo inscrito e o ângulo central. Determine a medida indicada por:

a) x;

b) y.

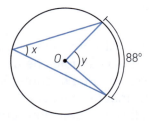

10 Na figura ao lado estão indicados dois arcos AB, sendo que o menor deles tem medida de 142°. Determine:

a) a medida, em graus, do arco maior;

b) a medida do ângulo central correspondente ao menor arco;

c) a medida do ângulo central correspondente ao maior arco.

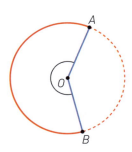

Conviver

Quadriláteros na circunferência

Com os colegas do grupo, explore algumas relações que envolvem quadriláteros e circunferências.

Participantes:
- 3 ou 4 alunos.

Material:
- régua;
- compasso;
- folha;
- lápis.

Encaminhamento

Instruções para a 1ª parte

1. Em uma folha de papel trace uma circunferência com 8 cm de raio.
2. Nessa circunferência marque quatro pontos diferentes e ligue-os por meio de segmentos conforme indica a figura.

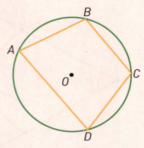

3. Com o transferidor, obtenha e anote as medidas dos quatro ângulos internos do quadrilátero.
4. Adicione as medidas dos ângulos do quadrilátero que são opostos, isto é, obtenha A + C e depois B + D.
   a) Responda: Qual é sua conclusão após comparar os dois resultados?
   b) Repita essa atividade traçando outras circunferências e outros quadriláteros e responda: A conclusão é a mesma?

Instruções para a 2ª parte

1. Leia a propriedade a seguir.

Propriedade

Se um quadrilátero está inscrito em uma circunferência, seus ângulos opostos são suplementares. Reciprocamente, se os ângulos de um quadrilátero convexo são suplementares, então o quadrilátero é inscritível em uma circunferência.

2. Para demonstrar que os ângulos opostos de um quadrilátero inscrito numa circunferência são suplementares, faça um desenho como o do exemplo a seguir.

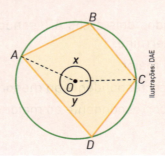

Ilustrações: DAE

Para demonstrar essa propriedade, pode-se utilizar a relação entre ângulo inscrito e ângulo central de uma circunferência.

3. Procure demonstrar algebricamente que os ângulos B e D são suplementares. Troque ideias com os colegas sobre como isso pode ser feito e apresente as justificativas para a turma toda.

Instruções para a 3ª parte

Verificação geométrica da propriedade

Utilizando o *software* GeoGebra você verificará a propriedade citada anteriormente.

1. Trace uma circunferência utilizando o botão (**Círculo dados Centro e Um de seus Pontos**).

2. Nessa circunferência, por meio do botão (**Segmento**), desenhe um quadrilátero qualquer unindo quatro pontos pertencentes a ela.

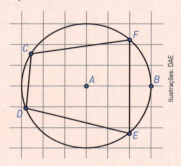

3. Utilizando novamente o botão **Segmento**, ligue dois vértices opostos desse quadrilátero ao centro da circunferência, nesse caso, o ponto A.

4. Com o botão (**Ângulo**) indique os ângulos formados pelos vértices opostos que não foram ligados ao centro, bem como os ângulos centrais desse quadrilátero.

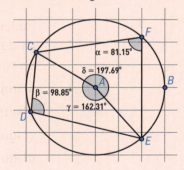

Considerando o arco CE, responda:

a) Qual é a relação entre o ângulo β e o ângulo δ?

b) E a relação entre α e γ?

c) Se γ + δ = 360, o que podemos afirmar sobre α + β?

d) A propriedade se verifica? Mova um dos pontos do quadrilátero e veja se essa propriedade sempre vale.

Retomar

1) Na figura, as retas r e s são paralelas e t é uma reta transversal que intersecta as duas paralelas. A medida do ângulo indicado por y é:

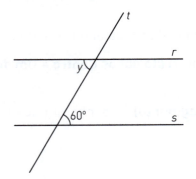

a) 120°.
b) 90°.
c) 60°.
d) 40°.

2) Considere na figura a seguir que as retas r e s são paralelas e t é uma reta transversal.

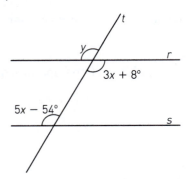

O valor de x, em graus, é:

a) 31.
b) 21.
c) 33.
d) 43.

3) Ainda em relação à atividade anterior, a medida do ângulo y é:

a) 100°.
b) 99°.
c) 98°.
d) 101°.

4) A sombra de uma pessoa de 1,80 m de altura mede 0,60 m em determinada hora do dia. Nesse mesmo momento, a sombra projetada por um obelisco é de 2 m. Então, é correto afirmar que a altura do obelisco é:

a) 6 m.
b) 12 m.
c) 15 m.
d) 18 m.

5) Considere que os triângulos PTN e AMO são semelhantes.

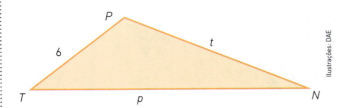

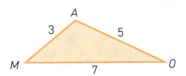

Podemos afirmar que a razão de semelhança das medidas do primeiro triângulo para o segundo é:

a) impossível de determinar.
b) um número irracional.
c) igual a 2.
d) igual a 3.

6) Ainda sobre a situação apresentada na atividade anterior, podemos afirmar que:

a) $t = 10$ e $p = 14$.
b) $t = 10$ e $p = 3,5$.
c) $t = 8$ e $p = 14$.
d) $t = 8$ e $p = 3,5$.

7 Na figura a seguir, sabe-se que x + y = 16 cm.

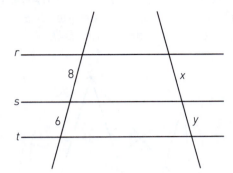

Então, podemos afirmar que:

a) $x = \frac{64}{7}$ cm.

b) $x = \frac{32}{7}$ cm.

c) $x = \frac{124}{7}$ cm.

d) $x = \frac{100}{7}$ cm.

8 Se a medida de um ângulo central em uma circunferência é igual a 92°, então a medida de um ângulo inscrito correspondente ao mesmo arco é:

a) 46°.

b) 44°.

c) 45°.

d) 47°.

9 Na circunferência representada a seguir, a medida de x é:

a) 60°.

b) 59°.

c) 49°.

d) 79°.

10 Ainda em relação à figura anterior, podemos afirmar que a medida, em graus, do arco y é:

a) 59°.

b) 109°.

c) 118°.

d) 129°.

11 Este quadrilátero está inscrito em uma circunferência.

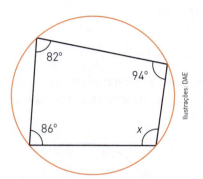

De acordo com as medidas indicadas, o valor de x é:

a) 88°.

b) 78°.

c) 68°.

d) 98°.

12 Na circunferência abaixo, o arco AB mede 50°.

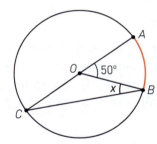

Então, é correto afirmar que a medida, em graus, do ângulo indicada por x é:

a) 35°.

b) 22°.

c) 25°.

d) 23°.

13 A expressão que indica corretamente o comprimento de uma circunferência de raio x cm é:

a) πx cm.

b) $2\pi x$ cm.

c) $3\pi x$ cm.

d) $4\pi x$ cm.

14 A expressão que indica corretamente a área de um círculo de raio x cm é:

a) πx^2 cm².

b) $2\pi x^2$ cm².

c) $3\pi x^2$ cm².

d) $4\pi x^2$ cm².

15 Assinale a alternativa que indica corretamente o comprimento do menor arco AB da figura:

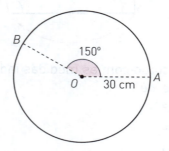

a) 20π cm.

b) 25π cm.

c) 30π cm.

d) 35π cm.

16 As circunferências a seguir são concêntricas e têm raios iguais a 2 cm, 3 cm e 4 cm, respectivamente. Estão indicados nessas circunferências os arcos l_1, l_2 e l_3.

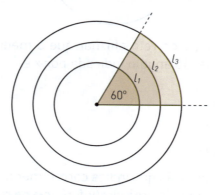

Assinale a alternativa **incorreta**.

a) Os três arcos são de 60°.

b) Os três arcos têm comprimentos iguais.

c) Os três arcos têm comprimentos diferentes.

d) O arco l_3 tem o maior comprimento.

17 (OBM) Na figura abaixo o ponto O é o centro da circunferência que passa pelos pontos A, B, C, D e E. Sabendo que o diâmetro AB e a corda CD são perpendiculares e que $B\hat{C}E = 35°$, o valor em graus do ângulo $D\hat{A}E$ é:

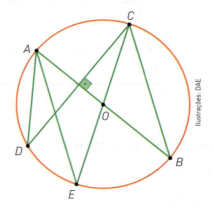

a) 35°

b) 10°

c) 20°

d) 30°

e) 55°

18 (Obmep) Qual é a medida do menor ângulo formado pelos ponteiros de um relógio quando ele marca 12 horas e 30 minutos?

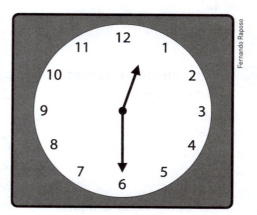

a) 90°

b) 120°

c) 135°

d) 150°

e) 165°

19 **(Obmep)** Uma tira de papel retangular é dobrada ao longo da linha tracejada, conforme indicação, formando a figura plana da direita. Qual a medida do ângulo x?

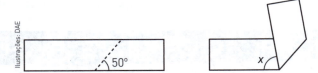

a) 30°
b) 50°
c) 80°
d) 100°
e) 130°

20 **(Obmep)** A figura mostra dois trechos de 300 km cada um percorridos por um avião. O primeiro trecho faz um ângulo de 18° com a direção norte e o segundo, um ângulo de 44° também com a direção norte. Se o avião tivesse percorrido o trecho assinalado em pontilhado, qual seria o ângulo desse trecho com a direção norte?

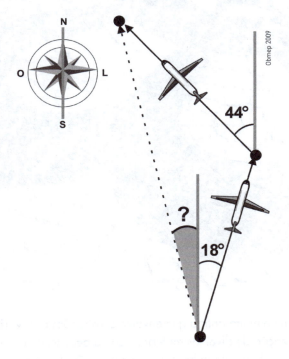

a) 12°
b) 13°
c) 14°
d) 15°
e) 16°

Ampliar

**Semelhança
Coleção Pra que serve Matemática?**,
de Imenes, Jakubo e Lellis (Atual).

Os autores desse livro elaboraram pequenos textos a respeito de conhecimentos curiosos, em que apresentam como principal assunto a semelhança entre figuras geométricas planas. A leitura possibilita ampliar as ideias sobre como empregar esse conceito.

UNIDADE 4

Antever

Mosaico é uma técnica muito antiga que envolve construções com várias peças tendo a possibilidade de utilização de diversos materiais, como pedras, conchas, madeira, papel e muitos outros formando um desenho. Para a elaboração de um mosaico, existe uma etapa de planejamento que envolve o conhecimento de Geometria Plana. Os polígonos, por exemplo, são figuras muito empregadas em mosaicos.

Equações do 2º grau

1. Qual a denominação dada ao polígono que tem 8 lados?

2. A fórmula que fornece o número de diagonais d de um polígono em função do número de lados n é $d = \dfrac{n(n-3)}{2}$. Qual o polígono em que o número de lados é igual ao número de diagonais?

CAPÍTULO 10 — Resolução de equações

Equações do 2º grau

Nos anos anteriores, você resolveu problemas que envolviam equações. Alguns deles eram solucionados por meio de sistemas formados por duas equações. Também aprendeu a resolver outros desafios que exigiam o conhecimento de equações do 1º grau, com uma incógnita.

Considere a seguinte situação que pode ser resolvida por meio de uma equação do 1º grau:

Juliana disse para Bruno que ia adivinhar um número que ele pensasse. Pediu então que ele pensasse em um número e, a seguir, fizesse as seguintes operações:

- Adicione 40 ao número que você pensou.
- Multiplique o resultado obtido pelo número 5.
- Divida o novo resultado por 2.
- Após essa última operação, diga qual o novo resultado.

Bruno disse, então, que o resultado final era 120.

Responda:
1. Represente o número inicial que Bruno pensou usando a letra x e escreva a equação que corresponde à situação.
2. Qual a solução dessa equação?

Vamos ampliar nosso conhecimento sobre equações. Veremos como resolver problemas que envolvem equações do 2º grau. Inicialmente observe que as equações com apenas uma incógnita são classificadas de acordo com o valor do maior expoente dessa incógnita. Assim, nas equações do 2º grau, o valor do maior expoente da incógnita é 2. Observe alguns exemplos.

- $3x - 4x^2 = 10$ ⟶ equação do 2º grau na incógnita x
- $y^2 - 9x - 8 = 0$ ⟶ equação do 2º grau na incógnita y
- $2m^2 = 352$ ⟶ equação do 2º grau na incógnita m

Agora, considere a situação a seguir.

Um fabricante lançará no mercado uma peça com duas cores cujos cantos são decorados com quatro quadrados, conforme a imagem. Qual é a medida x, em centímetros, para que as duas cores ocupem cada uma 50% da peça?

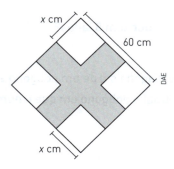

Para resolver essa situação, devemos observar:
- Área dos 4 quadrados brancos: $A_1 = 4 \cdot x^2$
- Área da peça toda: $60^2 = 3600$
- Área formada pela parte cinza: $A_2 = 3600 - 4x^2$

Com isso podemos escrever a seguinte equação:

$$A_1 = A_2$$
$$4x^2 = 3600 - 4x^2$$
$$8x^2 = 3600 \longrightarrow \text{Equação do 2º grau}$$

Essa equação pode ser resolvida isolando-se a incógnita x no 1º membro da igualdade:

$$8x^2 = 3600 \qquad x = \pm\sqrt{450}$$
$$x^2 = \frac{3600}{8} \qquad x = \pm\sqrt{225 \cdot 2}$$
$$x^2 = 450 \qquad x = \pm 15\sqrt{2}$$

Como x representa uma medida de comprimento, a solução negativa não deve ser considerada. Portanto, a medida do lado de cada quadrado branco é $15\sqrt{2}$ cm.

Em relação à equação resolvida, responda:
1. Na resolução da situação anterior, utilizamos os sinais ± antes da raiz quadrada. Explique o motivo.
2. Quantas soluções admite a equação $8x^2 = 3600$?
3. Quantas soluções admite o problema apresentado?

As soluções de uma equação do 2º grau são também conhecidas como **raízes** da equação. Para verificar se um determinado número é ou não solução da equação, basta substituí-lo na equação. Caso essa substituição torne a igualdade verdadeira, dizemos que esse número é solução. Se não tornar a igualdade verdadeira, não é solução.

Exemplo:

Verifique se os números 4 e 3 são soluções da equação do 2º grau $x^2 - 4x + 3 = 0$.
- Substituímos a incógnita x por 4 e por 3:

Para $x = 4$: $4^2 - 4 \cdot 4 + 3 = 0 \longrightarrow 3 = 0$
O número 4 não é solução desta equação.

Para $x = 3$: $3^2 - 4 \cdot 3 + 3 = 0 \longrightarrow 0 = 0$
O número 3 é solução desta equação.

Atividades

1 Quais valores de x são raízes de cada uma das equações?
a) $x^2 = 100$
b) $x^2 = 400$
c) $x^2 = 0,01$
d) $x^2 = \frac{4}{49}$

2 Considere as afirmações:
I. A equação $x^2 = 900$ admite duas soluções.
II. Ao calcular $\sqrt{900}$, obtemos apenas um valor.

Essas afirmações são verdadeiras? Justifique.

3 Responda:

a) Quais são os números reais que, elevados ao quadrado, resultam em 36?

b) Quais são os números reais que, elevados ao quadrado, resultam em 2?

c) Qual é o número real que, elevado ao quadrado, resulta em zero?

d) Qual é o número real que, elevado ao quadrado, resulta em −3?

4 A figura abaixo é a planificação de um cubo. Cada face do cubo é um quadrado de lado medindo x. A área formada por esses 6 quadrados é igual a 216 cm².

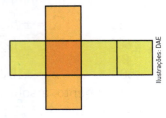

a) Escreva uma equação do 2º grau para representar a área de cada um dos quadrado.

b) Qual a medida do lado de cada quadrado?

5 Considere a equação $(x - 4)^2 = 25$. Verifique se:

a) $x = 1$ é solução dessa equação.

b) $x = -1$ é solução dessa equação.

c) $x = 9$ é solução dessa equação.

d) $x = -9$ é solução dessa equação.

6 A figura abaixo representa um trapézio retângulo de área igual a 384 cm².

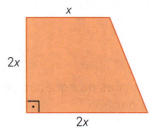

a) Considerando que a área A de um trapézio pode ser obtida pela fórmula $A = \left(\dfrac{B + b}{2}\right) \cdot h$, escreva uma equação para representar a situação.

b) Determine as medidas de B, b e h desse trapézio.

Resolução de equações do 2º grau

As equações do 2º grau que são escritas na forma $ax^2 = b$, sendo a e b números reais com $a \neq 0$, podem ser resolvidas isolando-se a incógnita x. Entretanto, nem toda equação do 2º grau apresenta essa forma. Sendo assim, vamos ampliar os procedimentos utilizados para que possamos resolver não apenas esse tipo de equação mas também as chamadas equações completas do 2º grau.

> Denomina-se **equação do 2º grau** na incógnita x toda equação que pode ser escrita na forma $ax^2 + bx + c = 0$, em que a, b e c são números reais, com $a \neq 0$.

Sobre a equação na forma $ax^2 + bx + c + 0$, temos:
- Os números a, b e c são ditos **coeficientes** da equação do 2º grau.
- Quando a equação é escrita como $ax^2 + bx + c + 0$, dizemos que está na **forma reduzida**.

Exemplo:

A equação $7x2 - 10x + 9 = 0$ está na forma reduzida. Então os coeficientes dessa equação são:

$$\begin{cases} a = 7 \\ b = -10 \\ c = 9 \end{cases}$$

Considere a equação do 2º grau dada por $(4 - 3x)^2 + 10x = 20$ e responda:
1. Qual é sua forma reduzida?
2. Quais são seus coeficientes?

Equações incompletas na forma $ax^2 + c = 0$

Iniciamos com aquelas equações que são ditas incompletas, isto é, tem um dos coeficientes (b ou c) igual a zero.

Observe que esse tipo de equação você já resolveu anteriormente.

> As equações do 2º grau que apresentam a forma $ax^2 + c = 0$ são chamadas **incompletas**. Tais equações podem ser resolvidas isolando a incógnita x em um dos lados da igualdade.

Exemplo 1:

Resolva a equação do 2º grau $4x^2 - 576 = 0$.
- Vamos isolar a incógnita x no primeiro membro da igualdade:

$$4x^2 - 576 = 0$$
$$4x^2 = 576$$
$$x^2 = \frac{576}{4}$$
$$x^2 = 144$$
$$x = \pm\sqrt{144} \Rightarrow x = 12 \text{ ou } x = -12$$

Podemos dizer que o conjunto solução S dessa equação é: $S = \{-12, 12\}$.

Exemplo 2:

Resolva a equação $(x - 5)^2 + 10x - 2 = 0$.
- Inicialmente, escrevemos a equação do 2º grau na forma reduzida. Depois, vamos isolar o x:

$$(x - 5)^2 + 10x - 2 = 0$$
$$x^2 - 10x + 25 + 10x - 2 = 0$$
$$x^2 + 23 = 0$$
$$x^2 = -23$$

Note que não existe nenhum número real cujo quadrado seja um número negativo. Portanto, dizemos que essa equação não admite solução real. Nesse caso, o conjunto solução S é vazio.

Equações incompletas na forma $ax^2 + bx = 0$

Agora vamos considerar equações do 2º grau que são reduzidas à forma $ax^2 + bx = 0$, ou seja, que apresentam os coeficientes a e b diferentes de zero.

> As equações do 2º grau que apresentam a forma $ax^2 + bx = 0$ também são ditas **incompletas**. Tais equações podem ser resolvidas por meio da fatoração, isto é, colocando-se x em evidência.

Considere a igualdade $x \cdot y = 0$ e responda:
1. Se nessa igualdade tivermos $x = 10$, qual será o valor de y?
2. Se nessa igualdade tivermos $x = 0$, qual será o valor de y?
3. O que você pode concluir sobre os valores de x e y que verificam a igualdade $x \cdot y = 0$?

Considere agora o seguinte exemplo:
Uma criança posiciona uma bola no chão e dá um chute, de forma que a bola suba e retorne para o chão alguns metros depois. A equação $x^2 - 7x = 0$ descreve a trajetória que a bola faz até cair novamente no chão. A que distância, em metros, a bola toca o chão após o chute dessa criança?

Como o termo independente de x é igual à zero ($c = 0$), podemos fatorar o primeiro membro colocando x em evidência:

$$x^2 - 7x = 0 \Rightarrow x \cdot (x - 7) = 0$$

Se o produto de dois números é igual a zero (como ocorre na forma fatorada da equação), então pelo menos um dos fatores deve ser igual a zero. Assim, podemos concluir que:

$$x = 0 \text{ ou } x - 7 = 0.$$

Temos: $S = \{0, 7\}$.
Portanto, a bola toca novamente o chão a uma distância de 7 metros.

Atividades

1. Considere a equação $(2x - 1)^2 = 4 - 3x$.
   a) Escreva essa equação do 2º grau na sua forma reduzida.
   b) Identifique os coeficientes a, b e c dessa equação.

2. Verifique se o número 10 é solução da equação $x^2 + 20x - 100 = 0$.

3. Resolva cada uma das equações do 2º grau e indique as raízes.
   a) $225 - x^2 = 0$
   b) $x^2 - 10 = 0$
   c) $121 - 4x^2 = 0$
   d) $x^2 - 8 = 0$
   e) $100 - 0{,}01x^2 = 0$
   f) $900 - x^2 = 0$

4. Resolva cada equação a seguir, em seguida, junte-se a um colega e comparem os procedimentos utilizados por vocês.
   a) $x \cdot (x + 1) = 0$
   b) $4x \cdot (x - 3) = 0$

5. Em dupla, elaborem cinco equações incompletas do 2º grau, de qualquer um dos dois tipos. Em seguida, troque com seu colega e resolvam separadamente as equações propostas. Depois, discutam as resoluções.

6 As equações abaixo podem ser resolvidas por meio de fatoração. Indique em cada uma o conjunto solução com suas raízes.

a) $4x - x^2 = 0$

b) $7x^2 + x = 0$

c) $x^2 + 9x = 0$

d) $x^2 + 0,5x = 0$

7 Sabe-se que o dobro de um número real é igual a seu quadrado. Determine esse número.

8 Em um triângulo retângulo, os catetos medem x cm e $2x$ cm. Determine o valor de x sabendo-se que a área desse triângulo é igual a 144 cm².

9 Um retângulo tem área igual a 3 042 cm². Determine a medida de seus lados sabendo-se que a base mede $6x$ e a altura, $3x$.

10 A figura a seguir representa um quadrado de lado medindo y cm.

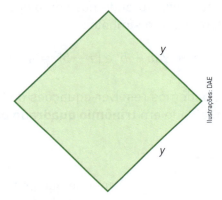

Sabendo que o número que representa o perímetro desse quadrado é igual ao número que representa a área, determine:

a) a equação que representa a situação.

b) o valor de y que torna a equação verdadeira.

11 Considere um retângulo conforme a imagem e as medidas indicadas.

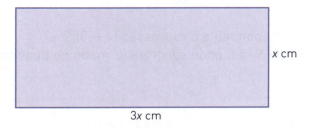

Elabore e resolva um problema relacionando o perímetro e a área desse retângulo. Em seguida, apresente-o para os demais colegas. Depois, indique a solução.

12 Utilizando a fatoração, você pode encontrar as soluções de diversas equações mesmo daquelas que não são do 2º grau. Fatore a equação do 3º grau em x e determine as soluções correspondentes: $x^3 - 4x = 0$.

CAPÍTULO 11 — Equações completas

Resolução por meio de trinômio quadrado perfeito

Até aqui resolvemos equações incompletas do 2º grau. Precisamos ainda obter um procedimento que permita a resolução de qualquer equação do 2º grau na forma $ax^2 + bx + c = 0$.

Veremos neste capítulo dois procedimentos que nos permitem obter as soluções de uma equação desse tipo. Iniciamos com o procedimento de completar trinômios quadrados perfeitos.

Quando estudamos produtos notáveis, aprendemos como desenvolver o quadrado de uma soma e também o quadrado de uma diferença. Em símbolos:

$$(a + b)^2 = a^2 + 2ab + b^2 \text{ e } (a - b)^2 = a^2 - 2ab + b^2$$

Com base nesses dois casos, podemos resolver equações do 2º grau que são completas, transformando um dos membros da igualdade em **trinômio quadrado perfeito**.

$(a + b)^2 = a^2 + 2ab + b^2$ → Trinômio que pode ser transformado no quadrado de uma soma.

$(a - b)^2 = a^2 - 2ab + b^2$ → Trinômio que pode ser transformado no quadrado de uma diferença.

Responda:
1. Qual é o trinômio correspondente à expressão $(x - 5)^2$?
2. O trinômio $4x^2 + 12x + 9 = 0$ pode ser transformado no quadrado da soma de dois termos? Justifique.

O trinômio $x^2 + 12x + 36$ é um trinômio quadrado perfeito, pois pode ser transformado no quadrado de um binômio, isto é:

$$x^2 + 12x + 36 = (x + 6)^2$$

Trinômio quadrado perfeito. ← → Quadrado de um binômio.

Uma equação do 2º grau na forma $ax^2 + bx + c = 0$ pode ser resolvida por meio da transformação em trinômio quadrado perfeito, resultando no quadrado de um binômio.

O procedimento que adotamos para transformar o primeiro membro de uma equação do 2º grau em um trinômio quadrado perfeito é conhecido como **procedimento de completar quadrado**.

Vamos considerar alguns exemplos para que você possa observar esse procedimento. Analise, junto com os colegas, cada um dos exemplos a seguir.

Exemplo 1:

Resolva a equação do 2º grau $x^2 + 4x + 3 = 0$ utilizando o procedimento de completar quadrado.
- Como o primeiro membro da igualdade apresentada não é um trinômio quadrado perfeito, vamos transformá-lo em um:

$$x^2 - 4x + 3 = 0$$
$$x^2 - 2 \cdot x \cdot 2 + 4 - 4 + 3 = 0$$

Adicionamos 4 e subtraímos 4.

$$\underbrace{x^2 - 2 \cdot x \cdot 2 + 4}_{(x-2)^2} - 4 + 3 = 0$$

$$(x - 2)^2 - 4 + 3 = 0 \Rightarrow (x - 2)^2 = 1$$

$(x - 2)$ só pode ser $+1$ ou -1, pois $(+1)^2 = 1$ e $(-1)^2 = 1$.

$$x - 2 = \pm 1 \Rightarrow \begin{cases} x - 2 = 1 \Rightarrow x = 3 \\ x - 2 = -1 \Rightarrow x = 1 \end{cases}$$

Portanto, temos: $S = \{3, 1\}$.

Exemplo 2:

Resolva a equação do 2º grau $4x^2 + 6x + 1 = 0$ utilizando o procedimento de completar quadrado.
- Como o primeiro membro da igualdade apresentada não é um trinômio quadrado perfeito, vamos transformá-lo em um:

$$4x^2 + 6x + 1 = 0$$

Adicionamos $\frac{9}{4}$ e subtraímos $\frac{9}{4}$.

$$(2x)^2 + 2 \cdot (2x) \cdot \frac{3}{2} + \frac{9}{4} - \frac{9}{4} + 1 = 0 \Rightarrow (x - 2)^2 = 1$$

$$\left(2x + \frac{3}{2}\right)^2 - \frac{9}{4} + 1 = 0 \Rightarrow \left(2x + \frac{3}{2}\right)^2 = \frac{5}{4} \Rightarrow 2x + \frac{3}{2} = \pm\sqrt{\frac{5}{4}}$$

$$2x = \frac{-3}{2} \pm \frac{\sqrt{5}}{2}$$

$$x = \frac{\sqrt{5} - 3}{4} \text{ ou } x = \frac{-\sqrt{5} - 3}{4}$$

Portanto, temos: $S = \left\{\frac{-\sqrt{5} - 3}{4}, \frac{\sqrt{5} - 3}{4}\right\}$

Atividades

1) Em cada expressão a seguir, determine o valor de k para que o trinômio corresponda a um quadrado perfeito.

a) $x^2 - 8x + k$
b) $x^2 + 6x + k$
c) $x^2 - x + k$
d) $x^2 - 2\sqrt{2}x + k$
e) $x^2 + 10x + k$
f) $x^2 - 6\sqrt{2}x + k$
g) $x^2 + 4x + k$
h) $x^2 - 2x + k$
i) $x^2 - 10x + k$
j) $z^2 - 12z + k$
k) $y^2 + ky + 49$
l) $y^2 - ky + 9$

2) Resolva as equações abaixo.

a) $(x - 2)^2 = 9$
b) $(x + 1)^2 = 16$
c) $(2x - 2)^2 = 36$
d) $\left(x - \dfrac{1}{2}\right)^2 = \dfrac{1}{16}$
e) $(x + \sqrt{2})^2 = 8$
f) $\left(x - \dfrac{3}{2}\right)^2 = \dfrac{1}{4}$

3) Responda:

a) Qual número real é solução da equação $(x + 5)^2 = 0$?

b) A equação $(x + 5)^2 = -16$ tem solução real? Justifique.

4) Junte-se a um colega para esta atividade. Utilizando o procedimento de completar quadrado, podemos resolver a equação correspondente. Determinem, por esse processo, a solução das equações a seguir.

a) $y^2 + 6y + 5 = 0$
b) $m^2 - 6m + 5 = 0$
c) $x^2 - 8x - 9 = 0$
d) $y^2 + 12y + 36 = 0$
e) $4x^2 + 8x - 12 = 0$
f) $y^2 - 18y + 32 = 0$
g) $x^2 + x - 2 = 0$
h) $x^2 - 10x + 16 = 0$
i) $x^2 + 18x + 17 = 0$
j) $x^2 - 8x + 7 = 0$
k) $y^2 + 12y + 27 = 0$
l) $y^2 - 14y + 33 = 0$

5) Determine os lados e áreas do quadrado e do retângulo a seguir sabendo que a área do retângulo é igual à área do quadrado adicionada a 4 unidades.

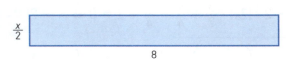

6) Um terreno retangular tem 26 m de comprimento por 16 m de largura. Considere que, em dois de seus lados, conforme representa a figura ao lado, serão acrescentadas duas faixas de terrenos de mesma largura indicada por x. Assim, a nova área desse terreno passará a ser de 816 cm². *desafio*

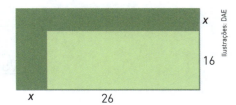

Qual é a medida x da faixa de terreno que foi acrescentada?

7) Elabore um problema que envolva áreas de terrenos retangulares. Troque o seu problema com o de um colega para que um encontre a solução do problema elaborado pelo outro.

Solução geral

O procedimento de completar quadrado pode ser utilizado em qualquer equação do 2º grau. É por meio desse mecanismo que podemos obter uma expressão como solução geral, conforme demonstração a seguir.

$ax^2 + bx + c = 0$

$4a^2x^2 + 4abx + 4ac = 0$ — Multiplicamos por $4a$.

$4a^2x^2 + 4abx = -4ac$ — Subtraímos $4ac$.

$4a^2x^2 + 4abx + b^2 = b^2 - 4ac$ — Adicionamos b^2.

$(2ax + b)^2 = b^2 - 4ac$ — Obtemos um trinômio quadrado perfeito.

$2ax + b = \pm\sqrt{b^2 - 4ac}$ — Eliminamos o quadrado.

$2ax = -b \pm\sqrt{b^2 - 4ac}$ — Subtraímos b.

$x = \dfrac{-b \pm\sqrt{b^2 - 4ac}}{2a}$ — Isolamos x (uma vez que é diferente de 0).

> Dada uma equação do 2º grau na forma $ax^2 + bx + c = 0$, com $a \neq 0$, as soluções podem ser obtidas por meio da fórmula:
> $$x = \dfrac{-b \pm \sqrt{b^2 - 4ac}}{2a}$$
> Tal relação é conhecida como **fórmula de Bhaskara**.

Responda:
1. Se $b^2 - 4ac$ resultar em um número negativo, haverá solução real?

Sobre a fórmula resolutiva, temos as seguintes observações:
- Na dedução da fórmula, a expressão $b^2 - 4ac$ possibilita verificar se a equação do 2º grau tem raízes reais. Essa expressão é dita **discriminante da equação** e normalmente é representada pela letra grega delta: $\Delta = b^2 - 4ac$.
- A expressão da solução geral, com a utilização do discriminante, pode ser escrita como:
$$x = \dfrac{-b \pm \sqrt{\Delta}}{2a}$$
- Uma equação do 2º grau admitirá soluções caso $\Delta \geq 0$, pois, se $\Delta < 0$, a equação não apresentará raízes reais.

A seguir, apresentamos alguns exemplos de como resolver equações do 2º grau utilizando a fórmula de Bhaskara.

Exemplo 1:

Resolva, utilizando a fórmula de Bhaskara, a equação $8x^2 - 10x + 3 = 0$.
- Substituindo os coeficientes da equação na fórmula, temos:

$$x = \dfrac{-b \pm \sqrt{b^2 - 4ac}}{2a} \Rightarrow x = \dfrac{-(-10) \pm \sqrt{(-10)^2 - 4 \cdot 8 \cdot 3}}{2 \cdot 8} \Rightarrow x = \dfrac{10 \pm \sqrt{4}}{16}$$

$$x = \frac{10 \pm 2}{2} \Rightarrow \begin{cases} x = \frac{10 + 2}{16} \Rightarrow x = \frac{3}{4} \\ x = \frac{10 - 2}{16} \Rightarrow x = \frac{1}{2} \end{cases} \qquad \text{Portanto, } S = \left\{\frac{3}{4}, \frac{1}{2}\right\}.$$

Exemplo 2:

Resolva a seguinte equação do 2º grau na incógnita y: $2y^2 + y + 1 = 0$.

- Substituindo os coeficientes na fórmula resolutiva, temos:

$$y = \frac{-b \pm \sqrt{b^2 - 4ac}}{2a} \Rightarrow y = \frac{-1 \pm \sqrt{1^2 - 4 \cdot 2 \cdot 1}}{2 \cdot 2} \Rightarrow y = \frac{-1 \pm \sqrt{-7}}{4}$$

Como $\sqrt{-7}$ não é um número real, dizemos que a equação não apresenta solução real. Em símbolos, escrevemos:

$$S = \{\ \} \text{ ou } S = \varnothing$$

Essas representações podem ser lidas como: não há elementos no conjunto solução desta equação.

Exemplo 3:

Resolva a seguinte equação do 2º grau na incógnita t: $9t^2 + 24t + 16 = 0$.

- Fazendo as substituições na fórmula resolutiva, temos:

$$t = \frac{-b \pm \sqrt{b^2 - 4ac}}{2a} \Rightarrow t = \frac{-24 \pm \sqrt{24^2 - 4 \cdot 9 \cdot 16}}{2 \cdot 9} \Rightarrow$$

$$\Rightarrow t = \frac{-24 \pm \sqrt{0}}{18} \Rightarrow \begin{cases} t = \frac{-24 + 0}{18} \Rightarrow t = -\frac{4}{3} \\ t = \frac{-24 - 0}{18} \Rightarrow t = -\frac{4}{3} \end{cases}$$

Escrevemos o conjunto solução como $S = \left\{-\frac{4}{3}\right\}$.

Exemplo 4:

Resolva a equação $x^2 - 15tx + 56t^2 = 0$ na incógnita x.

- Quando algum coeficiente de uma equação apresenta letras, tal equação é dita literal. As soluções de uma **equação literal do 2º grau** podem ser obtidas por meio da fórmula resolutiva:

$$x = \frac{-b \pm \sqrt{b^2 - 4ac}}{2a} \Rightarrow x = \frac{-(-15t) \pm \sqrt{(-15t)^2 - 4 \cdot 1 \cdot 56t^2}}{2 \cdot 1}$$

$$x = \frac{15t \pm \sqrt{t^2}}{2}$$

$$x = \frac{15t \pm t}{2} \Rightarrow \begin{cases} x = \frac{15t + t}{2} \Rightarrow x = 8t \\ x = \frac{15t - t}{2} \Rightarrow x = 7t \end{cases}$$

Portanto, o conjunto solução é $S = \{7t, 8t\}$.

Atividades

1. Utilizando a fórmula resolutiva, determine o conjunto solução da equação $2x^2 - 7x + 3 = 0$.

   Agora, responda:

   a) As raízes dessa equação são números inteiros?

   b) Quantos elementos há no conjunto solução dessa equação?

2. Resolva, pela fórmula de Bhaskara, a equação $4x^2 - 3x + 2 = 0$ e responda as perguntas a seguir.

   a) Essa equação admite solução real?

   b) Quantos elementos há no conjunto solução dessa equação?

3. Obtenha o conjunto solução de cada equação.

   a) $9x^2 + 12x + 4 = 0$

   b) $y^2 - 2\sqrt{3}y - 9 = 0$

   c) $2x^2 - x - 10 = 0$

   d) $2m^2 + m + 2 = 0$

4. Apresente o conjunto solução correspondente à equação.

   a) $(2x + 1)^2 - (2 - x)^2 + 8 = 0$

   b) $3x(x + 1) + (x - 3)^2 = x + 33$

5. Resolva as seguintes equações incompletas.

   a) $x^2 - 11x = 0$

   b) $9x^2 - 4 = 0$

   c) $x^2 + 9x = 0$

   d) $4x^2 - 81 = 0$

6. Sabendo-se que a soma das idades de um pai e um filho atualmente é de 52 anos e que, daqui a dois anos, o quadrado da idade do filho será igual à idade do seu pai, quantos anos cada um deles tem hoje?

7. Um paralelepípedo de volume 64 cm³ tem arestas iguais a 2 cm, x cm e $(x - 4)$ cm. De acordo com essas medidas, determine o valor de x.

8. Junte-se a um colega para a resolução desta atividade.

   Um agricultor planta um determinado tipo de cereal. O custo x (em reais) do plantio por metro quadrado e a área A plantada (em m²) estão relacionados numericamente por meio da seguinte equação:

   $$A = 40 - x^2 - 3x.$$

   a) Calculem o custo do plantio por m² nas áreas plantadas pelo agricultor, que medem 36 m², 30 m², 26,25 m², 22 m² e 17,25 m².

   b) Com os resultados obtidos no item **a**, construam um gráfico de barras considerando no eixo horizontal a área plantada e no eixo vertical o custo do plantio por m².

   c) Observando o gráfico que vocês construíram, interpretem o que ocorre com as grandezas envolvidas.

   Elaborem uma justificativa para a conclusão observada.

CAPÍTULO 12

Estudo das raízes

Resolução de problemas

Diversas situações podem ser resolvidas por meio de equações do 2º grau. Uma situação interessante diz respeito ao número de diagonais de um polígono em função do número de lados ou de vértices, conforme já comentamos no início da unidade.

A fórmula $d = \dfrac{n \cdot (n-3)}{2}$ possibilita calcular o número de diagonais de um polígono, considerando o número de lados. Assim, observamos que, na figura ao lado, o número de lados do polígono é 9. Aplicando-o na fórmula, calculamos quantas são as diagonais. Neste caso, $d = \dfrac{9 \cdot (9-3)}{2} = 27$, ou seja, esse polígono possui 27 diagonais.

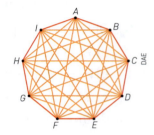

Responda:
1. Qual é o polígono convexo em que a quantidade de diagonais é igual a 9?
2. Existe um polígono convexo que tenha exatamente 10 diagonais?

No exemplo a seguir e nas atividades, apresentamos problemas diversos. Para resolvê-los, considere as seguintes orientações:
1. Leia atentamente o enunciado observando quais são os dados apresentados.
2. Escreva a equação correspondente ao problema.
3. Resolva a equação obtida.
4. Verifique se as soluções obtidas são adequadas ao problema dado.

Exemplo:

Qual é o polígono convexo em que o número de diagonais é igual ao número de lados?
- Considerando a fórmula que fornece o número de diagonais apresentada na introdução deste capítulo, temos:

$$d = \dfrac{n \cdot (n-3)}{2} \Rightarrow n = \dfrac{n \cdot (n-3)}{2} \Rightarrow 2n = n^2 - 3n \Rightarrow n^2 - 5n = 0$$ ou

Então, resolvemos a equação do 2º grau obtida: $n^2 - 5n = 0 \Rightarrow n \cdot (n-5) = 0 \Rightarrow \begin{cases} n = 0 \text{ ou} \\ n - 5 = 0 \Rightarrow n = 5 \end{cases}$

Das duas soluções, a única que satisfaz o problema é $n = 5$. Assim, o polígono em que o número de diagonais é igual ao número de lados é o pentágono.

Atividades

1. Em um retângulo, as medidas dos lados são representadas por dois números naturais e consecutivos, como indicado na figura ao lado.

    Sabendo-se que a área desse retângulo é 110 cm², faça o que se pede.

    a) Escreva uma equação que represente essa situação.
    b) Resolva a equação escrevendo o conjunto solução.
    c) Indique as medidas dos lados desse retângulo.

2. Dois números inteiros são tais que o produto deles é igual a 54 e a diferença entre eles é 3. Determine esses números.

3. Elabore um problema que envolva uma situação que possa ser resolvida com uma equação do 2º grau. Resolva-o e entregue ao professor.

4. Márcia desenhou um retângulo no caderno. Após observar as medidas, concluiu que a área do retângulo era igual a 84 cm² e o perímetro igual a 40 cm. Quais são as medidas de seus lados?

5. Um tio tem o triplo do quadrado da idade de seu sobrinho. Determine a idade de cada um considerando que a soma delas é igual a 52 anos.

6. Taís multiplicou um número por ele mesmo. Do resultado subtraiu 14, obtendo o quíntuplo do número inicial. Determine o número inicial.

7. Sabe-se que a medida D da diagonal de um quadrado pode ser apresentada por $D = \ell\sqrt{2}$. Determine a medida do lado de um quadrado considerando que sua área é numericamente igual ao dobro da medida de sua diagonal.

8. Dois números naturais e consecutivos são tais que a soma de seus quadrados é igual a 841. Determine esses números.

9. No problema anterior foram utilizados dois números naturais consecutivos. Elabore um problema semelhante com base em dois números naturais e consecutivos. Peça a um colega que o resolva. Em seguida, verifique se a resposta apresentada pelo colega coincide com os números naturais e consecutivos que você pensou ao elaborar o problema.

10. Um retângulo tem as medidas dos lados indicadas na figura. Considere que a área desse retângulo é igual a 14 cm².

    a) Escreva a equação que representa a situação apresentada.
    b) Resolva essa equação e apresente as raízes.
    c) Determine as medidas dos lados desse retângulo.

11. De uma placa de metal quadrada, com área 625 cm², foram retirados quatro quadrados de lado medindo x cm dos quatro cantos. Considerando que a placa final ficou com área 225 cm², determine a medida do lado x.

12. Tomás escreveu um número; em seguida, elevou esse número ao quadrado e adicionou ao resultado o dobro do número inicial. Se o resultado final dessa adição for três, qual é o número inicial escrito por Tomás?

De olho no legado

Número de ouro

Existem muitas construções que, teoricamente, teriam sido projetadas com base no conceito do número de ouro. Entretanto, diversas vezes se trata apenas de coincidências numéricas.

Há quem diga, por exemplo, que as pirâmides do Egito teriam sido construídas levando em conta o número de ouro. Nesse caso, afirma-se que a razão entre a medida da altura de uma face e a metade da medida do lado da base da pirâmide é igual ao número de ouro. Essa razão também é conhecida como **razão áurea**.

Pirâmide de Quéfren, em Gizé, Egito.

Outros sugerem que o número de ouro teria sido utilizado em obras de pintores famosos, como Leonardo da Vinci. Já para o matemático italiano Fibonacci, até nos elementos da natureza pode ser encontrada uma razão, chamada por ele de **razão da perfeição**.

Concha de Nautilus: a razão entre suas medidas é considerada um número de ouro.

Para você compreender o que é esse número, vamos considerar um segmento de reta de extremidades nos pontos A e C, conforme representado a seguir.

A   B   C

Se conseguirmos localizar nesse segmento um ponto B de tal maneira que a razão do comprimento do segmento menor (AB) para o comprimento do maior (BC) seja a mesma razão existente entre o comprimento do segmento BC e o comprimento do todo representado pelo segmento AC, teremos a chamada **razão áurea**.

Para chegar ao número de ouro, vamos retomar a figura apresentada indicando as medidas dos segmentos pelas letras x e y na mesma unidade:

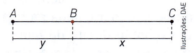

Escrevendo uma proporção, temos:

$$\frac{AB}{BC} = \frac{BC}{AC}$$

$$\frac{y}{x} = \frac{x}{x+y}$$

Vamos utilizar agora a propriedade de proporção, em que o produto dos extremos é igual ao produto dos meios:

$$\frac{y}{x} = \frac{x}{x+y}$$
$$y \cdot (x+y) = x \cdot x$$
$$yx + y^2 = x^2$$
$$x^2 - yx - y^2 = 0$$

Utilizando a fórmula de Bhaskara e considerando que nessa equação a incógnita é x, temos:

$$x = \frac{-b \pm \sqrt{b^2 - 4ac}}{2a}$$

$$x = \frac{-(-y) \pm \sqrt{(-y)^2 - 4 \cdot 1 \cdot (-y)^2}}{2 \cdot 1}$$

$$x = \frac{y \pm \sqrt{5y^2}}{2}$$

$$x = \frac{y \pm y\sqrt{5}}{2}$$

$$x = y \cdot \left(\frac{1 \pm \sqrt{5}}{2}\right)$$

Considerando apenas o sinal +, temos:

$$x = y \cdot \underbrace{\left(\frac{1 + \sqrt{5}}{2}\right)}_{\text{número de ouro}}$$

O número de ouro é representado pela letra grega Φ (phi).

Construa em uma folha de papel um segmento AC no comprimento que você desejar. A seguir, encontre a posição aproximada de um ponto B que divide esse segmento na razão áurea.

Proporção áurea

Você e seus colegas construirão uma espiral com base na razão áurea.

Participantes:
- 3 ou 4 alunos.

Material:
- computador com acesso ao GeoGebra.

Procedimento

Vamos construir, no GeoGebra, uma espiral com base em retângulos áureos. Exiba a malha quadriculada na tela inicial do GeoGebra (clique com o botão direito do *mouse* na área de trabalho do programa e selecione o item **Malha**) e construa o quadrado *ABCD* utilizando o botão (**Polígono regular**).

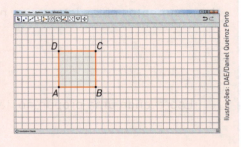

Em seguida, marque o ponto médio *E* do segmento *AB* utilizando o botão (**Ponto médio ou Centro**). Construa o segmento com extremidades em *E* e *C* com o botão (**Segmento**) e construa a circunferência com centro em *E* e raio *EC* com o botão (**Círculo, dado centro e um de seus pontos**).

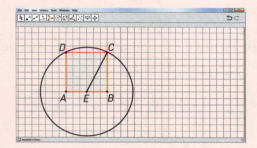

Trace duas retas: uma que passe pelos pontos *A* e *B* e outra que passe pelos pontos *C* e *D* utilizando o botão (**Reta**). Marque o ponto *F* da intersecção da reta que passa por *A* e *B* com a circunferência. Em seguida, trace uma reta perpendicular ao ponto *F* e, por fim, marque o ponto *G*, que é a intersecção dessa reta com a reta que passa por *C* e *D*.

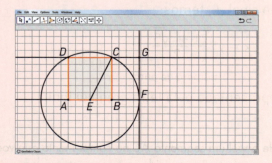

Construa o retângulo BFGC com o botão (Polígono). O retângulo AFGD é áureo, ou seja, a razão entre as medidas de seus lados é igual a $\frac{AF}{FG} = \frac{1 + \sqrt{5}}{2}$.

Podemos ocultar os demais elementos geométricos e deixar apenas o retângulo AFGD na tela. Para isso, com o cursor em cima do elemento, clique com o botão direito do *mouse* e selecione **Exibir objeto**.

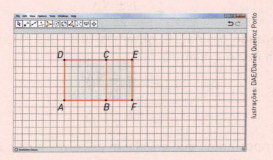

Agora, faça quadrados regulares sucessivos com o botão (Polígono regular), primeiro clicando em B e F; depois em H e G, em J e C e, finalmente, em L e I.

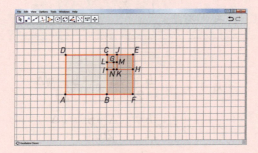

Agora você vai desenhar uma espiral. Utilize o botão (Arco circuncircular), clicando sobre os pontos C, D e B e I, B e H e assim sucessivamente.

Crie espirais maiores aumentando a figura.

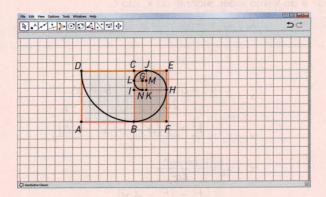

Ao final, cada grupo deverá apresentar para os demais a espiral que foi construída.

Soma e produto das raízes

Veremos agora duas propriedades que relacionam as raízes e os coeficientes da equação de 2º grau. Essas relações nos permitem, sem resolver a equação correspondente, obter a soma e o produto das raízes.

Dada uma equação do 2º grau na forma $ax^2 + bx + c = 0$, com $a \neq 0$, podemos obter suas raízes utilizando a fórmula resolutiva:

$$x = \frac{-b \pm \sqrt{\Delta}}{2a}.$$

Nessa fórmula, considerando o sinal +, obtemos uma das raízes e, considerando o sinal −, obtemos a outra. Seja x_1 uma raiz e x_2 a outra.

$$x_1 = \frac{-b + \sqrt{\Delta}}{2a}$$

$$x_2 = \frac{-b - \sqrt{\Delta}}{2a}$$

Existem duas relações importantes que envolvem as raízes e os coeficientes de uma equação do 2º grau.

> Em uma equação do 2º grau na forma $ax^2 + bx + c = 0$, com $a \neq 0$, a soma das raízes é obtida por meio do coeficiente de x e do coeficiente de x^2, da seguinte maneira é:
> $$x_1 + x_2 = \frac{-b}{a}$$

Demonstração:

$$x_1 + x_2 = \frac{-b + \sqrt{\Delta}}{2a} + \frac{-b - \sqrt{\Delta}}{2a}$$

$$x_1 + x_2 = \frac{-b + \sqrt{\Delta} - b - \sqrt{\Delta}}{2a}$$

$$x_1 + x_2 = \frac{-2b}{2a} \Rightarrow x_1 + x_2 = \frac{-b}{a}$$

> Em uma equação do 2º grau na forma $ax^2 + bx + c = 0$, com $a \neq 0$, o produto das raízes é obtido por meio do coeficiente de x^2 e do termo independente de x, isto é:
> $$x_1 \cdot x_2 = \frac{c}{a}$$

Demonstração:

$$x_1 \cdot x_2 = \left(\frac{-b + \sqrt{\Delta}}{2a}\right) \cdot \left(\frac{-b - \sqrt{\Delta}}{2a}\right)$$

$$x_1 \cdot x_2 = \frac{b^2 + b\sqrt{\Delta} - b\sqrt{\Delta} - (\sqrt{\Delta})^2}{4a^2}$$

$$x_1 \cdot x_2 = \frac{b^2 - \Delta}{4a^2}$$

$$x_1 \cdot x_2 = \frac{b^2 - (b^2 - 4ac)}{4a^2}$$

$$x_1 \cdot x_2 = \frac{4ac}{4a^2} \Rightarrow x_1 \cdot x_2 = \frac{c}{a}$$

Essas relações permitem calcular a soma bem como o produto das raízes sem resolver a equação. A seguir, apresentamos alguns exemplos. Procure observar atentamente as resoluções.

Exemplo 1:

Obtenha a diferença entre a soma e o produto das raízes da equação $2x^2 - 7x - 11 = 0$.

Utilizando as relações apresentadas anteriormente, temos:

- Soma das raízes

$$x_1 + x_2 = \frac{-b}{a}$$
$$x_1 + x_2 = \frac{-(-7)}{2} \Rightarrow x_1 + x_2 = \frac{7}{2}$$

- Produto das raízes

$$x_1 \cdot x_2 = \frac{c}{a}$$
$$x_1 \cdot x_2 = \frac{-11}{2}$$

- Diferença entre a soma e o produto das raízes

$$\frac{7}{2} - \left(-\frac{11}{2}\right) = \frac{18}{2} = 9$$

Exemplo 2:

Dada a equação $3x^2 + 5x - 1 = 0$, obtenha, sem resolvê-la, os seguintes valores:

a) a soma dos inversos das raízes.

b) soma dos quadrados dessas raízes.

- Verificamos inicialmente a soma e o produto das raízes, isto é:

$$x_1 + x_2 = \frac{-b}{a} \Rightarrow x_1 + x_2 = \frac{-5}{3}$$
$$x_1 \cdot x_2 = \frac{c}{a} \Rightarrow x_1 \cdot x_2 = \frac{-1}{3}$$

- Calculamos agora a soma dos inversos das raízes:

$$\frac{1}{x_1} + \frac{1}{x_2} = \frac{x_2 + x_1}{x_1 \cdot x_2} = \frac{-\frac{5}{3}}{-\frac{1}{3}} = \frac{5}{3} \cdot \frac{3}{1} \Rightarrow \frac{1}{x_1} + \frac{1}{x_2} = 5$$

- O cálculo da soma dos quadrados das raízes é feito elevando a soma das raízes ao quadrado, isto é:

$$x_1 + x_2 = -\frac{5}{3}$$
$$(x_1 + x_2)^2 = \left(-\frac{5}{3}\right)^2$$
$$x_1^2 + 2x_1x_2 + x_2^2 = \frac{25}{9}$$
$$x_1^2 + 2 \cdot \left(-\frac{1}{3}\right) + x_2^2 = \frac{25}{9}$$
$$x_1^2 + x_2^2 = \frac{25}{9} + \frac{2}{3} = \frac{25}{9} + \frac{6}{9} \Rightarrow x_1^2 + x_2^2 = \frac{31}{9}$$

Responda:

1. Qual é a soma das raízes da equação $x^2 - 8x + 12 = 0$?
2. Qual é o produto do quadrado das raízes da equação $x^2 + 11x = 0$?

Com base nas relações que envolvem a soma e o produto das raízes de uma equação podemos obter sua forma fatorada, ou seja: $ax^2 + bx + c = 0$.

- Dividimos essa igualdade membro a membro por a:
$$x^2 + \frac{b}{a}x + \frac{c}{a} = 0$$

- Substituímos a soma e o produto das raízes:
$$x^2 - (x_1 + x_2)x + x_1 \cdot x_2 = 0$$

- Fatoramos o primeiro membro da equação:
$$x^2 - xx_1 + xx_2 + x_1 \cdot x_2 = 0$$
$$x \cdot (x - x_1) - x_2 \cdot (x - x_1) = 0$$
$$(x - x_1) \cdot (x - x_2) = 0 \quad \longrightarrow \text{forma fatorada de uma equação do 2º grau}$$

Exemplo 3:

Considerando que as raízes de uma equação do 2º grau em x são 7 e -8, escreva essa equação nas formas fatorada e reduzida.

- Como conhecemos as raízes, podemos escrever a equação na forma fatorada:
$$(x - x_1) \cdot (x - x_2) = 0$$
$$(x - 7) \cdot (x + 8) = 0$$

- Utilizando a propriedade distributiva, podemos agora escrevê-la na forma reduzida:
$$(x - 7) \cdot (x + 8) = 0$$
$$x \cdot (x + 8) - 7 \cdot (x + 8) = 0$$
$$x^2 + 8x - 7x - 56 = 0 \Rightarrow x^2 + x - 56 = 0$$

Exemplo 4:

Resolva a equação $x^2 - 3x + 2 = 0$ utilizando a soma e o produto das raízes.

- Soma das raízes:
$$x_1 + x_2 = -\frac{b}{a} = -\frac{(-3)}{1} = 3$$

- Produto das raízes:
$$x_1 \cdot x_2 = \frac{c}{a} = \frac{2}{1} = 2$$

- Agora precisamos determinar dois números cuja soma seja 3 e cujo produto seja 2.
$$1 + 2 = 3 \text{ e } 1 \cdot 2 = 2$$

Portanto, as raízes da equação são 1 e 2. Logo, $S = \{1, 2\}$.

Com base nas relações que envolvem a soma e o produto das raízes de uma equação do 2º grau em x na forma $ax^2 + bx + c = 0$, e sabendo que essas raízes são números inteiros, elas podem ser obtidas mentalmente considerando que:

$$ax^2 + bx + c = 0 \Rightarrow \begin{cases} \text{soma} = \frac{-b}{a} \\ \text{produto} = \frac{c}{a} \end{cases}$$

Vamos considerar a equação $x^2 + 7x + 6 = 0$. A soma das raízes deverá ser igual a -7 e o produto igual a 6, isto é, podemos escrever a equação da seguinte forma:
$$x^2 + 7x + 6 = 0$$
$$x^2 + (-1 - 6)x + (-1) \cdot (-6) = 0$$

Assim, as raízes são -1 e -6.

Atividades

1 Em cada equação a seguir, informe a soma e o produto das raízes.
   a) $3x^2 - 6x + 1 = 0$
   b) $x^2 - 2\sqrt{3}x - 3\sqrt{3} = 0$
   c) $x^2 - 16x + 28 = 0$
   d) $2x^2 - 4x - 3 = 0$
   e) $9x^2 + 6x + 1 = 0$
   f) $x^2 + 9\sqrt{2}x + 16 = 0$

2 Na equação $5x^2 + kx + 2 = 0$, sabe-se que a soma das raízes é igual -1.
   a) Determine o valor de k.
   b) Obtenha o produto das soluções.

3 Sabe-se que na equação $x^2 + (m - 10)x - 36 = 0$ as duas raízes são reais e opostas.
   a) Obtenha o valor de m.
   b) Calcule o produto das raízes.
   c) Determine o conjunto solução dessa equação.

4 Considere a equação $2x^2 - 5x + m - 1 = 0$. Então, determine:
   a) o valor de m, considerando que o produto das duas raízes é igual a 1;
   b) o conjunto solução dessa equação.

5 Determine o valor de k, considerando que na equação $x^2 - 5x + k - 1 = 0$, uma das raízes somada a 1 é igual a outra raiz.

6 Considere a equação $2x^2 - 7x + 1 = 0$. Sendo S e P a soma e o produto das raízes dessa equação, respectivamente, determine:
   a) S
   b) P
   c) $S \cdot P$
   d) $S^2 + P^2$

7 Utilizando a forma fatorada, escreva uma equação considerando que as raízes são:
   a) 2 e 3
   b) -4 e -8
   c) 10 e -10
   d) 9 e -7
   e) 4 e -5
   f) -10 e 11

8 Escolha dois números reais que deverão ser soluções de uma equação do 2º grau. Em seguida, escreva a equação do 2º grau correspondente e apresente-a a um colega para verificar se ele consegue obter as raízes que você escolheu.

9 Utilize a soma e o produto para determinar as raízes das equações.
   a) $x^2 - 16x + 28 = 0$
   b) $x^2 + 3x - 70 = 0$

Retomar

1. Determine a alternativa que contém uma equação do 2º grau que admite zero como solução.
   a) $x^2 - 9x = 10$
   b) $x^2 - 9x = 0$
   c) $x^2 - 9x + 2 = 10$
   d) $x^2 - 4x + 2 = 0$

2. Se uma equação do 2º grau em x não admite solução real, então:
   a) o discriminante é igual a zero.
   b) o discriminante é um número inteiro.
   c) o discriminante é um número real negativo.
   d) o discriminante é um número real positivo.

3. O perímetro de um quadrado é numericamente igual ao triplo de sua área. A equação que representa essa situação sendo L a medida do lado do quadrado é:
   a) $4L = 3L^2$.
   b) $2L = 3L^2$.
   c) $12L = L^2$.
   d) $L = 3L^2$.

4. Sobre a equação $(x - 2) \cdot (x - 10) = 0$, é correto afirmar que:
   a) apresenta apenas raízes negativas.
   b) não apresenta raízes positivas.
   c) a soma das raízes é -12.
   d) o produto das raízes é 20.

5. O número de diagonais de um polígono é obtido pela relação $d = \dfrac{n \cdot (n - 3)}{3}$. Determine a alternativa que indica o polígono em que a quantidade de diagonais é igual ao dobro do número de lados.
   a) quadrilátero
   b) pentágono
   c) heptágono
   d) hexágono

6. O quadrado e o retângulo a seguir têm a mesma área.

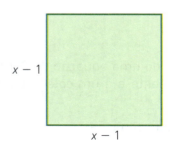
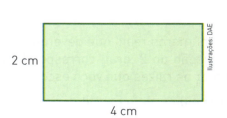

Determine a alternativa que indica o valor de x.

a) 2

b) $1 + 2\sqrt{2}$

c) $1 - 2\sqrt{2}$

d) 3

7 Um aluno escreveu em seu caderno a equação $x \cdot y = 0$. Depois, fez as afirmações a seguir sobre os possíveis valores de x e de y. Determine aquela que é correta.

a) Tanto x quanto y são iguais a zero.

b) Se x for igual a zero, então y também será igual a zero.

c) Se x for um número diferente de zero, então y também será diferente de zero.

d) Se x for igual a 25, então y será necessariamente igual a zero.

8 Sobre as raízes da equação $(2x + 1) \cdot (x - 3) = 0$, é correto afirmar que:

a) são positivas.

b) são inteiras.

c) são números racionais.

d) são números irracionais.

9 Determine a alternativa que contém uma equação do 2º grau que apresenta duas raízes reais e iguais.

a) $x^2 - 9x + 8 = 0$

b) $x^2 - 6x + 8 = 0$

c) $x^2 - 10x + 9 = 0$

d) $x^2 - 16x + 64 = 0$

10 Sendo S a soma das raízes e P o produto das raízes da equação $x^2 - 29x + 30 = 0$, então, é correto afirmar que:

a) $S = 30$ e $P = 29$.

b) $S = -29$ e $P = -30$.

c) $S = 29$ e $P = 30$.

d) $S = -29$ e $P = 30$.

11 Na resolução de uma equação do 2º grau em x, o discriminante $\Delta = b^2 - 4ac$ positivo indica a existência de:

a) apenas uma raiz real.

b) duas raízes reais e iguais.

c) duas raízes reais e opostas.

d) duas raízes reais e distintas.

12 A soma das raízes da equação $x^2 - 14x + 48$ é igual a:
   a) 48.
   b) 26.
   c) 14.
   d) −14.

13 A forma fatorada da equação $x^2 - 14x + 48 = 0$ é:
   a) $(x - 6)(x - 8) = 0$.
   b) $(x - 6)(x + 8) = 0$.
   c) $(x + 6)(x - 8) = 0$.
   d) $(x + 6)(x + 8) = 0$.

14 A área de um quadrado de lado ℓ é numericamente igual a seu perímetro. Sendo assim, temos:
   a) $\ell = 4$.
   b) $\ell = 2$.
   c) $\ell = 1$.
   d) $\ell = 0{,}5$.

15 Se o número −3 é uma raiz da equação $x^2 - 7x + k = 0$, então é correto afirmar que:
   a) $k = 30$.
   b) $k = 20$.
   c) $k = 14$.
   d) $k = -30$.

16 Um número natural, quando adicionado a seu inverso, tem como resultado o número racional $\frac{17}{4}$. Qual é esse número?
   a) 3
   b) 4
   c) 5
   d) 6

17 Qual a forma fatorada da equação $x^2 - 7x + 6 = 0$?
   a) $(x - 1)(x + 7) = 0$
   b) $(x + 1)(x + 7) = 0$
   c) $(x - 1)(x - 6) = 0$
   d) $(x + 1)(x + 6) = 0$

18 **(Saresp)** Um laboratório embalou 156 comprimidos de analgésico em duas caixas, uma com duas cartelas de x comprimidos cada e outra com quatro cartelas de y comprimidos cada. Sabendo-se que y é o quadrado de x, quantos comprimidos havia em cada cartela?
   a) 4 e 16
   b) 5 e 25
   c) 6 e 36
   d) 7 e 49

19 **(Obmep)** Se $a - b = 1$ e $ab = 1$, qual é o valor de $a^2 + b^2$?

a) 1
b) 2
c) 3
d) 4
e) 5

20 **(Obmep)** No dia de seu aniversário, em 2006, o avô de Júlia disse a ela: "Eu nasci no ano x^2 e completei x anos em 1980. Quantos anos eu completo hoje?" A resposta certa é:

a) 61
b) 64
c) 67
d) 70
e) 72

21 **(Saresp)** O perímetro de um retângulo é 20 m, e sua área é 24 m². Dessa forma, podemos afirmar que as dimensões desse retângulo são:

a) 2 m e 12 m.
b) 3 m e 8 m.
c) 3 m e 7 m.
d) 4m e 6 m.

22 **(UFRGS-RS)** O número de diagonais de um polígono é o dobro de seu número n de lados. O valor de n é:

a) 5
b) 6
c) 7
d) 8
e) 9

23 **(PUC-Rio)** As duas soluções de uma equação do 2º grau são -1 e $\frac{1}{3}$. Então a equação é:

a) $3x^2 - x - 1 = 0$
b) $3x^2 + x - 1 = 0$
c) $3x^2 + 2x - 1 = 0$
d) $3x^2 - 2x - 2 = 0$
e) $3x^2 - x + 1 = 0$

24 **(Cesgranrio)** A maior raiz da equação $-2x^2 + 3x + 5 = 0$ vale:

a) -1
b) 1
c) 2
d) 2,5
e) $\frac{3 + \sqrt{19}}{4}$

Ampliar

As mil e uma equações,
de Ernesto Rosa
(Ática).

Três jovens acompanham um poderoso emir em uma viagem ao Oriente Médio. Nessa aventura, eles conhecem Omar Ibn Sinan, que os entretém com divertidos desafios matemáticos que envolvem equações e incluem até o desenvolvimento de uma fórmula para resolução de equações do 2º grau. Os jovens também participam de uma disputa entre dois príncipes, que tem como prêmio a mão da princesa, filha do emir.

História da equação do 2º grau,
de Oscar Guelli
(Ática).

O livro conta a história da equação do 2º grau, desde o primeiro registro em uma placa de argila, há 4 mil anos, até o desenvolvimento da fórmula resolutiva. Essa leitura amplia o seu conhecimento sobre a história da Matemática.

UNIDADE 5

Ilustração de um jornal com gráficos estatísticos.

 Algumas informações divulgadas pela mídia são resultado de pesquisas. Os dados obtidos em uma pesquisa são resumidos em tabelas e gráficos para facilitar a leitura. Decisões podem ser tomadas com base na análise desses dados, muitas vezes expostos em gráficos.

Estatística e probabilidade

Censo 2010 do IBGE na cidade de Brasília (DF).

1 Sobre que assunto você gostaria de fazer uma pesquisa?

2 Em sua opinião, qual é o grande objetivo de uma pesquisa?

CAPÍTULO 13

Probabilidades

Cálculo de probabilidades

Na festa de final de ano de uma escola compareceram 155 alunos. Todos estavam sentados em poltronas no anfiteatro da escola para a cerimônia de encerramento do ano letivo. Observe o quadro abaixo, que mostra a quantidade de alunos por turma.

Turma	Número de alunos
6º ano	40
7º ano	38
8º ano	35
9º ano	42
Total	155

Cada um desses alunos, ao entrar no anfiteatro, preencheu uma ficha com o nome e a turma a que pertencia. Essa ficha foi colocada em uma urna para o sorteio de alguns prêmios.

Responda:
1. Se um dos 155 alunos for sorteado aleatoriamente para um prêmio, é possível saber a que turma ele pertence antes do sorteio?
2. Antes do sorteio é possível saber a turma com mais probabilidade de ter um aluno sorteado?
3. E qual é a turma com menos probabilidade de ter um aluno sorteado?

Vamos, por meio de algumas situações, retomar o que foi estudado sobre probabilidades no volume anterior, lembrando que a probabilidade de ocorrência de um evento em um experimento aleatório é calculada da seguinte maneira:

$$\text{probabilidade de ocorrência do evento} = \frac{\text{número de possibilidades favoráveis}}{\text{número total de possibilidades}}$$

1ª situação

No corredor de uma escola foram colocados 16 pequenos armários, cada um com uma chave. Em um deles foi colocada uma bola de futebol de salão. Você foi encarregado de descobrir em qual deles está a bola. Qual é a probabilidade de você, na primeira tentativa, acertar em qual deles está a bola? E de não acertar?

- Como são 16 armários e em apenas um deles está a bola, a probabilidade de acertar em qual está é 1 para 16, isto é:

$$p = \frac{1}{16} \quad \longrightarrow \text{número de possibilidades favoráveis} \\ \longrightarrow \text{número total de possibilidades}$$

$$p = 0{,}0625 \text{ ou } p = 6{,}25\%$$

- Ou você acerta ou não. Portanto, a probabilidade de você não acertar o armário com a bola (probabilidade complementar) é:

$$p = 1 - \frac{1}{16}$$
$$p = \frac{16}{16} - \frac{1}{16}$$
$$p = \frac{15}{16} = 0{,}9375 = 93{,}75\%$$

Observe que a probabilidade de acertar adicionada à probabilidade de não acertar é igual a 100%. Assim, como 6,25% + 93,75% = 100%, elas são ditas probabilidades complementares.

2ª situação

O desenho a seguir representa a planta baixa de um ônibus cujos assentos estão numerados de 1 a 46. Imagine que você comprou uma passagem sem saber em qual poltrona sentará.

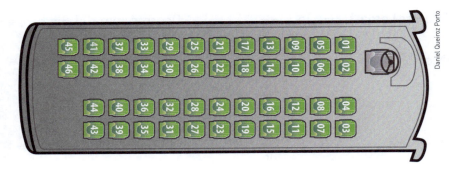

Se $p(1)$, $p(2)$, $p(3)$, ... e $p(46)$ representam as probabilidades 1, 2, 3, ... e 46, respectivamente, de ser a poltrona em que você sentará, qual é a soma dessas probabilidades?

- Note que cada poltrona, em princípio, tem a mesma probabilidade de ser aquela em que você sentará. Assim, como são 46 poltronas (espaço amostral), para cada poltrona temos:

$$p(1) = p(2) = p(3) = \ldots = p(45) = p(46) = \frac{1}{46}$$

- Agora observe o que acontece com a soma dessas probabilidades:

$$p(1) + p(2) + p(3) + \ldots + p(45) + p(46) = \frac{1}{46} + \frac{1}{46} + \frac{1}{46} + \ldots + \frac{1}{46} + \frac{1}{46}$$

$$p(1) + p(2) + p(3) + \ldots + p(45) + p(46) = \frac{46}{46}$$

$$p(1) + p(2) + p(3) + \ldots + p(45) + p(46) = 1$$

Observe que a soma das probabilidades de todos os elementos do espaço amostral é igual a 1.

3ª situação

Lúcia e Laura organizaram o seguinte quadro, que mostra as possíveis somas no lançamento de dois dados.

\multicolumn{12}{	c	}{Possíveis somas no lançamento de dois dados}
1	2	3	4	5	6	7	8	9	10	11	12
	(1, 1)	(1, 2)	(2, 2)	(2, 3)	(3, 3)	(3, 4)	(4, 4)	(4, 5)	(5, 5)	(5, 6)	(6, 6)
		(2, 1)	(1, 3)	(3, 2)	(2, 4)	(4, 3)	(3, 5)	(5, 4)	(6, 4)	(6, 5)	
			(3, 1)	(1, 4)	(4, 2)	(2, 5)	(5, 3)	(3, 6)	(4, 6)		
				(4, 1)	(1, 5)	(5, 2)	(2, 6)	(6, 3)			
					(5, 1)	(1, 6)	(6, 2)				
						(6, 1)					

Qual é a probabilidade de ocorrer cada uma das somas?

- No quadro é possível observar que existem 36 resultados possíveis, isto é, o espaço amostral é formado por 36 elementos (observe os pares ordenados).

Ocorrer soma 2 ⟶ $p = \frac{1}{36}$ Ocorrer soma 12 ⟶ $p = \frac{1}{36}$

Ocorrer soma 3 ⟶ $p = \frac{2}{36}$ Ocorrer soma 11 ⟶ $p = \frac{2}{36}$

Ocorrer soma 4 ⟶ $p = \frac{3}{36}$ Ocorrer soma 10 ⟶ $p = \frac{3}{36}$

Ocorrer soma 5 ⟶ $p = \frac{4}{36}$ Ocorrer soma 9 ⟶ $p = \frac{4}{36}$

Ocorrer soma 6 ⟶ $p = \frac{5}{36}$ Ocorrer soma 8 ⟶ $p = \frac{5}{36}$

Ocorrer soma 7 ⟶ $p = \frac{6}{36}$

Atividades

1) O quadro a seguir foi representado na lousa da sala de aula. Um desses números será sorteado aleatoriamente.

1	2	3	4	5	6	7	8	9	10
11	12	13	14	15	16	17	18	19	20
21	22	23	24	25	26	27	28	29	30

Sabendo disso, responda:

a) É mais provável que seja sorteado um número par ou um número ímpar?

b) Qual é a probabilidade de ser sorteado um número múltiplo de 4?

c) Qual é a probabilidade de ser sorteado um número múltiplo de 5?

d) Qual é a probabilidade de ser sorteado um número múltiplo de 10?

e) Qual é a probabilidade de não ser sorteado um número múltiplo de 10?

2) No lançamento de um dado com as faces numeradas de 1 a 6, sabemos que cada uma das faces tem a mesma chance de ocorrência. Dizemos, então, que o dado é não viciado.

Pensando nisso, responda:

Se $p(1)$, $p(2)$, $p(3)$, $p(4)$, $p(5)$ e $p(6)$ representam, respectivamente, a probabilidade de ocorrer face 1, face 2, face 3, face 4, face 5 e face 6, qual é o valor de $p(1) + p(2) + p(3) + p(4) + p(5) + p(6)$?

3) O dado a seguir tem forma de um dodecaedro (12 faces), em que as faces são numeradas de 1 a 12. O dado é jogado, e deve-se observar a face voltada para cima.

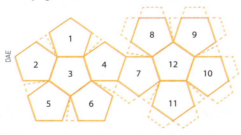

a) Indique quais elementos fazem parte do espaço amostral.

b) Calcule a probabilidade de resultar a face com o número 5.

c) Calcule a probabilidade de resultar a face contendo um número múltiplo de 4.

d) Calcule a probabilidade de resultar a face contendo um número maior que 8.

4) A probabilidade de ocorrer um evento A no espaço amostral varia de zero a um. Em símbolos, escrevemos:

impossível $0 \leq p(A) \leq 1$ certo

a) Dê um exemplo de um evento impossível.

b) Dê um exemplo de um evento certo.

5) A turma toda sabe que a professora de Matemática faz aniversário no mês de outubro, mas não sabe o dia do mês, nem o dia da semana. Se você tentar adivinhar o dia do mês e um colega seu tentar acertar o dia da semana, é mais provável você acertar o dia do mês ou seu colega acertar o dia da semana? Responda à questão e justifique a resposta com base no cálculo de probabilidades.

6 Na imagem a seguir, uma das letras e um dos algarismos da placa de um carro estão desfocados.

Você deve descobrir, por tentativa, a letra que está desfocada e o algarismo que está desfocado. É mais provável você descobrir qual é a letra ou qual é o algarismo? Responda à questão e justifique a resposta com base no cálculo de probabilidades.

7 Considere que a placa da atividade anterior é formada por 3 letras distintas e por 4 algarismos distintos. Calcule:

a) a probabilidade de você acertar a letra que está desfocada;

b) a probabilidade de você acertar o algarismo que está desfocado.

8 Junte-se a um colega para esta atividade. Com base nos números inteiros de 1 a 100, faça o que se pede.

a) Elaborem um problema em que um número deve ser sorteado aleatoriamente de tal forma que a probabilidade de ele ser sorteado seja maior que 10%.

b) Elaborem um problema em que um número deve ser sorteado aleatoriamente de tal forma que a probabilidade de ele ser sorteado seja maior que 60%.

Resolvam esses problemas e, depois, apresentem-nos à turma para que os demais colegas também os resolvam.

9 Em um experimento aleatório, a probabilidade de ocorrer um evento A adicionado à probabilidade de não ocorrer esse evento é igual a 1. Em símbolos, escrevemos:

ocorrer A $p(A) + p(\overline{A}) = 1$ não ocorrer A

Responda:

a) Se a probabilidade de chover hoje em sua cidade é de 35%, qual é a probabilidade de não chover?

b) Em um teste com cinco alternativas das quais apenas uma é correta, qual é a probabilidade de você acertar o teste assinalando aleatoriamente uma dessas alternativas? E de errar?

10 Você está em dúvida de qual cadeado para uma mala comprará: um cujo segredo tem 3 algarismos e outro cujo segredo tem 4 algarismos (veja as imagens abaixo). Se optar pelo cadeado cujo segredo tem menos probabilidade de ser descoberto, qual deles você deverá comprar? Justifique a resposta fazendo o cálculo da probabilidade.

Eventos independentes e eventos dependentes

A turma inventou uma brincadeira um pouco diferente. Lançava-se um dado e uma moeda. Ganhava a brincadeira quem adivinhasse os dois resultados.

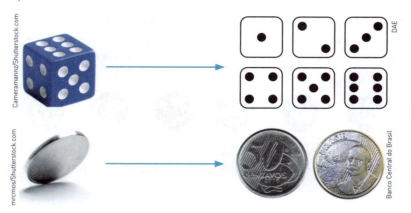

Responda:
1. Se o evento A consiste em sair a face 2 no dado, qual é a probabilidade de ocorrência desse evento?
2. Se o evento B consiste em sair coroa na moeda, qual é a probabilidade de ocorrer esse evento?
3. Quantos resultados ao todo podem ocorrer ao lançarmos simultaneamente um dado e uma moeda?

Eventos independentes

Vamos voltar à brincadeira. Imagine que você escolheu a face 5 no dado e a face cara na moeda. Qual é a probabilidade de você acertar os dois resultados?

- Vamos fazer um quadro com os resultados possíveis do dado e da moeda. Representamos cada resultado por um par ordenado:

(1; cara)	(2; cara)	(3; cara)	(4; cara)	(5; cara)	(6; cara)
(1; coroa)	(2; coroa)	(3; coroa)	(4; coroa)	(5; coroa)	(6; coroa)

- Como são 12 os resultados e queremos apenas o que está destacado, a probabilidade de ele ocorrer é:

$$p = \frac{1}{12}$$

- Note que ocorrer a face 5 no dado não interfere na ocorrência de sair cara na moeda. Dizemos que esses dois **eventos são independentes**. Podemos calcular a probabilidade de ocorrer a face 5 no dado e cara na moeda multiplicando as probabilidades, isto é:

probabilidade de sair face 5 $p = \frac{1}{6} \cdot \frac{1}{2} = \frac{1}{12}$ probabilidade de sair cara

> Se dois eventos (A e B) ocorrem em um mesmo espaço amostral e são **independentes entre si** (a ocorrência de um não influencia na ocorrência do outro), a probabilidade de ocorrência de A e B é calculada pelo produto das probabilidades de cada um desses eventos.

Vamos considerar algumas situações para examinar eventos independentes e, depois, eventos dependentes.

1ª situação

Em uma urna foram colocadas 3 bolas vermelhas, 2 bolas verdes e 5 bolas azuis, todas do mesmo tamanho. Considere que você retira a primeira, devolve essa bola na urna e retira a segunda bola. Qual é a probabilidade de que as duas bolas retiradas sejam azuis?

- Inicialmente será retirada uma bola. Queremos calcular a probabilidade de que essa primeira bola seja azul. Assim, temos:

$$p(A) = \frac{5}{10} \text{ (5 situações favoráveis em 10 resultados possíveis)}$$

- Imaginando que a bola foi extraída da urna e depois devolvida, vamos retirar a segunda bola, a qual também queremos que seja azul. Note que a retirada da segunda bola não é influenciada pela retirada da primeira bola, uma vez que houve reposição. Logo:

$$p(A) = \frac{5}{10} \text{ (5 situações favoráveis em 10 resultados possíveis)}$$

- A probabilidade de a primeira bola ser azul e a segunda bola também ser azul é calculada pelo produto dessas probabilidades:

$$p = p(A) \cdot p(A)$$
$$p = \frac{5}{10} \cdot \frac{5}{10} \longrightarrow p = \frac{25}{100} = 0{,}25 = 25\%$$

Eventos dependentes

Vamos retornar à situação anterior, porém com uma mudança em relação à reposição da primeira bola retirada da urna.

2ª situação

Em uma urna foram colocadas 3 bolas vermelhas, 2 bolas verdes e 5 bolas azuis, todas do mesmo tamanho. Considere que você retira a primeira e, depois, sem a reposição da bola extraída, retira a segunda bola. Qual é a probabilidade de que as duas bolas retiradas sejam azuis?

- Inicialmente será retirada uma bola. Queremos calcular a probabilidade do que essa primeira bola seja azul. Assim, temos:

$$p(A) = \frac{5}{10} \text{ (5 situações favoráveis em 10 resultados possíveis)}$$

- Imaginando que a primeira bola seja azul e que ela não seja devolvida à urna, vamos retirar a segunda bola, a qual também queremos que seja azul. Note que a retirada da segunda bola é influenciada pela retirada da primeira bola, uma vez que não houve reposição. Logo:

$$p(A) = \frac{5-1}{10-1} = \frac{4}{9}$$ (4 situações favoráveis em 9 resultados possíveis)

- A probabilidade de a primeira bola ser azul e a segunda bola também ser azul é calculada pelo produto dessas probabilidades:

$$p = p(A) \cdot p(A)$$
$$p = \frac{5}{10} \cdot \frac{4}{9} \longrightarrow p = \frac{20}{90} = 0{,}2222\ldots \cong 22{,}22\%$$

> **Responda:**
> 1. O fato de a 1ª bola retirada ser azul e ela não ser devolvida à urna influencia ou não a probabilidade de a 2ª bola também ser azul?
> 2. Nessa situação, qual é a probabilidade de a 1ª bola ser verde e, sem reposição dessa bola na urna, de a 2ª também ser verde?

Na situação apresentada anteriormente, a probabilidade é calculada multiplicando-se as probabilidades, porém, como o cálculo da probabilidade de retirada da segunda bola é influenciado pelo resultado da retirada da primeira bola, temos a dependência de eventos. Devemos então tomar cuidado, pois, nessa situação, o espaço amostral da segunda etapa não necessariamente é igual ao espaço amostral da primeira etapa.

3ª situação

Considere que você tem 3 fichas coloridas e de mesmo tamanho dentro de uma bolsa.

vermelha dos dois lados

amarela dos dois lados

vermelha de um lado e amarela de outro

Imagine que você irá retirar uma dessas fichas da bolsa e colocá-la, sem olhar a cor, em cima da mesa. Calcule a probabilidade de a face voltada para cima ser vermelha e a face voltada para baixo ser amarela.

- Inicialmente temos de calcular a probabilidade de retirarmos a 3ª ficha (aquela com uma face vermelha e a outra face amarela): $p = \dfrac{1}{3}$
- Calculamos a probabilidade de que a face voltada para cima seja vermelha: $p = \dfrac{1}{2}$
- Como queremos calcular a probabilidade de que ocorram os dois eventos (ficha com as duas cores e face vermelha para cima), multiplicamos as probabilidades.

$$p = \frac{1}{3} \cdot \frac{1}{2} \longrightarrow p = \frac{1}{6}$$

Atividades

1 Uma mesma moeda é lançada para cima três vezes consecutivamente e indicamos por *K* o resultado cara e *C* o resultado coroa.

   a) Escreva a sequência de todos os resultados possíveis.

   b) O fato de ocorrer cara ou coroa no primeiro lançamento interfere no resultado do segundo lançamento ou no resultado do terceiro lançamento?

2 Ainda em relação à situação apresentada anteriormente, responda:

   a) Qual é a probabilidade de os três resultados serem cara?

   b) Como podemos calcular essa probabilidade pela multiplicação de probabilidades? Explique.

3 Nesta semana passará um filme de aventura em um canal de televisão a que você assiste. Imagine que você não saiba em qual dia da semana isso ocorrerá.

   Responda:

   a) Qual é a probabilidade de você aleatoriamente escolher, em apenas uma tentativa, um dia da semana e acertar o dia em que o filme passará?

   b) E qual é a probabilidade de você errar na primeira tentativa de escolha e acertar na segunda tentativa?

4 Você lançará o mesmo dado duas vezes, consecutivamente, para observar os pontos obtidos nas faces voltadas para cima.

   a) Calcule a probabilidade de sair a face 3 no primeiro dado e não sair a face 3 no segundo dado.

   b) Calcule a probabilidade de sair a face 6 nos dois dados.

   c) Calcule a probabilidade de não sair a face 6 nem no primeiro dado, nem no segundo dado.

5 Em uma grande caixa há canetas iguais, das quais 80 estão boas e 20 estão com defeito. Considere que você retirará duas dessas canetas sem reposição. Calcule:

   a) a probabilidade de a primeira caneta ser boa e a segunda também ser boa;

   b) a probabilidade de a primeira caneta ser boa e a segunda estar com defeito;

   c) a probabilidade de a primeira caneta estar com defeito e a segunda também estar com defeito;

   d) a probabilidade de a primeira caneta estar com defeito e a segunda ser boa.

6 Para determinada tarefa, a professora sorteará uma fileira de alunos da sala de aula e, em seguida, uma carteira dessa fileira. Considere que você está sentado na carteira indicada a seguir.

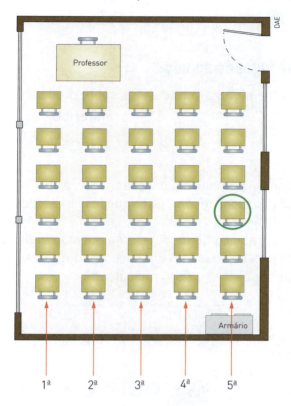

Responda:

a) Qual é a probabilidade de ser sorteada a fileira em que você está sentado?

b) Qual é a probabilidade de você ser sorteado?

7 Na escola em que Márcia estuda existem duas turmas de 9º ano e a quantidade de alunos em cada turma está representada no quadro. Márcia está na turma B.

Turma	Número de alunos
9º ano A	29
9º ano B	31
Total	60

Uma turma será escolhida aleatoriamente para representar a escola e um dos alunos será escolhido aleatoriamente para representar essa turma. Calcule:

a) a probabilidade de a turma de Márcia ser escolhida;

b) a probabilidade de a turma de Márcia ser escolhida e Márcia ser escolhida para representar a turma.

8 Foram colocados cinco pares diferentes de meias em uma gaveta, e os pés de meias estão todos misturados. Imagine que você retirará um pé de meia e depois um segundo pé de meia, aleatoriamente. Calcule:

a) a probabilidade de que as duas meias sejam do mesmo par;

b) a probabilidade de que as duas meias sejam de pares diferentes.

Conviver

A probabilidade e nosso lugar no mundo

Com os colegas, trabalhe algumas conclusões sobre probabilidade.

Participantes:
- 3 ou 4 alunos.

Material:
- calculadora, papel e lápis.

Encaminhamento

Você já se perguntou se existem outras pessoas iguais a você no mundo? Ou já ouviu frases que dizem que as pessoas são todas iguais? Será que isso é verdade? Vamos verificar com base na situação a seguir:

Um aluno do 9º ano que sabe como resolver uma questão muito difícil de Matemática estuda em uma sala com outros 31 colegas, em uma escola com 410 alunos, inserida em um bairro com 4 234 moradores. Agora observe o seguinte cálculo:

$$P = \frac{1}{32} \cdot \frac{1}{410} \cdot \frac{1}{4\,234} = \frac{1}{55\,550\,080}$$

O que esse cálculo indica? Ele indica que a probabilidade de encontrarmos um aluno do 9º ano que sabe como resolver essa questão muito difícil de Matemática, que estuda em uma sala com outros 31 colegas, em uma escola com 410 alunos, em um bairro com 4 232 moradores, é de 1 em 55 550 080.

Agora, em grupo, analisem as questões a seguir:

1. Em uma caixa com 12 pacotes de farinha, inserida em um fardo com 72 caixas, em um estoque com 1 024 fardos, há um pacote furado. Qual é a probabilidade de encontrar-se de primeira esse pacote?

2. Vocês moram no Brasil, um dos 12 países da América do Sul, entre os aproximados 193 países no mundo. Qual é a probabilidade de encontrar o número de integrantes do seu grupo em meio a todos esses países?

3. Pesquisem quantos moradores há em sua cidade, quantos moradores há no estado, qual é a população atual do Brasil e qual é a população atual no mundo. Qual é a probabilidade de, no meio de todas essas pessoas, encontrarmos você?

4. Elaborem um cartaz com o cálculo feito na questão anterior. Escolham um título interessante para ele e, após a explicação detalhada do cálculo, exponham-no na parede de fora da sala de aula.

CAPÍTULO 14

Análise de informações

Análise de informações da mídia

Diariamente a mídia divulga informações sobre fatos diversos. As tabelas e os gráficos estatísticos são empregados como recurso na divulgação de dados que fazem parte das informações. Assim, devemos ser críticos ao analisar tais informações. Essa leitura cuidadosa e criteriosa nos possibilita não apenas compreender melhor como também tirar conclusões e fazer conjecturas sobre as informações. É o chamado tratamento da informação.

Apenas para dar um exemplo, observe atentamente o gráfico de barras a seguir, que foi divulgado pela Agência Nacional de Vigilância Sanitária (Anvisa).

Fonte: Programa de Análise de Resíduos de Agrotóxicos de Alimentos (Para), da Agência Nacional de Vigilância Sanitária (Anvisa).

Responda:
1. Qual é a fonte de informações?
2. O que são agrotóxicos?
3. É importante que as pessoas tenham acesso a essas informações? Por quê?

Uma análise simples dessas informações chama nossa atenção para os percentuais elevadíssimos de irregularidades no uso de agrotóxicos. Por exemplo, no caso do pimentão, o percentual de 91,8% (ou aproximadamente 92%) indica que em 92 de cada 100 pimentões que são produzidos há irregularidades no uso de agrotóxicos. Se há essas irregularidades, o órgão responsável (Anvisa) procura não apenas averiguar detalhadamente tais informações como também orienta para que medidas sejam tomadas no sentido de reduzir ou eliminar tais problemas.

149

Observe agora uma informação que foi divulgada em 2018, sobre a evolução do IDH (Índice de Desenvolvimento Humano) do Brasil no período de 2010 a 2015.

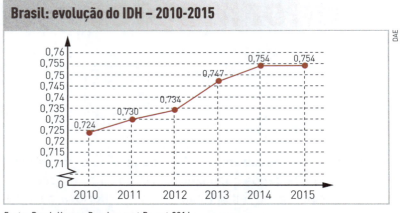

Fonte: Pnud. Human Development Report 2016.
Disponível em: <www.br.undp.org/content/dam/brazil/docs/RelatoriosDesenvolvimento/undp-br-2016-human-development-report-2017.pdf>. Acesso em: out. 2018.

zoom: É preciso ter claro que esse gráfico tem a finalidade de propiciar uma leitura e compreensão rápidas a respeito da variação do IDH. Entretanto, não garante que, por exemplo, entre os anos de 2012 e 2013, em algum ponto (abscissa) desse intervalo, o IDH seja a ordenada correspondente a essa abscissa.

Uma leitura simples das informações pode levar o leitor a concluir que houve um período de crescimento acentuado do IDH brasileiro, por exemplo, de 2012 a 2013. Já no período de 2013 para 2014 também houve um crescimento, porém menos acentuado. Já no período de 2014 a 2015 não houve crescimento.

Mas cuidado!

É louvável que tenha ocorrido um crescimento, mas é preciso fazer outras comparações. Para que uma análise mais profunda seja feita, é recomendável que busquemos informações adicionais, por exemplo:
- Que IDH é considerado adequado em comparação com outras nações?
- Um país tido como desenvolvido tem qual IDH?
- No *ranking* do IDH, qual era a posição do Brasil anterior a esse levantamento?

Nas atividades a seguir, propomos situações em que você deve analisar alguns gráficos estatísticos.

Atividades

1. O gráfico abaixo retrata a evolução da taxa de fecundidade no Brasil de acordo com dados coletados até 2010. Analise o gráfico e depois responda às questões.

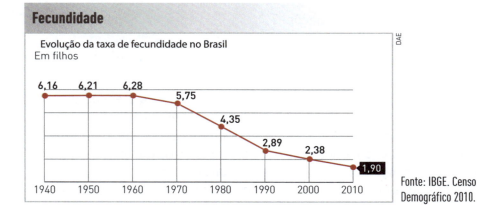

Fonte: IBGE. Censo Demográfico 2010.

a) Qual é o significado do número 1,90 indicado no gráfico para o ano de 2010?

b) A partir de que ano houve um decrescimento da taxa de fecundidade?

2 Ainda sobre as informações do gráfico da atividade anterior, faça o que se pede.

a) Represente essas informações em um gráfico de barras (verticais) utilizando papel quadriculado.

b) Com base nesse gráfico, escreva uma frase sobre a queda da taxa de fecundidade brasileira.

3 Sobre **mobilidade urbana**, leia inicialmente este texto.

O que é chamado de mobilidade urbana nada mais é do que a forma e os meios utilizados para que uma população se desloque em um espaço urbano. Quando se deseja avaliar a mobilidade urbana é necessário considerar, entre outros, os seguintes fatores:

- o fluxo de transporte de pessoas e de mercadorias;
- os meios de transporte utilizados;
- a organização das vias de transporte que fazem parte da região a ser analisada.

O gráfico a seguir apresenta o resultado da avaliação, em nove centros urbanos brasileiros, da mobilidade urbana considerada sustentável.

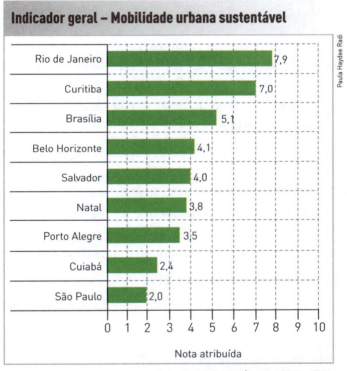

Fonte: Portal Mobilize/Estudo Mobilize 2011.

Faça o que se pede a seguir.

a) Indique a fonte utilizada para a elaboração do gráfico.

b) Indique o tipo de gráfico.

c) Dê um nome para o eixo vertical.

4 Sobre as informações apresentadas no gráfico da atividade anterior, faça o que se pede.

a) Responda: Quais são as duas cidades mais bem avaliadas?

b) Escreva uma frase sobre a avaliação feita para a cidade de São Paulo, comparando-a com as demais.

5 Leia atentamente as informações do gráfico a seguir, a respeito da taxa de natalidade e da taxa de mortalidade brasileira. O IBGE fez uma estimativa de dados passados e futuros entre os anos de 1881 e 2060.

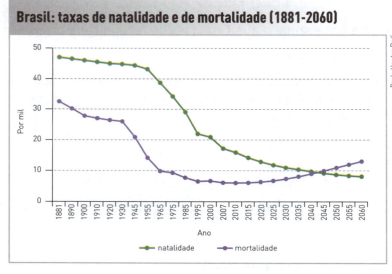

Fontes: IBGE. Séries históricas e estatísticas. Disponível em: <https://seriesestatisticas.ibge.gov.br/series.aspx?no=10&op=0&vcodigo=CD109&t=taxas-brutas-natalidade-mortalidade>; IBGE. Projeção da população do Brasil por sexo e idade: 2000-2060. Revisão 2013. Disponível em: <ww2.ibge.gov.br/home/estatistica/populacao/projecao_da_populaca/2013/defaut_tab.shtm>. Acessos em: jul. 2018.

Agora responda:

a) No eixo vertical aparece a expressão "por mil". O que significa, por exemplo, nesse eixo, o número 10?

b) Em qual década que está por vir as duas taxas serão iguais?

c) Qual é a importância de fazer uma projeção?

6 Reúna-se com um colega e, com base nas informações do gráfico da atividade anterior, escrevam três pequenos textos.

a) No primeiro texto, comparem a taxa de natalidade e a de mortalidade no ano de 1965.

b) No segundo texto, comparem a taxa de natalidade e a de mortalidade no período entre os anos de 2040 e 2045.

c) No terceiro texto, comparem a taxa de natalidade e a de mortalidade em 2060.

Apresentem esses textos para os demais colegas.

7 O gráfico de setores a seguir representa a distribuição da população brasileira por cor/raça em porcentagem.

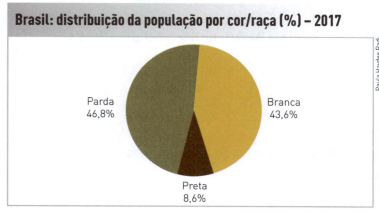

Fonte: IBGE. Pesquisa Nacional por Amostra de Domicílios Contínua (Pnad Contínua), 2017. Disponível em: <www.ibge.gov.br/estatisticas-ovoportal/sociais/popualacao/17270-pnad-continua.html?edicao=20915&t=resultados>. Acesso em: ago. 2018.

a) Pesquise qual seria a população brasileira em números absolutos segundo dados projetados pelo IBGE para o ano de 2017.

b) Com base nessa população e observando as informações do gráfico de setores, copie e complete a tabela a seguir no caderno:

Brasil: distribuição da população por cor/raça (2017)		
Cor/raça	Percentual	População
parda	46,8%	
branca	43,6%	
preta	8,6%	

8 Analise os percentuais apresentados no gráfico da atividade anterior e responda:

a) A soma dos percentuais no gráfico resulta em 100%?

b) De acordo com sua resposta ao item anterior, o que você acha que deve ter acontecido na elaboração desse gráfico?

Cuidados com informações divulgadas

Para fazermos um exercício de reflexão a respeito das informações que aparecem não somente em revistas ou jornais mas também nas redes sociais, vamos imaginar que um jornal escreveu a seguinte manchete de uma notícia:

Responda:
1. Com base na manchete, alguém conclui: "Então 65% das pessoas envolvidas em acidentes estão sóbrias". O que você acha dessa conclusão?
2. Outra pessoa conclui: "Então é mais seguro dirigir embriagado". O que você acha dessa conclusão?

Assim como as chamadas *fake news* (notícias falsas), que circulam principalmente nas redes sociais, também devemos tomar cuidado com as conclusões equivocadas que são tiradas com base em determinadas informações. Como no exemplo acima, existem gráficos estatísticos que são enganosos (intencionalmente ou não).

Vamos considerar algumas situações.

1ª situação

Em uma pesquisa para representante de turma, o resultado foi apresentado por meio do gráfico de setores em 3D ao lado, em que A, B, C, D, E e F são os candidatos.

Não há nada de errado no gráfico, mas a perspectiva utilizada nesse tipo de gráfico pode causar uma percepção equivocada da proporção representada. Observe que o candidato D (13% da preferência) tem, devido ao próprio desenho, uma porção do gráfico acentuadamente maior do que a do candidato C (12% da preferência). Isso ficaria mais evidente se não tivessem escritos os percentuais no gráfico.

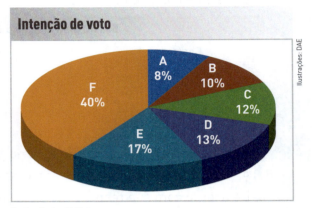

Fonte: Dados fictícios.

Responda:
1. No gráfico anterior, compare a porção representada pelo candidato E com a porção representada pelos candidatos A e B juntos. Esse gráfico não dá a percepção de que E é maior que A e B juntos?

2ª situação

Observe o gráfico a seguir, feito com base no levantamento do faturamento de uma empresa nos dois semestres de um determinado ano. No primeiro semestre havia um diretor responsável, e no segundo semestre esse diretor foi substituído por outro.

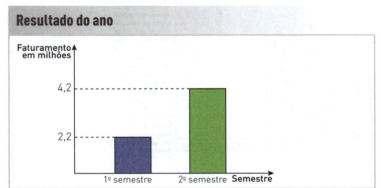

Fonte: Dados fictícios.

Você conseguiu perceber alguma coisa errada no gráfico?

No 1º semestre o faturamento foi de 2,2 milhões e no 2º semestre esse faturamento passou a ser de 4,2 milhões. É evidente que o faturamento do 2º semestre foi maior do que o faturamento do 1º semestre. Entretanto, observe que a coluna do gráfico que representa o faturamento do 2º semestre tem altura maior do que o dobro do faturamento do 1º semestre.

Uma forma de você observar que esse gráfico não está correto é observar que os valores dos faturamentos devem ser proporcionais às medidas das alturas das duas colunas. Assim, se a altura da coluna que representa o 1º semestre for 1 cm, você poderá calcular a altura que deverá ter a coluna do 2º semestre, isto é:

$$\frac{1\text{ cm}}{2{,}2\text{ milhões}} = \frac{x}{4{,}2\text{ milhões}}$$

$$\frac{4{,}2}{2{,}2} = x \longrightarrow x \cong 1{,}91\text{ cm}$$

Outra maneira é fazermos o gráfico utilizando planilhas eletrônicas sem a manipulação dos valores.

3ª situação

Juliana foi convidada a trabalhar em uma pequena empresa que era formada por 10 trabalhadores, um dos quais era o dono. Ela recebeu uma informação por escrito que dizia o seguinte:

Somos 10 pessoas, e no último mês o salário médio foi de R$ 5.220,00.

Juliana tinha a pretensão de ganhar em torno de R$ 4.000,00 por mês. Considerando apenas a questão de salário, a informação que ela recebeu é suficiente para garantir que terá o salário esperado?

Cuidado!

O fato de o salário médio ser R$ 5.220,00 pode representar uma distorção. Para exemplificar, é possível, por exemplo, que nessa empresa os salários sejam os seguintes:

Quantidade de pessoas	Salário recebido
1	R$ 27.000,00
4	R$ 2.500,00
3	R$ 3.200,00
2	R$ 2.800,00
Total	R$ 52.200,00

- Vamos calcular a média M desses salários:

$$M = \frac{1 \cdot 27\,000 + 4 \cdot 2\,500 + 3 \cdot 3\,200 + 2 \cdot 2\,800}{1 + 4 + 3 + 2}$$

$$M = \frac{27\,000 + 10\,000 + 9\,600 + 5\,600}{10}$$

$$M = \frac{52\,200}{10} \longrightarrow M = 5\,220{,}00$$

- Note que a média está correta, porém esse valor médio contém a distorção de ter uma pessoa que ganha um valor bem acima dos demais funcionários. Sendo assim, é possível que Juliana não consiga ganhar o valor que ela espera.

Atividades

1. Após a realização de uma pesquisa sobre o tipo de filme a que cada pessoa gosta de assistir, foi apresentado o gráfico de setores ao lado. O que está errado nesse gráfico?

2. No quadro abaixo estão indicadas as quantias que cada pessoa possui no bolso.

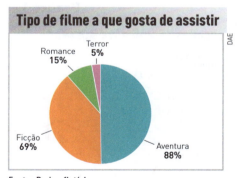

Fonte: Dados fictícios.

Analise a frase a seguir, escrevendo se concorda ou não com ela, e justifique:

Os cinco amigos têm em média R$ 22,20.

155

3 A escola estava na semana em que seria escolhido o representante dos alunos para participar de uma discussão estadual a respeito de possíveis mudanças em relação aos horários de realização de atividades de Educação Física. Três candidatos estavam participando dessa escolha. Após a conclusão de uma pesquisa sobre como os alunos votariam, foi elaborado o gráfico a seguir:

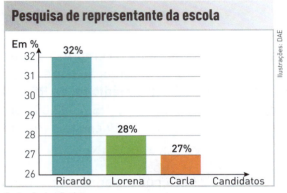

Fonte: Dados fictícios.

Há nesse gráfico uma tendência a considerar que o candidato Ricardo está muito à frente dos demais. Responda:

a) Qual é o motivo dessa percepção?

b) O que seria adequado fazer?

4 Rogério assumiu a direção de vendas de automóveis usados de uma concessionária em janeiro. No início do mês de dezembro do mesmo ano, ele resolveu apresentar aos donos da empresa um gráfico sobre o desempenho das vendas. Solicitou, então, que fosse feito o levantamento mês a mês do total de vendas e, com base nos dados obtidos, elaborou o gráfico 1.

Entretanto, com as mesmas informações, ele decidiu apresentar o gráfico com os dados de vendas a cada dois meses. Para isso, ele iria retirar do gráfico as linhas tracejadas em vermelho, como indicado no gráfico 2.

Analise essa escolha e responda:

a) O que foi omitido, por exemplo, sobre os meses de janeiro a fevereiro e de setembro a outubro?

b) De acordo com o gráfico alterado, qual é a tendência para as vendas no mês de dezembro?

c) De acordo com o gráfico original, qual seria a tendência para as vendas no mês de dezembro?

De olho no legado

Escritores indígenas

Quando falamos em cuidados com informações divulgadas, também devemos prestar atenção nas informações não divulgadas, que incluem aquelas com baixo índice de divulgação. Você já parou para pensar sobre os escritores indígenas? A literatura indígena brasileira existe e conta com obras escritas por índios e não índios.

A literatura indígena aborda histórias, relatos, diários e também possui público-alvo: adulto, infantil, infanto-juvenil etc. Alguns textos servem de inspiração para filmes e documentários, e o contrário também ocorre.

Crianças da etnia kalapalo no pátio da aldeia Aiha. Querência (MT), jun. 2018.

Veja o título de algumas obras da literatura indígena:

- A terra sem males: mito guarani
- Das crianças ikpeng para o mundo marangmotxíngmo mïrang
- Maíra
- O Karaíba: uma história do pré-Brasil
- Sepé Tiaraju: romance dos sete povos das missões
- Wamrêmé Za'ra: nossa palavra – mito e história do povo xavante, de Sereburã

O povo indígena brasileiro tem mais de 500 anos de história, que vem sendo escrita ainda nos dias atuais. Para além dos escritores brasileiros que fizeram história com suas grandes obras fora do contexto indígena, aqueles que escrevem sobre a trajetória indígena também contribuem para nossa riqueza literária.

1. Você já leu alguma obra indígena? Qual? Compartilhe sua opinião com os colegas.
2. Pesquise alguma obra literária indígena e apresente o resultado aos colegas. Sua pesquisa deve conter o nome da obra, a autoria e um resumo da história.

Professores em foco

A população brasileira pode ser classificada de diversas maneiras. Na educação podemos falar, por exemplo, em educação na cidade e educação no campo. Os professores que compõem cada uma dessas vertentes carregam consigo trajetórias distintas, com diferentes motivações para o exercício do magistério.

As escolas do campo, muitas vezes afastadas da cidade, cujo público-alvo são crianças e adolescentes que nascem no contexto rural, são sustentadas por profissionais com interessantes trajetórias de vida.

[...]

Professores do campo ainda são desconhecidos, a docência nestes espaços é desvalorizada e permanece oculta aos nosso saberes. Mas defendo a tese de que ela possua elementos que se baseiam em um forte comprometimento com a educação. Amparam-se nas lutas cotidianas por vitórias imensamente pequenas, imensas em sua pequenez e precisam ser conhecidos seus medos, desafios e anseios para que se ampliem os conhecimentos sobre a educação brasileira, pois ela acontece em locais ainda escondidos e pouco iluminados pela reflexão.

[...]

A docência se constitui inicialmente com base naquilo que sabemos ou imaginamos que seja a docência, a educação. Isso porque nossas primeiras concepções sobre estas questões são forjadas desde o momento em que entramos em uma escola. E o que se pensa sobre a escola? A memória realiza um trabalho de resgatar ideias incrustadas solidamente em nosso entendimento. As memórias e as histórias que a memória evoca explicam a origem de nossas crenças e sentimentos.

[...]

Juliana P. de Araujo e Rosa Maria M. A. de Oliveira. *A docência em uma escola do campo*: narrativas de seus professores. São Carlos, 2009. 169 f. Tese (Doutorado em Educação) – Centro de Educação e Ciências Humanas, Universidade Federal de São Carlos. Disponível em: <https://repositorio.ufscar.br/bitstream/handle/ufscar/2228/2743.pdf?sequence=1>. Acesso em: nov. 2018.

1. Pergunte a seus professores o que os levou a exercer essa profissão e reflita sobre as respostas obtidas.
2. Você já cogitou a hipótese de escolher a docência como profissão? Por quê? Discuta sua resposta com os colegas.

CAPÍTULO 15
Pesquisas e tratamento da informação

Construção de gráficos com base em dados

Em uma pesquisa ou mesmo na divulgação de dados diversos sobre determinado assunto, a utilização de gráficos estatísticos é um recurso que, entre outras coisas, possibilita uma leitura rápida do que seriam textos maiores, facilita o entendimento das informações e desperta o interesse para a notícia ou a informação nele contida.

Para exemplificar, a Copa do Mundo de futebol de 2018, realizada na Rússia, foi vencida pela equipe da França. Fazendo o levantamento dos países que já foram campeões mundiais, podemos compor a tabela ao lado.

Note que a tabela é um bom recurso para informar os países e a quantidade de títulos que cada um conquistou. Entretanto, observe o gráfico a seguir.

| Campeões mundiais de futebol ||
Países	Número de títulos mundiais
Brasil	5
Itália	4
Alemanha	4
Argentina	2
Uruguai	2
França	2
Inglaterra	1
Espanha	1

Fonte: Fifa.

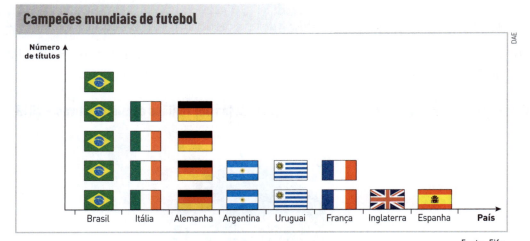

Fonte: Fifa.

Esse é um **gráfico pictórico**. Ele utiliza imagens para representar os dados. No exemplo, a quantidade de bandeiras de cada país indica o número de títulos que foram conquistados.

Responda:
1. Em sua opinião, o que é mais atraente para informar um leitor sobre os países que foram campeões e a quantidade de títulos que cada um obteve: a tabela ou o gráfico pictórico?
2. Quais tipos de gráficos você conhece?

A escolha do gráfico que deve ser utilizado em cada situação exige um pouco mais de experiência com a manipulação de dados estatísticos. Para os principais gráficos (barras, linhas e setores) normalmente recomendam-se:
- **gráfico de barras** (horizontais ou verticais) – são utilizados, de modo geral, quando se deseja comparar valores ou dados lado a lado;
- **gráfico de setores** – são utilizados, de modo geral, quando a ideia é comparar um dado com outro dado e também com o todo;
- **gráfico de linhas** (segmentos) – são utilizados quando se deseja visualizar tendências ou comportamentos ao longo do tempo.

Nem sempre há tanto rigor em relação ao tipo de gráfico que é empregado. Observe a seguir um gráfico que foi extraído de uma página da internet.

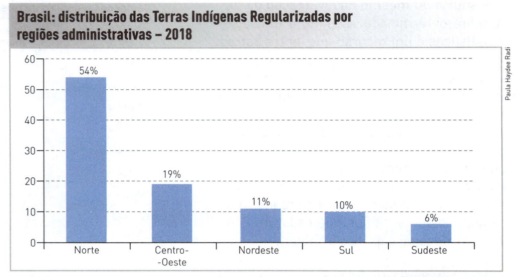

Fonte: Funai, 2018. Disponível em: <www.funai.gov.br/index.php/indios-no-brasil/terras-indigenas>. Acesso em: ago. 2018.

Embora as informações estejam claras, poderíamos, com base nesse gráfico e em suas informações, elaborar um gráfico de setores como este:

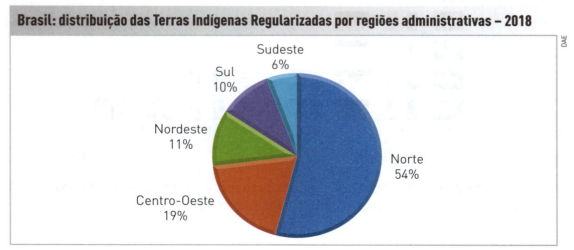

Fonte: Funai, 2018.

Note que, se o círculo completo representa o total de terras indígenas regularizadas, então a comparação visual dos setores que indicam as regiões brasileiras fica evidente não apenas entre as regiões mas também em relação ao todo.

Atividades

1) Junte-se a um colega para elaborar um gráfico. Sigam as instruções:

   1. Utilizem uma calculadora, um transferidor e um compasso.
   2. No quadro abaixo estão as regiões brasileiras e suas áreas aproximadas (arredondadas para a unidade de milhar mais próxima). Copiem o quadro e completem-no com os dados que faltam.

Região	Área aproximada (km²)	Percentual	Ângulo do setor
Centro-Oeste	1 605 000		
Nordeste	1 554 000		
Norte	3 853 000		
Sudeste	925 000		
Sul	576 000		
Brasil	8 513 000	100%	360°

Lembre-se que os percentuais devem ser aproximados para que a soma resulte 100%. Isso também deve ser aplicado às medidas dos ângulos, cuja soma deve ser 360°.

   3. Elaborem um gráfico com base nos dados da tabela. Escolham o tipo de gráfico mais adequado para representar os dados. Utilizem uma legenda com as cores para representar cada região.

2) O gráfico ao lado é de colunas agrupadas (barras verticais agrupadas) e representa o faturamento da empresa de Carlos ao longo dos anos 2017 e 2018.

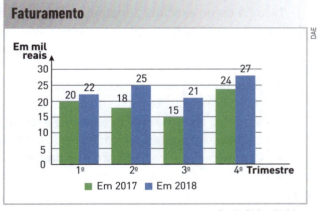

Fonte: Dados fictícios.

No caderno, elabore uma tabela de dupla entrada com os dados desse gráfico. Antes, pesquise o que é uma tabela de dupla entrada.

3) Utilize as informações da atividade anterior e elabore um gráfico escolhendo o tipo mais adequado para mostrar o faturamento da empresa de Carlos ao longo de 2017 e de 2018. Utilize uma cor para cada ano.

Junte-se a um colega para fazer as atividades 4 e 5.

4) Sigam as instruções a seguir.

   1. Pesquisem em jornais, revistas ou *sites* a utilização de gráficos estatísticos.
   2. Selecionem quatro gráficos: um de setor, um de segmento, um de barras (verticais ou horizontais) e um pictórico.
   3. Organizem esses gráficos e os apresentem para os demais colegas.

161

5 Sigam as instruções abaixo para construírem um gráfico utilizando planilhas eletrônicas.

1. Cada dupla deverá escolher, dos gráficos selecionados na atividade anterior, um gráfico de setores, um gráfico de linha, um gráfico de barras (horizontais ou verticais) e um gráfico pictórico.
2. Utilizando planilhas eletrônicas, cada dupla deverá reproduzir tais gráficos.
3. Observem a seguir os passos para acessar e elaborar, em uma planilha eletrônica, tais gráficos.
   - Primeiramente, escrevam na planilha eletrônica os dados que aparecem no gráfico e os selecionem.
   - Com os dados selecionados, escolham o tipo de gráfico que desejam na aba **Inserir**.
   - Não se esqueçam de colocar o título do gráfico e dos eixos, além da fonte.
4. Cada dupla deverá imprimir e apresentar os gráficos construídos para os demais colegas.

Efetuando pesquisas

Agora que você já conhece um pouco melhor os gráficos estatísticos e sabe como construí-los com base em dados e informações, poderá também se colocar no lugar de um pesquisador. Você fará, com os colegas, uma pesquisa.

Antes, porém, vamos retomar algumas etapas, vistas no volume anterior, importantes para uma pesquisa. Leia com atenção!

- **Definição do tema da pesquisa**

Para fazer a pesquisa, é preciso haver uma motivação, uma curiosidade ou mesmo um problema a ser resolvido.

- **Planejamento e execução**

Não há como executar uma pesquisa sem inicialmente pensar como ela será feita. Nesse sentido, algumas perguntas precisam ser respondidas na fase de planejamento:
- Como essa pesquisa será feita? Será por meio de questionário?
- Quem fará a pesquisa?
- Qual população será pesquisada?
- Haverá uma amostra a ser pesquisada? Como ela será selecionada: amostra casual simples, amostra sistemática ou amostra estratificada?

Com essas respostas em mãos, é possível fazer a coleta de dados.

- **Organização e verificação dos dados**

Após encerrar a coleta de dados, eles deverão ser computados, organizados em tabelas, verificados quanto à ocorrência de erros.

- **Apresentação**

Como os dados serão apresentados para que as pessoas possam acessar? Que tipo de tabela será utilizada ou que tipo de gráfico é o mais apropriado para organizar o resultado da pesquisa?

- **Análise da pesquisa**

Como pesquisador que participou de todas as etapas da pesquisa, você precisa contribuir com uma conclusão. Essa conclusão pode ser um relatório que faça uma análise das informações, observando aspectos como as medidas de tendência central (média, moda ou mediana) e, caso achar conveniente, a amplitude dos dados.

Responda:
1. Além dos tópicos comentados acima, quais outras ideias você acha importante considerar em uma pesquisa?

 **Conviver**

Esta atividade deve ser feita em grupos de até seis alunos. Exigirá de todos um comprometimento muito grande, pois o resultado possibilitará conhecer um pouco melhor a realidade das pessoas que vivem em sua comunidade. Leia atentamente as instruções a seguir, sobre como esta pesquisa deve ser feita.

1 Abaixo estão alguns dos problemas sociais que normalmente as pessoas abordam em conversas, solicitando que os governantes os tratem com mais atenção.

SEGURANÇA	PRECONCEITO	DESEMPREGO
SANEAMENTO BÁSICO	SAÚDE	*BULLYING*
FOME	EDUCAÇÃO	CORRUPÇÃO

2 As equipes devem analisar esses problemas e, caso queiram, acrescentar outro que represente um problema social na comunidade que pode ser objeto de pesquisa.

3 Cada equipe deve escolher um desses problemas para pesquisar na comunidade. Nada impede que um mesmo problema seja escolhido por uma ou mais equipes, embora seja mais interessante que cada equipe fique responsável por pesquisar um problema diferente.

4 Após escolher o tema, iniciem a etapa de planejamento da pesquisa. Cada equipe deve proceder da seguinte maneira:

- pesquisar as discussões sobre o tema levantadas por veículos de comunicação digital para verificar como o assunto é abordado por outras pessoas;
- decidir quais e quantas pessoas da comunidade deverão responder à pesquisa, justificando a escolha;
- decidir quais perguntas serão feitas sobre o tema selecionado. São essas perguntas que possibilitarão tirar conclusões sobre como as pessoas pensam.

5 Após o planejamento da pesquisa, inicia-se a execução, com a coleta de dados.

6 Terminada a coleta de dados, será necessário organizá-los. Isso deve ser feito em sala de aula. É a fase do tratamento das informações, na qual cada equipe deve:

- criar tabelas;
- elaborar gráficos estatísticos utilizando malha quadriculada ou planilhas eletrônicas. Esses gráficos podem ser de setor, de linha, de barra (horizontal ou vertical) ou pictórico;
- escrever um relatório com as conclusões da pesquisa, as dificuldades enfrentadas, impressões obtidas etc.

7 Cada equipe deve apresentar o resultado da pesquisa para os demais colegas.

Retomar

1 Determine a alternativa que indica corretamente o tipo do gráfico estatístico representado abaixo.

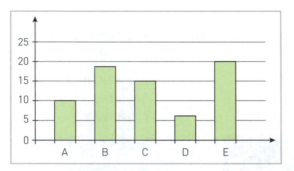

a) gráfico de linhas
b) gráfico de setores
c) gráfico de barras
d) histograma

2 No gráfico a seguir, esqueceram de incluir o percentual correspondente ao item "bom". Qual alternativa indica o valor que falta?

Fonte: Dados fictícios.

a) 40%
b) 50%
c) 60%
d) 45%

3 Três amigos estão reunidos. Um deles tem 15 anos de idade, o outro, 20 anos e o terceiro, 18. A média das idades desses três amigos é:

a) mais próxima de 18 anos.
b) mais próxima de 15 anos.
c) mais próxima de 20 anos.
d) maior que 18 anos.

4 Em uma pesquisa feita com 200 pessoas, 10% não responderam, 30% disseram "não" e o restante disse "sim". Quantas pessoas disseram "sim"?

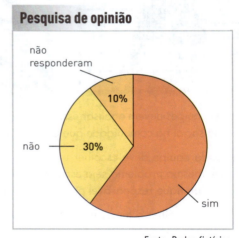

Fonte: Dados fictícios.

a) 100 pessoas
b) 120 pessoas
c) 40 pessoas
d) 60 pessoas

5 Ainda sobre os dados da atividade anterior, determine a alternativa que contém o número de pessoas que não responderam à pesquisa.

a) 100 pessoas
b) 120 pessoas
c) 40 pessoas
d) 20 pessoas

6 Este histograma foi construído com base no tempo de duração do atendimento de um caixa de banco ao longo de um dia, contando o tempo de espera para ser atendido. Observe-o e responda às questões.

Fonte: Dados fictícios.

a) Em quantas classes a variável "duração" está dividida?
b) Qual é a medida de cada classe?
c) Qual é a classe com maior frequência?
d) Quais classes têm frequência zero?

7 Em uma questão de múltipla escolha formada por cinco respostas, se alguém responder à questão aleatoriamente, a probabilidade de a resposta estar certa é:

a) $\frac{2}{3}$.

b) $\frac{2}{5}$.

c) $\frac{1}{3}$.

d) $\frac{1}{5}$.

8 Dos 1 000 participantes de determinado programa de TV, apenas uma pessoa será escolhida para desempenhar um papel em um comercial. Sabe-se que essa pessoa será escolhida aleatoriamente. Ana é uma das 1 000 pessoas. A probabilidade de ela ser escolhida é:

a) maior que 10%.
b) maior que 5% e menor que 10%.
c) entre 1% e 2%.
d) menor que 1%.

9 Em um concurso, Pedro tem de responder a três questões escrevendo **V** para verdadeira ou **F** para falsa em cada uma. O número de possíveis maneiras que ele pode apresentar as respostas é:

a) 1.
b) 2.
c) 4.
d) 8.

10 Ainda em relação à atividade 9, qual é a probabilidade de Pedro acertar as três questões respondendo a cada uma delas aleatoriamente?

a) $\frac{1}{4}$

b) $\frac{1}{8}$

c) $\frac{1}{2}$

d) $\frac{1}{3}$

11 Observe o gráfico resultante de uma pesquisa feita com os habitantes de uma cidade sobre a intenção de gastos para as compras de fim de ano. Após observar o gráfico, elabore uma tabela e uma frase que reflita a sua interpretação das informações.

Fonte: Dados fictícios.

12 Dentro de uma caixa há 3 bolas pretas, 5 bolas azuis e 10 bolas brancas. Todas as bolas têm o mesmo tamanho. Uma pessoa vai retirar uma bola da caixa sem olhar. Determine a probabilidade de que essa bola retirada seja da cor:

a) preta; **b)** azul; **c)** branca.

13 Ainda em relação à atividade 12, considere que a pessoa retirará sucessivamente duas bolas sem reposição. Qual é a probabilidade de a primeira bola ser preta e a segunda bola ser azul?

a) $\dfrac{15}{306}$

b) $\dfrac{15}{324}$

c) $\dfrac{5}{306}$

d) $\dfrac{5}{324}$

14 Se houvesse a reposição da primeira bola na situação da atividade 12, qual seria a probabilidade de a primeira bola ser preta e a segunda bola ser azul?

a) $\dfrac{15}{306}$

b) $\dfrac{15}{324}$

c) $\dfrac{5}{306}$

d) $\dfrac{5}{324}$

15 **(Obmep)** O gráfico mostra o resultado da venda de celulares pela empresa Baratocel no ano de 2010. Qual foi o preço médio, em reais, dos celulares vendidos nesse ano?

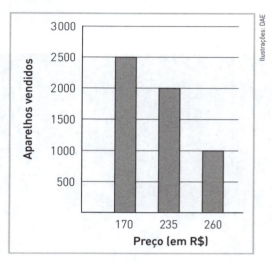

a) 180
b) 200
c) 205
d) 210
e) 220

16 **(Obmep)** A figura mostra o resultado de uma pesquisa sobre a aquisição de eletrodomésticos da qual participaram 1 000 pessoas. Com base nesses dados, pode-se afirmar que o número de pessoas que possuem os dois eletrodomésticos é, no mínimo:

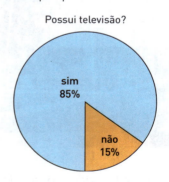

a) 500
b) 550
c) 650
d) 700
e) 800

Ampliar

Mania de Matemática 2,
de Ian Stewart (Zahar).

Este livro é baseado em artigos sobre jogos e enigmas matemáticos que o autor escreveu para a revista *Scientific American*. O texto pretende entreter o leitor mostrando que a Matemática pode ser atraente e divertida, por meio de temas como gráficos, probabilidade e divisão justa de um bolo (ilustração da capa do livro), além de problemas ainda não solucionados pelos matemáticos.

UNIDADE

Catedral de São Raimundo Nonato, Piauí.

 Os triângulos vistos em algumas construções podem ter sido usados por questões estéticas e estruturais. Um famoso teorema da Matemática relaciona as medidas dos lados de um triângulo retângulo.

Relações métricas, construções e plano cartesiano

Universidade Jiao Tong de Xangai, China.

1 Qual é a medida do maior lado de um triângulo retângulo cujos lados que formam o ângulo reto medem 1 cm cada?

2 Se os lados de um triângulo medem 3 cm, 4 cm e 5 cm, esse triângulo é retângulo?

CAPÍTULO 16

O triângulo retângulo

Relações métricas no triângulo retângulo

Já falamos do teorema de Tales, que relaciona medidas de segmentos obtidos com retas paralelas interceptadas por retas transversais em um mesmo plano. Agora, veremos outro teorema, um dos mais conhecidos na Matemática: o **teorema de Pitágoras**.

Posicionado no centro da figura está um triângulo retângulo. Uma forma de interpretar o teorema de Pitágoras está relacionada com os três quadrados construídos: a soma da área dos dois quadrados menores é igual à área do quadrado maior. Observe que as medidas dos lados dos três quadrados são as medidas correspondentes a dos lados do triângulo retângulo.

Utilize uma régua para desenhar um triângulo retângulo em que os lados que formam o ângulo reto tenham medidas 3 cm e 4 cm. Em seguida, responda:
1. Qual é a medida do lado do triângulo oposto ao ângulo reto?
2. Quais são as áreas de um quadrado com lados de 3 cm e outro com lados de 4 cm?
3. Qual é a área do quadrado construído com base no lado com maior medida do triângulo retângulo?

Iniciamos agora o estudo do triângulo retângulo observando as relações métricas dessa figura geométrica.

Você já observou um esquadro?

A forma do esquadro lembra a de um triângulo. Observando melhor, percebemos que o triângulo do esquadro tem um ângulo reto. Esse tipo de triângulo é classificado como **triângulo retângulo**.

Os lados que formam o ângulo reto em um triângulo retângulo são chamados **catetos**, ao passo que o lado oposto ao ângulo reto é denominado **hipotenusa**. Como a soma da medida dos ângulos internos de um triângulo é 180°, temos, além do ângulo reto, dois ângulos cuja soma das medidas é 90°. Esses dois ângulos são ditos **complementares**.

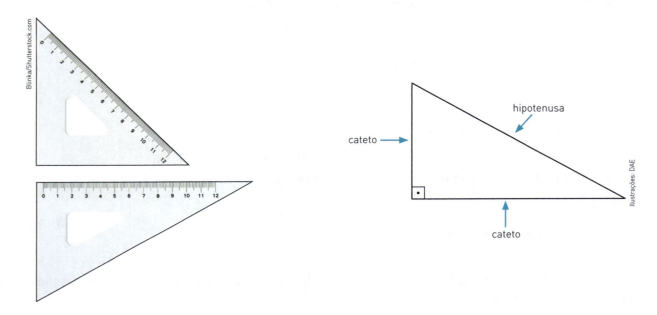

Quando traçamos a altura do triângulo relativa à hipotenusa, ficam determinados nela dois segmentos, denominados **projeções ortogonais dos catetos sobre a hipotenusa**.

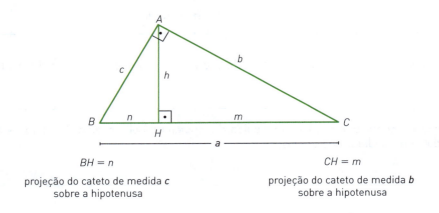

$BH = n$
projeção do cateto de medida *c* sobre a hipotenusa

$CH = m$
projeção do cateto de medida *b* sobre a hipotenusa

Ao traçar a altura relativa à hipotenusa, dividimos o triângulo retângulo em dois outros triângulos, que também são retângulos, pois possuem um ângulo reto. Além disso, esses dois triângulos são semelhantes entre si e ao triângulo inicial. Conhecendo essas semelhanças, vamos obter algumas relações métricas entre as medidas dos catetos, da hipotenusa e também das projeções dos catetos e da altura traçada. Uma dessas relações é o teorema de Pitágoras.

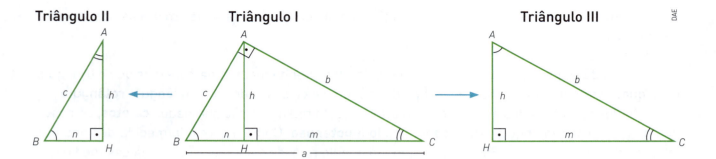

- Observando a semelhança entre os triângulos I e II, temos:

$$\frac{a}{c} = \frac{b}{h} = \frac{c}{n}$$

- Da semelhança entre os triângulos I e III, temos:

$$\frac{a}{b} = \frac{b}{m} = \frac{c}{h}$$

Dessas proporções, obtemos:

$$c^2 = a \cdot n; \quad b^2 = a \cdot m \quad e \quad a \cdot h = b \cdot c.$$

- Observando a semelhança entre os triângulos II e III, temos:

$$\frac{c}{b} = \frac{h}{m} = \frac{n}{h}$$

Dessa proporção, obtemos:

$$h^2 = m \cdot n.$$

Veja a seguir duas relações métricas que envolvem um cateto, a hipotenusa e a projeção do cateto sobre a hipotenusa.

> Em um triângulo retângulo, o quadrado da medida de um cateto é igual ao produto das medidas da hipotenusa e da projeção desse cateto sobre a hipotenusa.
>
> $$c^2 = a \cdot n \qquad b^2 = a \cdot m$$

A terceira relação envolve as medidas dos dois catetos, da hipotenusa e da altura relativa à hipotenusa.

> Em um triângulo retângulo, o produto da medida da hipotenusa pela medida da altura relativa a ela é igual ao produto das medidas dos catetos.
>
> $$a \cdot h = b \cdot c$$

A quarta relação obtida envolve as medidas da altura relativa à hipotenusa e das projeções dos catetos sobre a hipotenusa.

> Em um triângulo retângulo, o quadrado da medida da altura relativa à hipotenusa é igual ao produto da medida dos segmentos que ela determina sobre a hipotenusa (as projeções dos catetos).
>
> $$h^2 = m \cdot n$$

Observe alguns exemplos da aplicação dessas relações métricas no triângulo retângulo.

Exemplo 1

No triângulo retângulo ABC a seguir, determine, com base nas relações métricas observadas anteriormente, a altura relativa à hipotenusa e também a medida do cateto c.

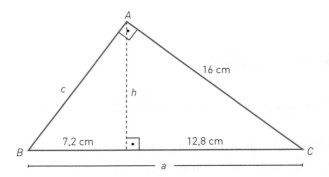

- Como a medida da hipotenusa é a soma das medidas das projeções dos catetos sobre ela, temos:
$$a = 7{,}2 + 12{,}8 \Rightarrow a = 20 \text{ cm}$$

- Por meio das medidas das projeções dos catetos sobre a hipotenusa, determinamos a medida da altura:
$$h^2 = m \cdot n.$$
$$h^2 = 7{,}2 \cdot 12{,}8 = 92{,}16 \Rightarrow h = 9{,}6 \text{ cm}$$

Para calcular a medida do cateto c, podemos fazer:
$$c^2 = a \cdot n.$$
$$c^2 = 20 \cdot 7{,}2 = 144 \Rightarrow c = 12 \text{ cm}$$

Exemplo 2

No triângulo retângulo em A, representado a seguir, determine as medidas dos catetos b e c e também a medida da altura relativa à hipotenusa.

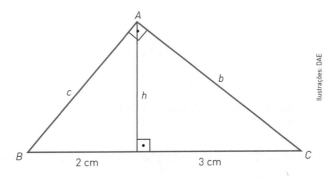

- A medida da hipotenusa é a soma das medidas das projeções dos catetos sobre ela, isto é:
$$a = 2 + 3 \Rightarrow a = 5 \text{ cm}$$

- Conhecendo a hipotenusa e também as projeções dos catetos, podemos determinar as medidas dos catetos:

$$c^2 = a \cdot n \qquad b^2 = a \cdot m$$
$$c^2 = 5 \cdot 2 \quad \text{e} \quad b^2 = 5 \cdot 3$$
$$c^2 = 10 \Rightarrow c = \sqrt{10} \text{ cm} \qquad b^2 = 15 \Rightarrow b = \sqrt{15} \text{ cm}$$

- Para determinar a medida da altura relativa à hipotenusa, podemos utilizar a relação:

  $a \cdot h = b \cdot c$.
  $5 \cdot h = \sqrt{15} \cdot \sqrt{10}$
  $h = \dfrac{\sqrt{150}}{5} = \dfrac{\sqrt{25 \cdot 6}}{5} = \dfrac{5\sqrt{6}}{5} \Rightarrow h = \sqrt{6}$ cm

 Atividades

1 Em um triângulo retângulo, a hipotenusa mede 25 cm e os catetos medem 20 cm e 15 cm. Determine:

a) a medida da altura do triângulo em relação à hipotenusa;

b) a medida da projeção do cateto que mede 20 cm sobre a hipotenusa;

c) a medida da projeção do cateto que mede 15 cm sobre a hipotenusa.

2 Junte-se a um colega para esta atividade.

Em uma folha de papel, desenhem o triângulo retângulo conforme as medidas indicadas na atividade anterior. Sigam as instruções:

Instruções

I. Desenhem os dois catetos de medidas 20 cm e 15 cm. Feito isso, tracem a hipotenusa.

II. Representem nesse desenho a altura relativa à hipotenusa.

III. Indiquem no desenho as projeções ortogonais dos catetos sobre a hipotenusa.

IV. Em seguida, com uma régua, verifiquem as medidas da altura traçada e das projeções dos catetos sobre a hipotenusa.

3 No triângulo retângulo ABC, AC = 12 cm e BC = 24 cm. Determine as medidas de:

a) n

b) m

c) h

d) c

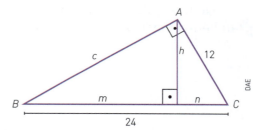

4 Utilize compasso e régua para construir a figura geométrica descrita a seguir.

Instruções

I. Com o auxílio de um compasso, desenhe em uma folha uma circunferência de raio 8 cm.

II. Trace nessa circunferência um diâmetro, indicando os extremos por A e B.

III. Escolha um ponto qualquer dessa circunferência diferente dos pontos A e B. Denomine esse ponto de C.

IV. Com o auxílio de uma régua, trace dois segmentos: um ligará os pontos A e C, outro, os pontos B e C.

V. Apresente a sua construção para os demais colegas e responda: O triângulo ABC é retângulo?

174

Teorema de Pitágoras

Agora que você já conhece algumas relações métricas em um triângulo retângulo, podemos enunciar o famoso teorema de Pitágoras e sua recíproca:

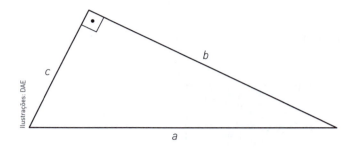

Em todo triângulo retângulo, o quadrado da medida da hipotenusa é igual à soma dos quadrados das medidas dos catetos.

Com base nesse teorema, no triângulo retângulo representado acima, temos:

$$a^2 = b^2 + c^2$$

A recíproca do teorema de Pitágoras também é verdadeira e pode ser assim enunciada:

Se, em um triângulo, o quadrado da medida do maior lado é igual à soma dos quadrados das medidas dos outros dois lados, então esse triângulo é retângulo.

Vamos demonstrar o teorema de Pitágoras segundo as relações métricas vistas anteriormente para um triângulo retângulo. Considere o triângulo retângulo a seguir, em que os catetos medem b e c, a hipotenusa mede a, a altura mede h e as projeções ortogonais dos catetos sobre a hipotenusa estão representadas por m e n.

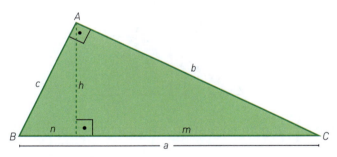

Demonstração

Vimos que as relações a seguir são verdadeiras:

I. $b^2 = a \cdot m$
II. $c^2 = a \cdot n$

- Adicionando esses duas igualdades membro a membro, considerando que $a = m + n$, temos:

$$b^2 + c^2 = a \cdot m + b \cdot n$$
$$b^2 + c^2 = a \cdot (m + n)$$
$$b^2 + c^2 = a \cdot a \Rightarrow a^2 = b^2 + c^2$$

Considere um triângulo retângulo isósceles em que a medida dos catetos é 1 cm.
1. Utilizando o teorema de Pitágoras, determine a medida da hipotenusa desse triângulo.
2. Essa medida é representada por um número racional?

A seguir, apresentamos algumas situações em que é usado o teorema de Pitágoras. Essas situações estão resolvidas e é importante que você leia atentamente cada uma delas, observando os procedimentos utilizados.

1ª situação

Expressar a medida da diagonal d do quadrado representado a seguir em função da medida x de seu lado.

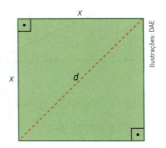

- Como a diagonal divide o quadrado em dois triângulos retângulos, basta aplicar o teorema de Pitágoras.

$$d^2 = x^2 + x^2 \Rightarrow d^2 = 2x^2 \Rightarrow d = \sqrt{2x^2} \Rightarrow d = x\sqrt{2}$$

2ª situação

Obter a altura de um triângulo equilátero considerando que cada lado mede 6 cm.

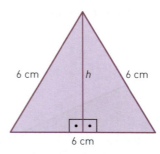

- Como a altura divide o triângulo equilátero em dois triângulos retângulos, temos:

$$6^2 = h^2 + 3^2 \Rightarrow 36 - 9 = h^2 \Rightarrow h^2 = 27 \Rightarrow h = \sqrt{9 \cdot 3} \Rightarrow h = 3\sqrt{3} \text{ cm}$$

3ª situação

Os três quadrados que compõem a figura ao lado foram construídos admitindo como medida de seus lados a medida da hipotenusa e dos catetos do triângulo retângulo. Determine a área A do quadrado menor.

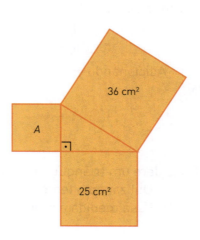

- Pelo teorema de Pitágoras, a área do quadrado construído sobre a hipotenusa é igual à soma da área dos quadrados construídos sobre os catetos. Assim, temos:

$36 = A + 25$
$36 - 25 = A$
$A = 11$

Portanto, a área é de 11 cm².

4ª situação

Um cabo foi esticado entre o topo de duas construções, conforme mostra a figura a seguir. Observando a distância entre as bases dessas construções, determine a medida do cabo representado pelo segmento AB.

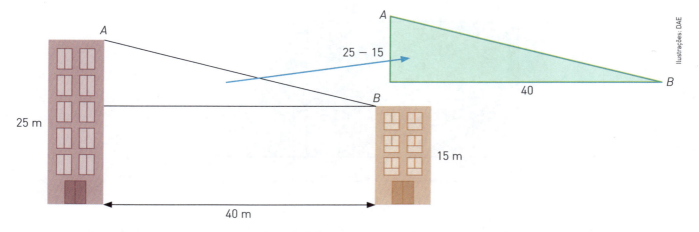

- De acordo com a figura, considerando que as construções formam 90° com o solo, temos o triângulo retângulo destacado em verde.

  Aplicando o teorema de Pitágoras:

  $$(AB)^2 = (25 - 15)^2 + 40^2$$
  $$(AB)^2 = 100 + 1\,600$$
  $$(AB)^2 = 1\,700$$
  $$AB = \sqrt{100 \cdot 17} \Rightarrow AB = 10\sqrt{17} \text{ m}$$

 Atividades

1 Determine, em cada item a seguir, o valor da medida x no triângulo retângulo correspondente.

a)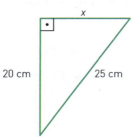

b)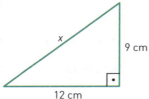

c)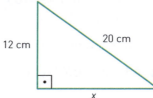

2 Calcule a medida da diagonal de um quadrado considerando que a medida do lado é:

a) 3 cm

b) 5 cm

c) $7\sqrt{2}$ cm

3 Junte-se a um colega e elaborem um problema de uma situação cotidiana que possa ser resolvido utilizando uma das relações métricas do triângulo retângulo. Para enriquecer o problema, ilustrem-no ou procurem uma imagem que possa ilustrá-lo.

4 Em uma cidade há um campo em forma de trapézio retângulo cujas medidas estão indicadas em metros na figura a seguir. Sabemos as medidas de três lados do campo, porém há uma medida que precisa ser determinada. Qual é, em metros, essa medida?

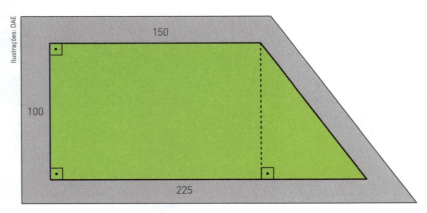

5 Junte-se a um colega e faça o que se pede:

a) A diagonal de um quadrado mede $10\sqrt{2}$ cm. Qual é a medida do lado desse quadrado?

b) O perímetro de um retângulo é 68 cm. Um dos lados desse retângulo mede 10 cm. Calculem a medida da diagonal desse retângulo.

c) As medidas das diagonais de um losango são 20 cm e 48 cm. Calculem a medida do lado desse losango.

d) As bases de um trapézio isósceles medem 14 cm e 38 cm, e os lados não paralelos medem 20 cm. Determinem a altura desse trapézio.

6 Elabore um problema para cada situação a seguir.

a) A determinação da medida da diagonal de um quadrado conhecendo a medida de seu lado.

b) A determinação da medida do lado do quadrado conhecendo a medida de sua diagonal.

c) A determinação da medida da diagonal de um retângulo conhecendo as medidas dos lados do retângulo.

d) A determinação da medida de um lado do retângulo conhecendo a medida da diagonal e de um de seus lados.

Em cada problema elaborado, apresente a figura que o representa e também a resolução.

7 A figura *ABCD* é um quadrado. Dele foi retirado outro quadrado cujo lado mede 13 cm. Encontre:

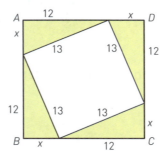

a) a medida indicada por *x*;

b) a área da parte do quadrado *ABCD* que restou ao se retirar o quadrado de lado medindo 13 cm.

8) Na estrutura de telhados são utilizadas peças para sustentação, conhecidas como tesoura. Na imagem ao lado, as peças medem 150 cm e 200 cm. Elas foram colocadas formando um ângulo reto. Qual deverá ser a medida da peça de ligação indicada?

9) No desenho ao lado, o poste tinha inicialmente 9 m de altura. Elabore o enunciado de um problema que explique o que aconteceu com o poste e que peça a determinação da medida x indicada.

10) Considerando que nessa representação cada quadradinho corresponde a 1 quilômetro, determine em linha reta a distância em quilômetros do ponto A ao ponto B. Use a calculadora para apresentar a resposta com aproximação de duas casas decimais.

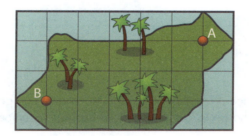

11) Dois navios, **A** e **B**, partem de um mesmo porto em direções diferentes: o navio **A** vai para o norte e o navio **B** para o leste. Considerando que suas velocidades são 30 km/h e 40 km/h, respectivamente, determine a distância aproximada entre os navios após 5 horas.

12) Junte-se a um colega para resolver a seguinte situação:

Observem a ilustração abaixo, que representa uma sala de aula retangular. Imaginem que vocês precisam determinar a distância que vai de um canto inferior da sala até o canto superior oposto, conforme a linha tracejada. Como vocês fariam para calcular essa distância?

De olho no legado

Escola pitagórica

Certa noite, quinhentos anos antes do nascimento de Cristo, um viajante chegava a uma estalagem grega, para ali pernoitar. Durante a noite foi acometido por violento mal. O viajante era pobre e miserável, mas seu hospedeiro, compadecido, tratou-o com desvelo e fez o possível para ajudá-lo a restabelecer-se. Em vão: o estado do doente piorava, e ao perceber ele que iria morrer sem possibilidades de indenizar o estalajadeiro pelos seus esforços, pediu uma lousa, na qual traçou, tão somente com mão trêmula, uma figura geométrica – um pentágono estrelado. Em seguida mandou que o hospedeiro afixasse a lousa à porta de seu estabelecimento; mais dia menos dia haveria de ser recompensado. Logo depois o homem morria.

Escoou-se longo espaço de tempo. Certo dia um viajante que passava descobriu o sinal na estalagem, entrou, indagou do hospedeiro a origem do desenho e recompensou-o, então, prodigamente pela sua caridade.

Assim conta Jâmblico, filósofo, matemático e historiador romano, acrescentando que tanto o viajante como o que dera a recompensa ao estalajadeiro haviam pertencido à escola do grande sábio Pitágoras. Se não é verdade, ao menos foi bem-criado. O episódio pode bem ter sido verdadeiro – a julgar pelo que sabemos desta poderosa e influente escola. Pitágoras, filho da República grega de Samos, nascido cerca de 570 a.C., possivelmente de ascendência fenícia, entregou-se muito cedo a pesquisas científicas, estudou com Fericides e Anaximandro – o grande astrônomo e discípulo de Tales –, a conselho de quem viajou ao Egito. Viveu diversos anos em Tebas ou Mênfis; o Egito ainda era considerado pátria da nova ciência. Após diversos anos de viagem pela Ásia Menor, Pitágoras fixou-se em Samos, sua cidade natal onde, contudo, não conseguiu firmar pé; transportou-se, então, à Sicília, com sua mãe e um aluno, e em seguida a Crotona, colônia dórica na Itália meridional, onde foi bem recebido pelo tirano Milos.

[...]

De início, naturalmente, devemos ocupar-nos da famosa proposição que leva o próprio nome de Pitágoras, e que acompanhou a todos nós durante nossa vida escolar: o teorema de Pitágoras.

[...]

Se construirmos um triângulo e dermos aos lados os comprimentos de 3, 4 e 5 cm, respectivamente, dito triângulo resultará retângulo; o ângulo reto se encontra entre os lados 3 e 4. Além disso, vê-se facilmente que o quadrado construído sobre o lado maior, a "hipotenusa", é precisamente igual à soma dos quadrados formados sobre os outros dois lados, os "catetos" (as áreas). Pois o primeiro mede 5 cm · 5 cm = 25 cm², os outros dois 3 cm · 3 cm = 9 cm² e 4 cm · 4 cm = 16 cm², respectivamente, sendo sua soma igual a 25 cm². Acaso? Um caso particular interessante? Não, pois se construirmos um triângulo de lados 12, 5 e 13 cm, o teorema continuará válido, como facilmente se demonstra.

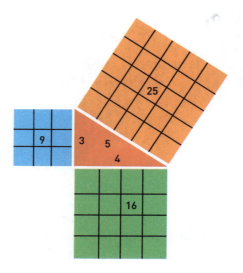

Quando obrigados a demarcar os campos lodosos, após o retraimento das águas do Nilo, os agrimensores egípcios faziam uso prático desta relação, e poderia alguém pensar que nisto se resumisse toda a utilidade do teorema.

Paul Karson. *A magia dos números*. São Paulo: Globo, 1961. p. 89-92.

Há uma generalização do teorema de Pitágoras muito curiosa:

> Se figuras semelhantes são construídas sobre os lados de um triângulo retângulo, a área da figura construída sobre a hipotenusa é igual à soma das áreas das figuras construídas sobre os catetos.

Verifique se essa generalização é verdadeira para a figura a seguir:

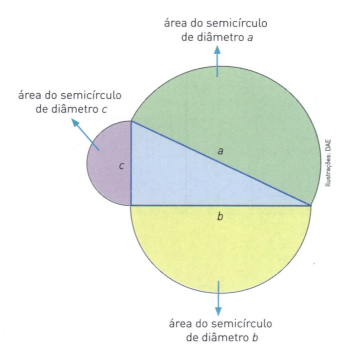

Mostre que a área do semicírculo de diâmetro igual à medida da hipotenusa é igual à soma das áreas dos semicírculos de diâmetros sobre os catetos.

CAPÍTULO 17
O plano cartesiano

Localização de pontos

Ao longo do Ensino Fundamental, você aprendeu algumas noções sobre plano cartesiano (provavelmente como representá-lo e como localizar pontos com base em suas coordenadas).

Vamos retomar algumas das ideias associadas ao plano cartesiano. Observe:

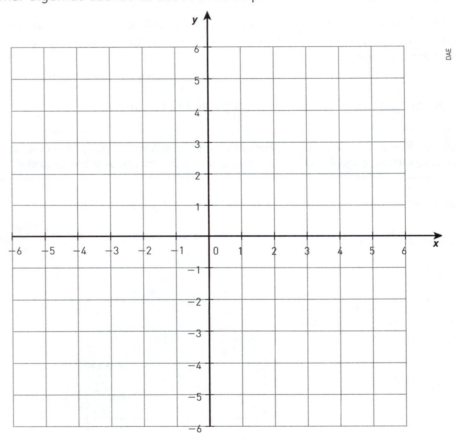

Responda às questões.
1. Os pontos representados pelas coordenadas (3, 5) e (5, 3) têm a mesma localização no plano cartesiano? Por quê?
2. Se um ponto pertence ao 3º quadrante do plano cartesiano, o que sabemos sobre suas coordenadas?

O plano cartesiano é formado por duas retas perpendiculares denominadas eixos coordenados. A reta horizontal recebe o nome de eixo das abscissas (eixo *x*) e a reta vertical recebe o nome de eixo das ordenadas (eixo *y*). Essas retas são numéricas e o ponto de interseção delas é denominado origem do plano cartesiano, o par ordenado (0, 0).

Exemplo

No plano cartesiano abaixo estão representados os pontos *A*, *B*, *C*, *D*, *E* e *F*.

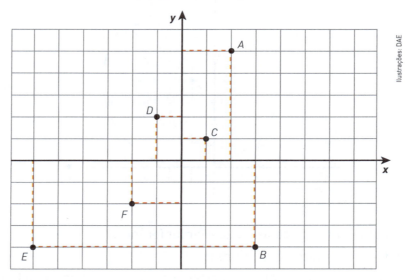

Sobre esses pontos, temos:

Ponto	Abscissa	Ordenada	Par ordenado
A	2	5	(2, 5)
B	3	−4	(3, −4)
C	1	1	(1, 1)
D	−1	2	(−1, 2)
E	−6	−4	(−6, −4)
F	−2	−2	(−2, −2)

Atividades

1) No plano cartesiano a seguir está representado um paralelogramo.

   a) Escreva as coordenadas dos vértices desse paralelogramo.

   b) Em qual quadrante desse plano cartesiano está localizado o centro do paralelogramo?

   c) Qual a é área desse paralelogramo?

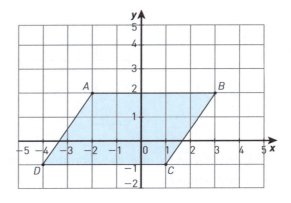

183

2 Em um plano cartesiano foi representada uma circunferência de centro no ponto C conforme a figura a seguir.

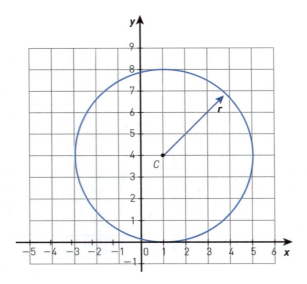

a) Quais são as coordenadas do centro dessa circunferência?
b) Qual é a medida do raio dessa circunferência?
c) Quais são as coordenadas do ponto que pertence à circunferência e que tem a maior abscissa?
d) Quais são as coordenadas do ponto que pertence à circunferência e que tem a maior ordenada?

3 Usando uma folha quadriculada, represente um plano cartesiano e desenhe um quadrado de lado igual a 5 u.c.

Em seguida, responda:
a) Quais são as coordenadas dos vértices desse quadrado?
b) Quais são as coordenadas do centro desse quadrado?

4 Observe o triângulo retângulo ABC no plano cartesiano.

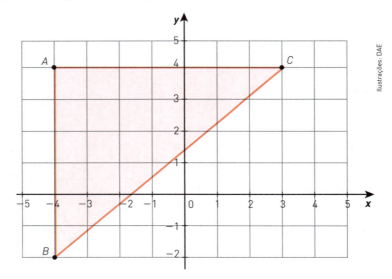

Considerando que cada quadradinho da malha quadriculada mede 1 cm, determine a área desse triângulo.

Cálculo das coordenadas do ponto médio

Ao começar a aula, a professora representou na lousa um plano cartesiano e traçou um segmento AB, como indicado na figura.

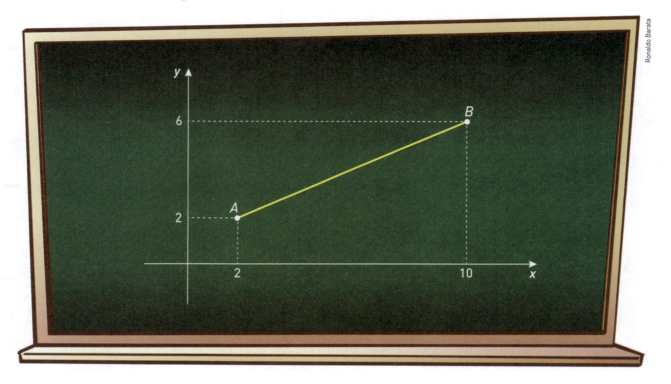

Apresentou então para a turma um problema que indagava quais seriam as coordenadas do ponto médio do segmento AB representado no plano cartesiano.

1. Quais são as coordenadas dos extremos do segmento AB representado?
2. Como você faria para determinar as coordenadas do ponto médio desse segmento?

Antes de apresentarmos um procedimento para obter as coordenadas do ponto médio de um segmento, observe o que acontece quando construímos um triângulo e ligamos os pontos médios dos lados desse triângulo:

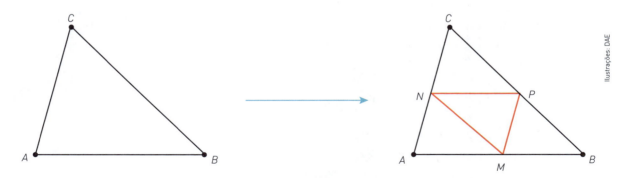

Traçamos um novo triângulo MNP, que é semelhante ao triângulo ABC.

185

Vamos considerar agora um segmento AB representado no plano cartesiano. Esse segmento tem extremidades nos pontos $A(x_A, y_A)$ e $B(x_B, y_B)$. Queremos determinar as coordenadas do ponto médio $M(x_M, y_M)$ com base nas coordenadas dos pontos A e B.

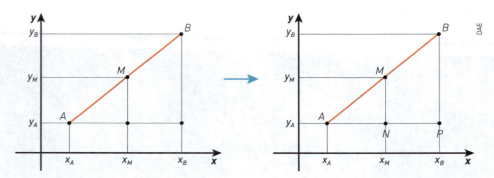

- Observe que os triângulos ANM e APB são semelhantes (as linhas horizontais e as verticais formam um ângulo reto). Portanto, podemos escrever:

$$\frac{AM}{AB} = \frac{AN}{AP} = \frac{MN}{BP}$$

- Considerando $AB = 2AM$ (M é ponto médio de AB), temos:

$$\frac{AM}{2 \cdot AM} = \frac{AN}{AP} = \frac{MN}{BP}$$

$$\frac{1}{2} = \frac{AN}{AP} = \frac{MN}{BP} \quad (1)$$

- Vamos determinar a abscissa de M com base na equação (1).

$$\frac{1}{2} = \frac{AN}{AP}$$
$$\frac{1}{2} = \frac{x_N - x_A}{x_P - x_A}$$
$$x_P - x_A = 2(x_N - x_A)$$
$$\downarrow x_P = x_B \text{ e } x_N = x_M$$
$$x_B - x_A = 2(x_M - x_A)$$
$$x_B - x_A = 2x_M - 2x_A$$
$$2x_A + x_B - x_A = 2x_M$$
$$x_A + x_B = 2x_M \rightarrow x_M = \frac{x_A + x_B}{2}$$

- Vamos determinar a ordenada de M com base na equação (1).

$$\frac{1}{2} = \frac{MN}{BP}$$
$$\frac{1}{2} = \frac{y_M - y_N}{y_P - y_B}$$
$$y_B - y_P = 2(y_M - y_N)$$
$$\downarrow y_P = y_A \text{ e } y_N = y_A$$
$$y_B - y_A = 2(y_M - y_A)$$
$$y_B - y_A = 2y_M - 2y_A$$
$$2y_A + y_B - y_A = 2y_M$$
$$y_A + y_B = 2y_M \rightarrow y_M = \frac{y_A + y_B}{2}$$

> No plano cartesiano, as coordenadas do ponto médio de um segmento podem ser calculadas segundo a média aritmética das abscissas dos pontos extremos do segmento e, da mesma maneira, da média aritmética das ordenadas.

Retornando, então, ao problema apresentado pela professora, podemos obter as coordenadas do ponto médio M do segmento com extremidades nos pontos $A(2, 2)$ e $B(10, 6)$:

$$x_M = \frac{x_A + x_B}{2} = \frac{2 + 10}{2} \Rightarrow x_M = 6$$

$$y_M = \frac{y_A + y_B}{2} = \frac{2 + 6}{2} \Rightarrow y_M = 4$$

Atividades

1) No plano cartesiano a seguir está representado o segmento PQ.

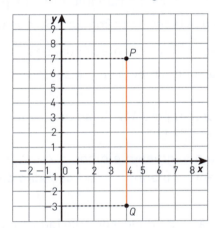

a) Escreva as coordenadas dos pontos extremos desse segmento.

b) Se o ponto M representa o ponto médio desse segmento, quais são suas coordenadas?

2) Conforme os pontos indicados no plano cartesiano a seguir, determine as coordenadas do ponto médio do segmento de extremos em A e B.

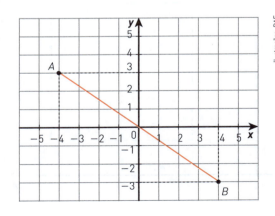

3 Juliana representou no plano cartesiano, conforme a figura, um quadrilátero ABCD. Utilizando linhas tracejadas, ela representou as diagonais do quadrilátero, que se interceptam no ponto P.

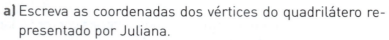

a) Escreva as coordenadas dos vértices do quadrilátero representado por Juliana.

b) Obtenha as medidas dos lados desse quadrilátero.

c) Calcule o perímetro desse quadrilátero.

d) Calcule a área desse quadrilátero.

e) Quais são as coordenadas do ponto P?

4 Represente no plano cartesiano os vértices do triângulo ABC cujas coordenadas são os pontos A(−4, 3), B(4, −3) e C(4, 3). Em seguida, represente no mesmo plano os pontos médios dos lados desse triângulo e ligue-os. Depois, responda:

a) O triângulo ABC é retângulo? Justifique sua resposta.

b) Quais são as coordenadas dos pontos médios dos lados do triângulo ABC?

c) Quais são os pontos médios dos lados do triângulo ABC que pertencem ao eixo das ordenadas?

d) Quais são os pontos médios dos lados do triângulo ABC que pertencem ao eixo das abscissas?

5 Junte-se a um colega para resolver as seguintes situações.

a) Obtenham as coordenadas do ponto médio de um segmento de extremidade nos pontos A(0, 7) e B(−3, −9).

b) Dadas as coordenadas do ponto médio M(2, 5) de um segmento AB, quais são as coordenadas do ponto A, considerando que B(5, 5)?

c) Uma das extremidades de um segmento é o ponto A(−2, −2). Considerando que M(3, −2) é o ponto médio desse segmento, obtenha as coordenadas do ponto B que representa a outra extremidade do segmento.

6 Na figura abaixo está representado um quadrado cujo lado mede 10 u.c. Além disso, sabe-se que o ponto médio das diagonais AC e BD tem coordenadas (10, 8). Determine as coordenadas de todos os vértices do quadrado.

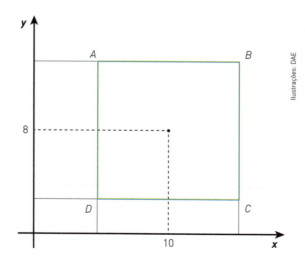

Cálculo da distância entre dois pontos

Uma das facilidades da utilização do sistema de coordenadas cartesianas é sua representação e a localização de pontos. Essa ideia também é observada quando utilizamos as chamadas coordenadas geográficas.

Globo terrestre: Paralelos

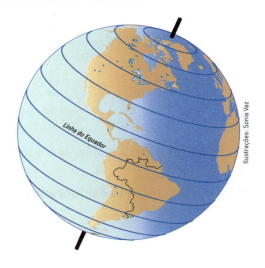

Fonte: Adaptado de *Atlas geográfico escolar*. 6. ed. Rio de Janeiro: IBGE, 2012. p. 18.

Globo terrestre: Meridianos

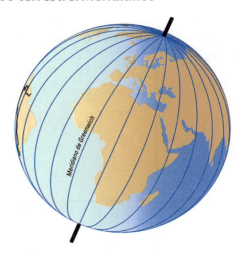

Fonte: Adaptado de *Atlas geográfico escolar*. 6. ed. Rio de Janeiro: IBGE, 2012. p. 18.

Responda às questões.
1. Quais são as denominações dadas às coordenadas geográficas?
2. Quais são as denominações dos "eixos geográficos"?

No plano cartesiano, tendo as coordenadas de dois pontos, podemos determinar a distância entre eles. Vamos considerar três situações para analisar melhor como calcular a distância entre dois pontos.

1ª situação

Considerando dois pontos com a mesma ordenada e abscissas diferentes, vamos calcular a distância entre os pontos $A(-2, 3)$ e $B(4, 3)$.

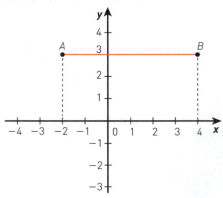

> **zoom**
> O módulo de um número é seu valor absoluto. Em uma reta numérica, o módulo representa a distância entre o número e a origem da reta. Assim, $|-10| = 10$ e $|10| = 10$.

- Como os dois pontos têm a mesma ordenada, a distância é dada pelo módulo da diferença das abscissas, isto é:

→ **módulo da diferença das abscissas**

$$d_{A,B} = |x_A - x_B|$$
$$d_{A,B} = |-2 - 4|$$
$$d_{A,B} = |-6| \to d_{A,B} = 6 \text{ u.c.}$$

Note que, se você calculasse $d_{A,B} = |x_B - x_A|$, isto é, mudando a ordem das abscissas, o resultado seria o mesmo.

2ª situação

Considerando dois pontos com a mesma abscissa e ordenadas diferentes, vamos calcular a distância entre os pontos $A(4, -3)$ e $B(4, 7)$.

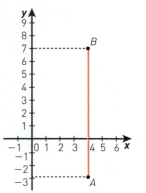

- Como os dois pontos têm a mesma abscissa, a distância é dada pelo módulo da diferença das ordenadas, isto é:

→ **módulo da diferença das ordenadas**

$$d_{A,B} = |y_A - y_B|$$
$$d_{A,B} = |-3 - 7|$$
$$d_{A,B} = |-10| \to d_{A,B} = 10 \text{ u.c.}$$

Note que, se você calculasse $d_{A,B} = |y_B - y_A|$, isto é, mudando a ordem das ordenadas, o resultado seria o mesmo.

3ª situação

Considerando dois pontos quaisquer do plano cartesiano, vamos calcular a distância entre os pontos A(2, 1) e B(6, 7).

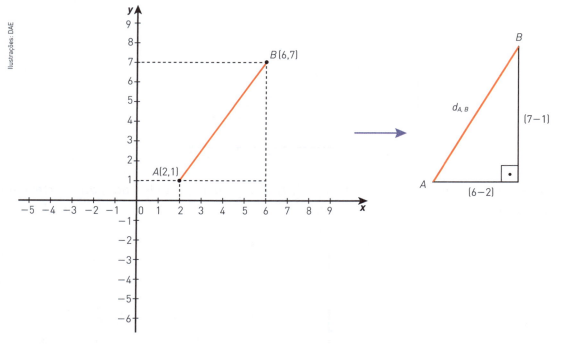

- Observando o triângulo retângulo formado, percebemos que a distância entre os dois pontos será a medida da hipotenusa. O módulo da diferença entre as abscissas e o módulo da diferença entre as ordenadas representarão as medidas dos dois catetos. Utilizando o teorema de Pitágoras, temos:

$$d^2_{A,B} = (6-2)^2 + (7-1)^2$$
$$d^2_{A,B} = 4^2 + 6^2$$
$$d^2_{A,B} = 16 + 36$$
$$d^2_{A,B} = 52 \rightarrow d^2_{A,B} = \sqrt{52} \text{ u.c.}$$

Atividades

1) Antônia representou no plano cartesiano o triângulo de vértices nos pontos A, B e C, conforme a figura ao lado.

a) Escreva as coordenadas dos vértices desse triângulo.

b) Observando a figura, qual é a medida da altura desse triângulo em relação ao lado AB?

c) A área de um triângulo é a metade do produto da medida da base pela altura do triângulo. Calcule a área desse triângulo.

d) Utilizando o teorema de Pitágoras, calcule as medidas dos lados AC e BC desse triângulo.

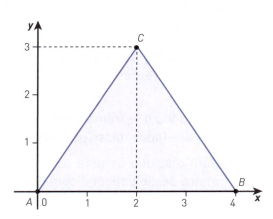

2 Junte-se a um colega e calculem as medidas dos lados do triângulo ABC representado no plano cartesiano. Expliquem sua estratégia.

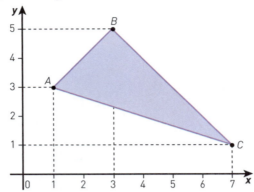

3 Observe o retângulo com vértices nos pontos A, B, C e D representados no plano cartesiano e resolva os itens a seguir.

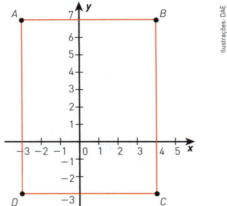

a) Determine as medidas dos lados desse retângulo.

b) Calcule o perímetro desse retângulo.

c) Calcule a área desse retângulo.

4 Ainda em relação ao retângulo ABCD representado na atividade anterior, calcule a medida da diagonal AC desse retângulo utilizando:

a) o teorema de Pitágoras;

b) a fórmula da distância entre os dois pontos A e C, isto é: $d_{A,C} = \sqrt{(x_A - x_C)^2 + (y_A - y_C)^2}$.

5 Junte-se a um colega para esta atividade.

Instruções

I. Em uma folha quadriculada, construam um plano cartesiano e representem o hexágono, conforme a figura ao lado.

II. Utilizando o teorema de Pitágoras, calculem as medidas dos lados desse polígono.

III. Com o auxílio de uma calculadora, obtenham o perímetro desse polígono com duas casas decimais.

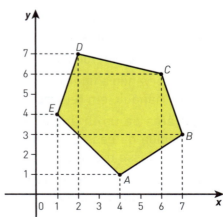

CAPÍTULO 18
Polígonos regulares

Construção de polígonos regulares

Em pavimentações de superfícies, o emprego de cerâmicas em forma de polígonos regulares é muito frequente. Além da beleza estética, outro motivo para o uso desse material é o perfeito encaixe. Observe, na ilustração a seguir, a utilização de peças em forma de quadrado.

Você estudou, ao longo dos anos anteriores, alguns polígonos regulares. Provavelmente já construiu alguns deles utilizando régua, compasso, transferidor e até *softwares*. Neste capítulo vamos novamente tratar da construção de alguns desses polígonos regulares.

> Responda às seguintes questões sobre polígonos regulares convexos.
> 1. Qual é a denominação dada ao polígono regular que possui 10 lados?
> 2. Considerando um polígono regular convexo de 6 lados, qual é a soma das medidas de todos os ângulos internos?
> 3. E qual é a soma das medidas dos ângulos externos?

Utilizando os instrumentos de desenho geométrico, vamos observar a construção de alguns polígonos regulares por meio de fluxogramas, isto é, instruções passo a passo.

zoom Um polígono cujos vértices pertencem a uma circunferência é dito inscrito nessa circunferência.

193

1ª construção

Um octógono inscrito em uma circunferência.

Instruções

- Marque um ponto correspondente ao centro da circunferência e, considerando a medida que escolher para o raio, trace a circunferência. Com uma régua, trace um segmento que representará o diâmetro *AB* dessa circunferência.

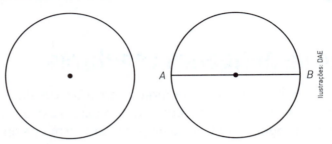

- Dividindo 360° por 8 obtemos 45°, ou seja, vamos construir 8 arcos de 45° cada. Assim, com o auxílio de um transferidor, marcamos um arco de 45° com extremidade no ponto *C*.
- Com a abertura correspondente ao arco *BC*, marcamos os outros pontos para obter a circunferência dividida em 8 arcos de 45° cada. Com uma régua ou esquadro, ligamos esses pontos consecutivos por meio de segmentos, obtendo, assim, o octógono.

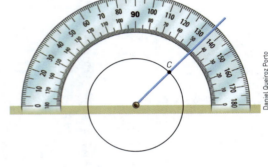

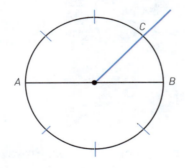 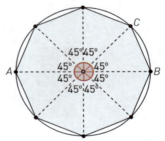

1. Qual é a medida de cada ângulo interno do octógono obtido?
2. Com base no octógono traçado, como você poderá construir um quadrado?

2ª construção

Um decágono inscrito em uma circunferência.

Instruções

- Marque um ponto correspondente ao centro da circunferência e, considerando a medida que escolher para o raio, trace a circunferência. Com uma régua, trace um segmento que representará o diâmetro *AB* dessa circunferência.

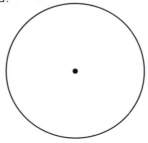 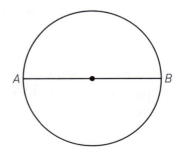

- Dividindo 360° por 10 obtemos 36°. Assim, com o auxílio de um transferidor, marcamos um arco de 36° com extremidade no ponto C.
- Com a abertura correspondente ao arco BC, marcamos os outros pontos para obter a circunferência dividida em 10 arcos de 36° cada. Com uma régua ou esquadro, ligamos esses pontos consecutivos por meio de segmentos, obtendo, assim, o decágono.

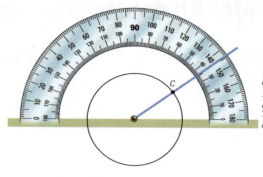

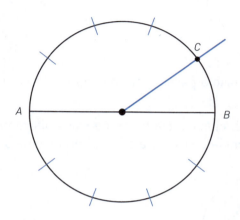

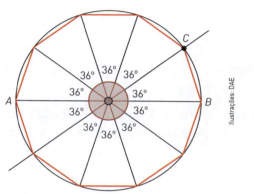

Responda às questões.
1. Qual é a medida de cada ângulo interno do decágono obtido?
2. Com base no decágono traçado, como você poderá construir um pentágono regular?

Construção de polígonos regulares com fluxograma

Podemos representar a construção de polígonos regulares com um fluxograma. Veja, a seguir, um possível fluxograma para a construção de um hexágono regular utilizando compasso e esquadro.

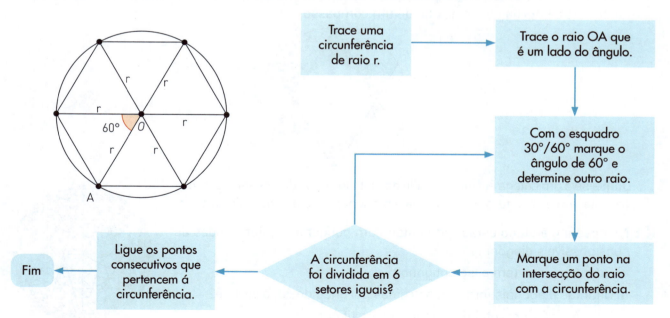

Atividades

1. O hexágono regular a seguir foi construído com o auxílio de um transferidor, um compasso e uma régua.

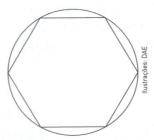

Junte-se a um colega e escrevam as instruções, passo a passo, para a construção de um hexágono regular.

2. No desenho abaixo foram traçadas duas circunferências concêntricas de raios diferentes. Note que os pontos A, B, C, D, E e F dividem a circunferência de raio maior em 6 arcos iguais.

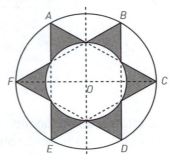

Junte-se a um colega e, com o auxílio de instrumentos de desenho geométrico, façam essa figura. Depois, apresentem-na aos demais colegas.

3. No desenho a seguir foi traçada, inicialmente, a circunferência de raio maior. Essa circunferência foi dividida em 6 arcos iguais para que os triângulos fossem feitos. Ao final, desenhou-se a circunferência interna com o auxílio de um compasso.

Junte-se a um colega e, com o auxílio de instrumentos de desenho geométrico, façam essa figura. Em seguida, apresentem-na aos demais colegas.

4. No desenho ao lado está representado um polígono regular e todas as suas possíveis diagonais.

   a) Quantos lados tem esse polígono?

   b) Quantas diagonais foram construídas partindo de cada vértice?

   c) Qual é o número total de diagonais? Justifique.

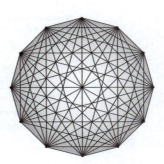

Conviver

Pavimentação do plano

Em grupo, vocês estudarão a pavimentação de um plano utilizando polígonos regulares. As atividades desenvolvidas devem ser feitas no GeoGebra.

Participantes:
- 3 ou 4 alunos.

Material:
- Computador com *software* de geometria dinâmica.

Encaminhamento

Exercício – Construindo polígonos regulares

Utilizando a ferramenta (**Polígono Regular**), selecionem dois pontos em um dos eixos definidos, com medida 2, e construam um triângulo regular digitando 3 na caixa de diálogo que aparecerá após a seleção dos dois pontos. Repitam o procedimento e construam um quadrado e um hexágono regular.

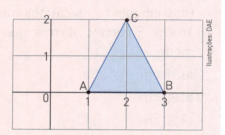

Pavimentação do plano

A construção de uma pavimentação no plano toma por base o encaixe de polígonos sem que haja sobras ou sobreposição, ou seja, a soma dos ângulos que possuem um vértice em comum deve ser 360°. Veja as figuras a seguir.

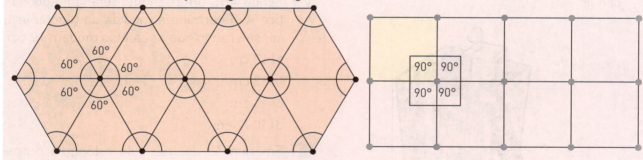

Utilizem o GeoGebra para realizar as verificações que seguem:

1. Verifique quais dos polígonos a seguir não permitem a pavimentação de um plano.
   - I) Pentágono regular.
   - II) Hexágono regular.
   - III) Decágono regular.
   - IV) Dodecágono regular.

2. Quais são os únicos polígonos que permitem a pavimentação do plano? Por quê?

3. Um sítio será construído em uma área com medidas aproximadas de 80 metros de comprimento por 160 metros de largura. Para aproveitar melhor a área utilizada, foram escolhidos polígonos que permitem a pavimentação do plano. Ilustrem um esboço do sítio com área reservada para duas residências, uma piscina em formato circular e uma área de recreação infantil, ocupando no máximo 800 metros quadrados.

   Dica: o botão (**Área**) pode expressar a medida ocupada por cada polígono/círculo construído.

Retomar

1) Em um triângulo retângulo com catetos de medidas 3 cm e 4 cm, a hipotenusa mede:

a) 7 cm
b) 6 cm
c) 5 cm
d) 4 cm

2) Um triângulo retângulo cujos lados medem 3 cm, 4 cm e 5 cm é semelhante a outro triângulo cujos catetos medem 12 cm e 16 cm. É correto afirmar que a hipotenusa mede:

a) 18 cm
b) 20 cm
c) 22 cm
d) 45 cm

3) Determine a alternativa que indica o comprimento correto da escada apoiada no solo e no topo do prédio, como mostra a figura a seguir.

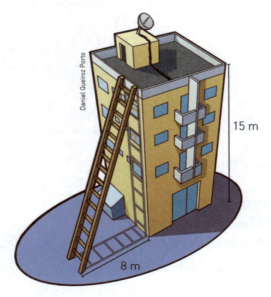

a) 16 m
b) 17 m
c) 18 m
d) 19 m

4) A figura contém dois triângulos retângulos. A medida do lado BC é:

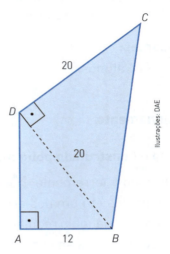

a) $20\sqrt{2}$
b) $18\sqrt{2}$
c) $40\sqrt{2}$
d) $10\sqrt{2}$

5) Sendo ABC um triângulo retângulo no vértice A, determine a medida da hipotenusa, considerando que os catetos medem 10 cm.

a) 10 cm
b) 12 cm
c) 13 cm
d) $10\sqrt{2}$ cm

6) Em relação ao triângulo retângulo representado a seguir, a medida x é:

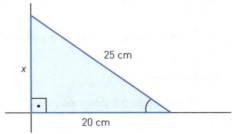

a) 15 cm
b) 16 cm
c) 12 cm
d) 10 cm

7 Os lados do retângulo a seguir medem 10 cm e 4 cm. Qual é a medida da diagonal AC representada na figura?

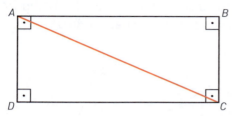

a) $\sqrt{120}$ cm
b) $\sqrt{116}$ cm
c) $\sqrt{125}$ cm
d) $\sqrt{110}$ cm

8 Considere um segmento desenhado no plano cartesiano com extremidades nos pontos A(2, 2) e B(8, 8). As coordenadas do ponto médio desse segmento são:

a) (0, 0)
b) (6, 6)
c) (3, 3)
d) (5, 5)

9 O triângulo ABC está representado no plano cartesiano a seguir.

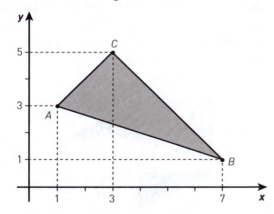

A medida do lado AB desse triângulo corresponde a:

a) $\sqrt{2^2+6^2}$ u.c.
b) $\sqrt{0^2+6^2}$ u.c.
c) $\sqrt{2^2+0^2}$ u.c.
d) $\sqrt{2^2+2^2}$ u.c.

10 Ainda em relação ao triângulo da atividade anterior, a medida do lado BC corresponde a:

a) $\sqrt{2^2+6^2}$ u.c.
b) $\sqrt{4^2+4^2}$ u.c.
c) $\sqrt{2^2+0^2}$ u.c.
d) $\sqrt{2^2+2^2}$ u.c.

11 Considere o triângulo ABC representado no plano cartesiano, conforme a imagem.

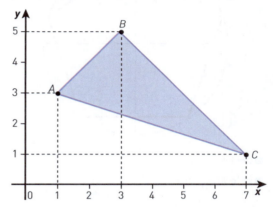

As coordenadas do ponto médio do lado BC são:

a) (0, 5)
b) (5, 3)
c) (2, 3)
d) (4, 0)

12 Ainda em relação ao triângulo ABC da atividade anterior, a medida do menor lado é:

a) $\sqrt{5}$ cm
b) $\sqrt{6}$ cm
c) $\sqrt{7}$ cm
d) $\sqrt{8}$ cm

13 A construção a seguir foi feita com o auxílio de um *software* e representa um polígono regular. A medida do ângulo indicado é aproximadamente:

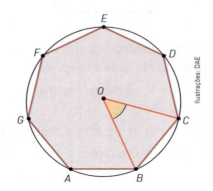

a) 42°
b) 48°
c) 51°
d) 57°

14 Qual é a denominação do polígono regular representado na figura a seguir?

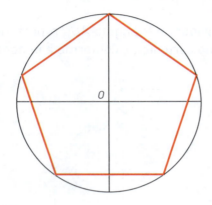

a) Hexágono.
b) Heptágono.
c) Octógono.
d) Pentágono.

15 O polígono regular representado a seguir tem seu centro na origem do plano cartesiano.

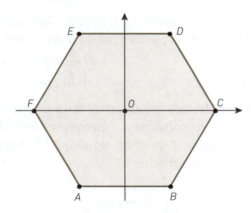

Assinale a alternativa que indica uma informação correta sobre seus vértices.

a) Todos os vértices estão no primeiro quadrante.
b) Os vértices A e E têm a mesma abscissa.
c) Os vértices B e D têm a mesma ordenada.
d) Os vértices C e F têm a mesma abscissa.

16 (Obmep) Na figura, os pontos C e F pertencem aos lados BD e AE do quadrilátero ABDE, respectivamente. Os ângulos $\hat{B}$ e $\hat{E}$ são retos e os segmentos AB, CD, DE e FA têm suas medidas indicadas na figura. Qual é a área do quadrilátero ACDF?

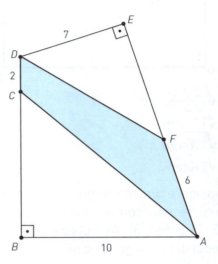

a) 16
b) 21
c) 31
d) 33
e) 40

17 (Obmep) A figura abaixo é formada por dois quadrados de lado 6 cm e dois triângulos. Se M é o ponto médio de AB, qual é a área total da figura?

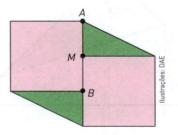

a) 90 cm²
b) 96 cm²
c) 100 cm²
d) 108 cm²
e) 120 cm²

18 **(Obmep)** A figura mostra quatro polígonos desenhados em uma folha quadriculada. Para cada uma dessas figuras foi assinalado, no plano cartesiano à direita, o ponto cujas coordenadas horizontal e vertical são, respectivamente, seu perímetro e sua área.

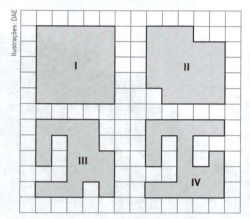
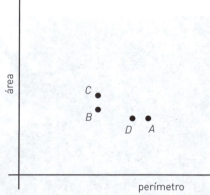

Qual é a correspondência correta entre os polígonos e os pontos?

a) I → A, II → D, III → B, IV → C
b) I → D, II → A, III → C, IV → A
c) I → C, II → B, III → D, IV → A
d) I → C, II → A, III → B, IV → D
e) I → C, II → B, III → A, IV → D

19 **(IFRN)** Observe esta figura:

Nessa figura, o triângulo BAC é retângulo em A; o segmento AH corresponde à altura relativa à hipotenusa; $\overline{BH}$ mede 1 cm e $\overline{HC}$ mede 4 cm. Considerando-se essas informações, é CORRETO afirmar que o cateto AC mede

a) $2\sqrt{5}$ cm
b) $3\sqrt{5}$ cm
c) $4\sqrt{5}$ cm
d) 5 cm

20 **(Fatec-SP)** Se os catetos de um triângulo retângulo T medem, respectivamente, 12 cm e 5 cm, então a altura de T relativa à hipotenusa é:

a) $\frac{12}{5}$ m
b) $\frac{5}{13}$ m
c) $\frac{12}{13}$ m
d) $\frac{25}{13}$ m
e) $\frac{60}{13}$ m

Ampliar

Os peregrinos, de Egídio Trambaiolli Neto (FTD). (Série O Contador de Histórias.)

Em *Os peregrinos*, o leitor se verá envolvido em uma aventura na qual os conhecimentos matemáticos são necessários para desvendar um mistério. Assim, episódios da história da Matemática que abrangem triângulos, o teorema de Tales e também o teorema de Pitágoras são comentados pelo autor.

UNIDADE 7

Carro percorrendo estrada.

 Observe nas imagens um carro que percorre uma estrada e outro que abastece o tanque com combustível em um posto. Responda:

1 É correto afirmar que o consumo de combustível colocado no carro em uma viagem depende, entre outras coisas, da distância percorrida?

Álgebra: relações entre grandezas

Carro sendo abastecido.

2 Se dobrarmos a quantidade de combustível colocada no carro, o que ocorre com o valor a ser pago?

CAPÍTULO 19

Função

Conceito de função

O que é uma **função**?

Essa é uma pergunta a que pretendemos responder ao longo deste capítulo.

Para que você tenha ideia do conceito de função na Matemática, por exemplo, pense na relação entre a quantidade de litros de combustível para abastecer um carro e o valor pago por esse combustível. São duas grandezas que estão relacionadas, já que o valor a ser pago dependerá da quantidade de combustível necessária para o abastecimento do carro. Outras perguntas podem dar a ideia de função:

- Se 1 litro de leite custa R$ 3,00, qual é o valor a ser pago por 13 litros de leite?
- O perímetro de um quadrado depende da medida de seus lados?
- Como podemos determinar a quantidade de diagonais de um polígono convexo?

Responda:
1. Se a soma S, das medidas dos ângulos internos de um polígono convexo de n lados, é dada pela relação $S = (n - 2) \cdot 180°$, como podemos obter a soma das medidas dos ângulos internos de um decágono?
2. Considerando que R$ 4,50 é o valor do litro de combustível, que expressão representa o valor V de x litros desse combustível?
3. Considerando que o tanque de combustível de um automóvel tem capacidade de 50 litros e está vazio, quanto custará para encher o tanque?

As questões levantadas até aqui podem ser respondidas observando direta ou indiretamente um possível conceito de função.

> **Função** é uma relação de dependência entre duas grandezas.

Assim, quando afirmamos que o preço de uma corrida de táxi depende da quilometragem percorrida, duas grandezas estão relacionadas, as quais podemos expressar da seguinte maneira:

O valor em reais é definido em **função** da quilometragem percorrida, se considerarmos apenas essas duas grandezas.

A relação entre duas grandezas pode ser representada por uma fórmula, também chamada de **lei de formação da função**. Voltemos ao exemplo da soma das medidas dos ângulos internos de um polígono:

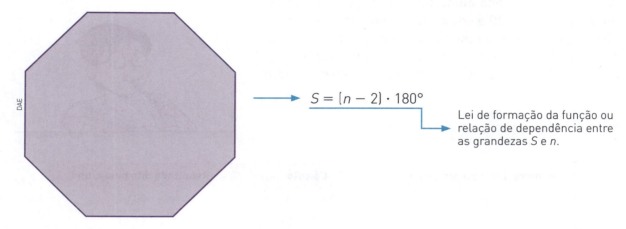

$S = (n - 2) \cdot 180°$

Lei de formação da função ou relação de dependência entre as grandezas S e n.

Essa relação pode ser interpretada como: a soma S, das medidas dos ângulos internos de um polígono convexo, depende do número n de lados desse polígono. Em outras palavras: S é uma **função** da variável n.

Vamos considerar outras situações.

1ª situação

O comprimento de uma circunferência depende da medida do raio, isto é, o comprimento é a **função** da medida do raio.

Essa relação entre as duas grandezas pode ser representada por uma fórmula matemática. Considerando C o comprimento da circunferência e R a medida do raio, temos:

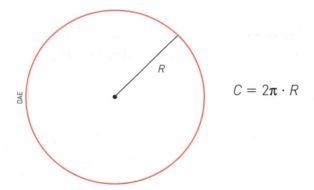

$C = 2\pi \cdot R$

Observe, nessa situação, que conforme atribuímos valores para a medida do raio R obtemos, em correspondência, valores do comprimento C da circunferência.

Valor de R (em cm)	Comprimento de C (em cm)
1	2π
1,7	$3,4\pi$
4	8π
9	18π
10,5	21π
22,3	$44,6\pi$

2ª situação

O professor fez uma brincadeira em sala de aula na qual dizia um número e cada aluno tinha de triplicar o número, em seguida subtrair 10 e então dizer o número resultante.

Note que o número resultante depende do número que o professor diz. Assim, podemos afirmar que o resultado é uma função do número dito pelo professor. Veja no quadro.

Número dito pelo professor	Cálculo	Resultado dito pelo aluno
20	3 · 20 − 10	50
7	3 · 7 − 10	11
2,5	3 · 2,5 − 10	−2,5
0,3	3 · 0,3 − 10	−9,1
100	3 · 100 − 10	290

Considerando a situação anterior, responda:
1. Se o número dito pelo professor for 25, qual será a resposta do aluno?
2. Se o número dito pelo professor for x, qual será a resposta do aluno usando uma função de x?

O quadro anterior pode ser representado por meio de um diagrama formado pelos conjuntos A e B, sendo A o conjunto dos números ditos pelo professor e B o conjunto dos números corretos respondidos pelos alunos.

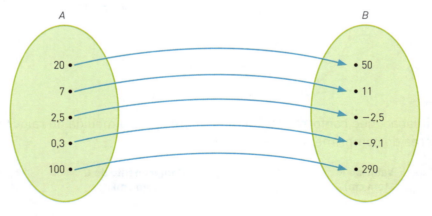

Uma representação desse diagrama é:
$$f: A \to B$$
(lemos: f é uma função de A em B)

zoom: Uma coleção de números é chamada de conjunto de números.

Voltando à 2ª situação, vamos representar por y o número respondido pelo aluno quando o número dito pelo professor for x. Para cada valor x, dito pelo professor, haverá em correspondência um único valor correto y para a resposta dada pelo aluno. Dizemos que y é uma função de x e escrevemos:

$y = f(x)$ → Lemos: y é uma função de x ou y depende de x

Podemos escrever a fórmula que representa essa relação, isto é, a lei de formação da função:
$$y = f(x) = 3x - 10$$
Assim, nessa função, aquele quadro de valores também pode ser escrito assim:

$x = 20$ → $y = f(20) = 3 \cdot 20 - 10 = 50$
$x = 7$ → $y = f(7) = 3 \cdot 7 - 10 = 11$
$x = 2,5$ → $y = f(2,5) = 3 \cdot 2,5 - 10 = -2,5$
$x = 0,3$ → $y = f(0,3) = 3 \cdot 0,3 - 10 = -9,1$
$x = 100$ → $y = f(100) = 3 \cdot 100 - 10 = 290$

Nessa função, y é a variável dependente, enquanto x é a variável independente, porque o valor de y depende do valor atribuído a x.

Atividades

1. Considerando que a lei de formação de uma função é $f(x) = 9x - 10$, determine:
   a) $f(0)$
   b) $f(1)$
   c) $f(-2)$
   d) $f(-10)$

2. Sendo A a área de um quadrado cujo lado mede ℓ, escreva:
   a) o valor de A em função de ℓ;
   b) o valor de ℓ quando a área é igual a 49 cm²;
   c) o valor de A quando a medida do lado do quadrado é igual a 3,5 cm.

3. Considere que a lei de formação de uma função f é dada por $f(x) = (x - 2) \cdot (x + 2)$.
   a) Calcule o valor de $f(2) + f(7)$.
   b) Determine os valores de x para os quais $f(x) = 0$.
   c) Determine os valores de x para os quais $f(x) = 21$.

4. Considere o retângulo com as medidas indicadas a seguir.
   a) Escreva a lei de formação da função que representa a área A do retângulo em função da medida x indicada.
   b) Obtenha o valor correspondente a $A(3)$.
   c) Escreva a lei de formação da função que representa o perímetro P em função da medida x indicada.
   d) Obtenha o valor correspondente a $P(4)$.

5 A fórmula que relaciona o número do calçado (C) em função do tamanho do pé, em centímetros, de uma pessoa (P) é:

$$C = \frac{5P + 28}{4}$$

Sabendo disso, determine:

a) o número do calçado de uma pessoa cujo pé mede, aproximadamente, 24 cm;

b) o comprimento aproximado do pé de uma pessoa que calça 42.

6 Observe a relação entre os valores das grandezas x e y na tabela a seguir.

Grandeza x	Grandeza y
1	7
2	14
3	21
4	28

Responda:

a) Se y é uma função de x, qual é a lei de formação dessa função?

b) Nessa função, duplicando o valor de x, o que ocorre com o valor de y?

c) Sendo a variável dependente y = 700, qual é o valor da variável independente x?

7 Com 3 palitos de fósforo, Marcos representou 1 triângulo. Acrescentando 2 palitos, ele formou 2 triângulos, conforme a 2ª figura a seguir. Marcos continuou formando triângulos com o acréscimo de palitos, e formou a 3ª e a 4ª figuras.

a) Elabore uma tabela com três colunas. Na primeira, escreva a ordem da figura na sequência; na segunda coluna, a quantidade de palitos utilizados; e, finalmente, na terceira, o número de triângulos formados.

b) Qual é a quantidade de palitos necessária para formar a 5ª figura dessa sequência?

c) E na figura de ordem n?

d) Quantos triângulos são formados na 5ª figura dessa sequência?

e) E na figura de ordem n?

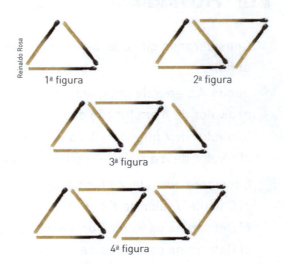

8 Um agricultor estabelece o preço da saca de café conforme a quantidade de sacas adquiridas pelo comprador. Ele elaborou a seguinte relação matemática:

$$P = f(n) = 390 + \frac{20}{n}$$

Nessa relação, P é o preço em reais e n é a quantidade de sacas vendidas. Responda às questões.

a) Qual é o valor de cada saca de café pago por um comprador que adquire 100 sacas?

b) Se fossem 200 sacas, qual seria o preço de cada uma?

c) Nessa função, as grandezas P e n são diretamente proporcionais? Justifique sua resposta.

d) Quantas sacas comprou alguém que pagou 394 reais por saca?

Representação no plano cartesiano

Podemos representar uma função *f* que relaciona duas grandezas por meio de um gráfico construído no plano cartesiano. Essa forma de representar uma função possibilita observar com mais detalhes a relação de dependência entre as grandezas envolvidas.

Lembre-se de que, no plano cartesiano, a cada ponto associamos um par ordenado (x, y) que representa as coordenadas desse ponto e, reciprocamente, a cada par ordenado associamos um ponto do plano.

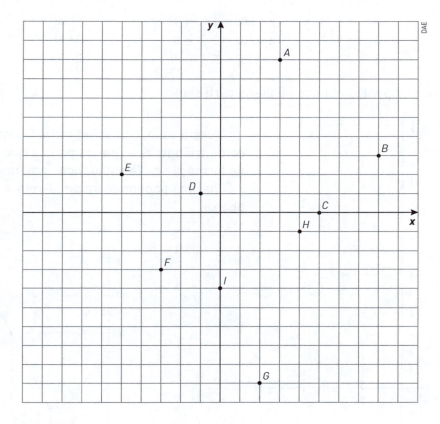

Responda:
1. Qual dos pontos representados no plano cartesiano acima tem maior valor de *x*?
2. Qual dos pontos representados no plano cartesiano acima tem menor valor de *y*?
3. Se um ponto pertence ao eixo das abscissas, qual é o valor de sua ordenada?
4. Se um ponto pertence ao eixo das ordenadas, qual é o valor de sua abscissa?

Para representar o gráfico de uma função real definida por uma sentença da forma y = f(x), devemos proceder como descrito a seguir.
- Elaboramos uma tabela com os valores correspondentes de *x* e de *y*.
- Atribuímos valores para *x* e calculamos os valores de *y* substituindo na lei de formação da função dada.
- Localizamos os pontos correspondentes no plano cartesiano.
- Ligamos os pontos de forma conveniente, isto é, seguindo a tendência da posição dos pontos obtidos.

Observe nos exemplos a seguir como obter o gráfico de uma função real no plano cartesiano.

Exemplo 1

Construa no plano cartesiano o gráfico da função real definida por $y = f(x) = 2x$.

- Elaboramos uma tabela na qual atribuímos valores para x e calculamos os valores correspondentes de y.

x	y = f(x) = 2x	(x, y)
−4	$y = f(-4) = 2 \cdot (-4) = -8$	(−4, −8)
−1	$y = f(-1) = 2 \cdot (-1) = -2$	(−1, −2)
2	$y = f(2) = 2 \cdot 2 = 4$	(2, 4)
3	$y = f(3) = 2 \cdot 3 = 6$	(3, 6)
5	$y = f(5) = 2 \cdot 5 = 10$	(5, 10)

- Localizamos os pontos obtidos no plano cartesiano.

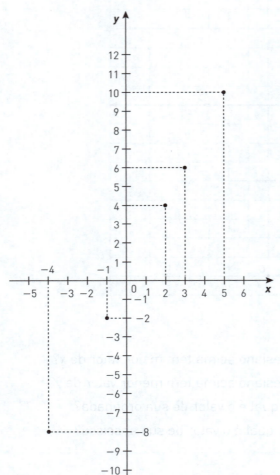

Neste caso, é possível provar – usando semelhança de triângulos – que os pontos que satisfazem a lei de formação dada estão todos em uma reta.

Assim, podemos traçar a reta e obter o gráfico abaixo.

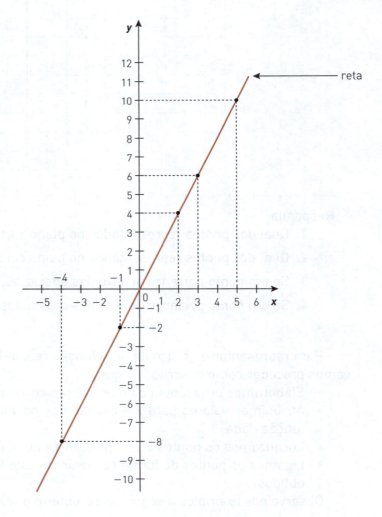

Exemplo 2

Construa no plano cartesiano o gráfico da função real definida por $y = f(x) = x^2$.

- Em uma tabela, atribuímos valores para x e calculamos os valores correspondentes de y.

x	$y = f(x) = x^2$	(x, y)
−2	$y = f(-2) = (-2)^2 = 4$	(−2, 4)
−1	$y = f(-1) = (-1)^2 = 1$	(−1, 1)
0	$y = f(0) = (0)^2 = 0$	(0, 0)
1	$y = f(1) = (1)^2 = 1$	(1, 1)
2	$y = f(2) = (2)^2 = 4$	(2, 4)

- Como queremos construir o gráfico de uma função real, localizamos os pontos no plano e, em seguida, os ligamos, convenientemente, conforme suas posições. Obtemos, assim, o gráfico abaixo.

Observe que os pontos não estão alinhados, eles pertencem a uma determinada curva que é chamada de parábola e será estudada no próximo capítulo.

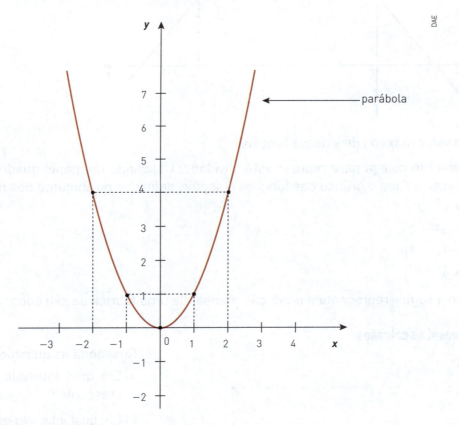

Veja a seguir algumas observações a respeito de funções.

- Em uma função **crescente**, aumentando os valores da variável x, os valores da variável dependente y em correspondência aumentam.
- Em uma função **decrescente**, aumentando os valores da variável x, os valores da variável dependente y em correspondência diminuem.

Atividades

1 No plano cartesiano ao lado está representado o gráfico de uma função.

Identifique:

a) as coordenadas do ponto em que a reta desse gráfico intercepta o eixo das abscissas;

b) as coordenadas do ponto em que a reta desse gráfico intercepta o eixo das ordenadas;

c) se a função é crescente ou decrescente.

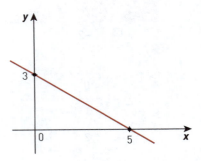

2 Uma função $f: \mathbb{R} \to \mathbb{R}$ foi representada no plano cartesiano por meio de seu gráfico.

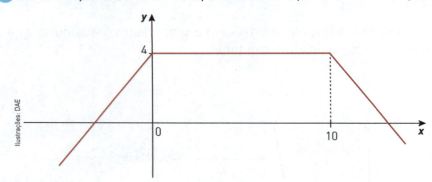

Qual é o valor máximo de *y* nessa função?

3 Junte-se a um colega para realizar esta atividade: Utilizando um papel quadriculado, esbocem no plano cartesiano o gráfico das funções a seguir, definidas no conjunto dos números reais.

a) $f(x) = x - 2$

b) $g(x) = x^2 - 1$

c) $h(x) = (x - 1)^2$

d) $k(x) = x^3$

4 O gráfico a seguir representa a produção mensal de uma fábrica de calçados.

Produção mensal de calçados

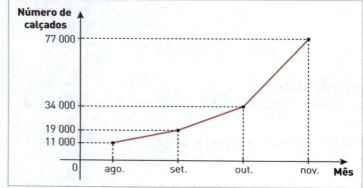

Fonte: Dados fictícios.

Responda às questões.

a) Em qual intervalo essa produção é crescente?

b) Em qual intervalo essa produção é decrescente?

c) Em qual intervalo essa produção tem o crescimento mais acentuado?

CAPÍTULO 20
Funções especiais

Função afim

Ao planejar uma viagem de automóvel, devemos nos preocupar não apenas com o trajeto que será percorrido mas principalmente com os cuidados para garantir a segurança. Antes de iniciar a viagem, deve-se verificar o estado em que se encontram os pneus, os freios e outros itens importantes.

Esses cuidados, além de propiciar uma viagem muito mais tranquila e segura, evitam gastos extras. Em relação ao consumo de combustível do automóvel, sabemos que isso depende, entre outras coisas, da velocidade do veículo ao longo do trajeto.

Carro passando por revisão mecânica.

Observe o exemplo, no gráfico abaixo, do consumo de combustível de um veículo em função de sua velocidade. O consumo do combustível é indicado em km/L (quilômetros por litro), e a velocidade do automóvel, em km/h (quilômetros por hora).

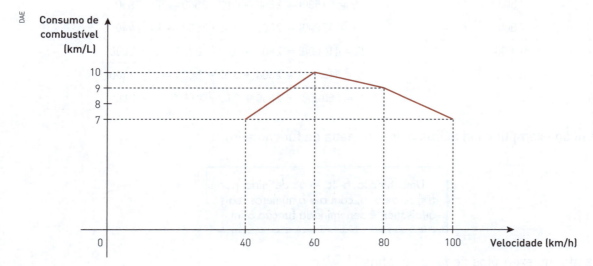

Responda:
1. Que velocidade do automóvel proporciona maior economia de combustível, de acordo com o gráfico?
2. Se o automóvel faz 7 km com 1 litro de combustível, qual é sua velocidade, conforme o gráfico?

O gráfico do exemplo anterior é formado por três segmentos de reta. Para cada segmento podemos obter a lei de formação da relação entre as grandezas relacionadas. A função correspondente é chamada de **função afim**. Neste capítulo, estudaremos funções cujos gráficos são segmentos de reta, semirretas, pontos alinhados ou, de modo mais amplo, retas.

Considere a situação a seguir.

Antônio foi contratado para vender computadores de determinada marca. Ficou acordado que seu salário mensal seria composto de duas partes: uma fixa, no valor de R$ 2.800,00, e uma variável, que corresponderia a 2% do valor total vendido ao longo de um mês. Vamos agora obter a lei de formação da função que fornece o salário mensal S em função do total de vendas V.

Observe que S (salário) depende de V (valor total de vendas). Em símbolos, temos:

$$S = f(V)$$
$$S = f(V) = 2800 + 0{,}02 \cdot V$$

lei de formação da função

Se atribuirmos valores para a variável V e substituirmos conforme a lei de formação da função, obteremos os valores correspondentes de S. Veja algumas possibilidades na tabela a seguir.

Valor total de vendas (V)	Salário mensal (S)
0	$S = f(0) = 2800 + 0{,}02 \cdot 0 \to S = 2800$
2 500	$S = f(2500) = 2800 + 0{,}02 \cdot 2500 \to S = 2850$
7 000	$S = f(7000) = 2800 + 0{,}02 \cdot 7000 \to S = 2940$
10 000	$S = f(10000) = 2800 + 0{,}02 \cdot 10000 \to S = 3000$
15 000	$S = f(15000) = 2800 + 0{,}02 \cdot 15000 \to S = 3100$
50 000	$S = f(50000) = 2800 + 0{,}02 \cdot 50000 \to S = 3800$

A função exemplificada acima é denominada de função afim.

> Uma função $f: \mathbb{R} \to \mathbb{R}$ definida por $f(x) = ax + b$, com a e b números reais quaisquer, é denominada **função afim**.

Veja alguns exemplos de funções afins.

- $f(x) = 10x - 7 \longrightarrow \begin{cases} a = 10 \\ b = -7 \end{cases}$

- $f(x) = -9x + 97 \longrightarrow \begin{cases} a = -9 \\ b = 97 \end{cases}$

- $f(x) = 0{,}4x \longrightarrow \begin{cases} a = 0{,}4 \\ b = 0 \end{cases}$

- $f(x) = -9 \longrightarrow \begin{cases} a = 0 \\ b = -9 \end{cases}$

Atividades

1 Sobre a função afim cuja lei de formação é $y = f(x) = 2x - 10$, responda:

a) Qual é o valor de $f(0)$?
b) Qual é o valor de x que verifica a equação $f(x) = 0$?
c) Qual é o valor de $f(10)$?
d) Qual é o valor de x que verifica a equação $f(x) = 20$?

2 Para observar o comportamento da função afim $y = f(x) = 3x + 5$, Mateus resolveu fazer uma tabela atribuindo valores para a variável x. Copie e complete a tabela a seguir.

Valores de x	Valores de y
$x = 0$	$y = f(0) = 3 \cdot 0 + 5 = 5$
$x = 1$	$y = f(1) =$
$x = 2$	$y = f(2) =$
$x = 3$	$y = f(3) =$

Em seguida, responda:

a) Os valores de x, conforme o quadro, de cima para baixo, aumentam em quantas unidades?
b) Os valores de y, conforme o quadro, de cima para baixo, aumentam em quantas unidades?

3 Considere a função afim definida por $y = f(x) = -4x + 10$ e, no caderno, faça o que se pede.

a) Copie e complete a tabela a seguir.

Valores de x	Valores de y
$x = 0$	$y = f(0) = -4 \cdot 0 + 10 = 10$
$x = 1$	$y = f(1) =$
$x = 2$	$y = f(2) =$
$x = 3$	$y = f(3) =$

b) Responda: Nessa função, aumentando a variável x de 1 em 1, o que acontece com a variável y?

4 Determine a lei de formação de uma função afim f considerando que $f(2) = 10$ e que $f(4) = 30$. Com base nessa lei de formação, calcule:

a) $f(0)$
b) o valor de x tal que $f(x) = 35$

5 Em uma indústria de camisetas, o custo de produção de 500 unidades é R$ 2.700,00. Para produzir 1 000 unidades do mesmo tipo de camiseta, o custo é R$ 3.800,00. Considere que o custo das camisetas é dado em função do número que resulta da função $C(x) = mx + n$, em que x é a quantidade produzida e n, o custo fixo. Então:

a) obtenha os valores de m e de n;
b) calcule o custo para a produção de 900 camisetas.

215

6 Junte-se a um colega e façam o que se pede.

a) Elaborem a lei de formação de uma função afim da forma f(x) = ax + b escolhendo um valor para *a* e um valor para *b*.

b) Façam um quadro e atribuam dez valores quaisquer para *x*. Em seguida, calculem os valores correspondentes de *y*, lembrando que y = f(x).

c) Nesse mesmo quadro, elaborem uma 3ª coluna contendo os pares ordenados (x, y), sendo que *x* corresponde ao valor atribuído e *y*, ao valor obtido.

d) Apresentem à turma o trabalho que desenvolveram nesta atividade.

Representação gráfica de função afim

Toda função afim definida por f(x) = ax + b (sendo *a* e *b* números reais) apresenta como gráfico no plano cartesiano uma reta quando *x* é um número real qualquer. Há três possibilidades para o comportamento dessa função: crescente, decrescente ou constante, relacionadas com a **taxa de crescimento da função**.

- *a* > 0 → função crescente
- *a* < 0 → função decrescente
- *a* = 0 → função constante

O coeficiente de *x* na função afim da forma f(x) = ax + b indica o comportamento da função.

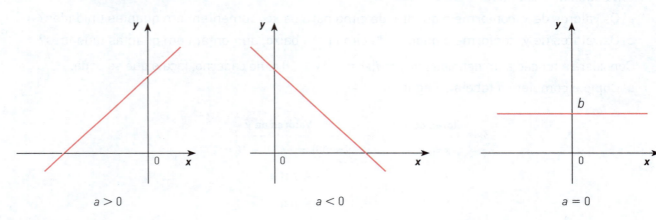

Em cada caso, esboce o gráfico da função e responda:

1. Na função afim definida por y = f(x) = 4x + 1, se o valor da variável *x* aumenta, o que acontece com o valor da variável *y* em correspondência?

2. Na função afim definida por y = f(x) = −3x + 2, se o valor da variável *x* aumenta, o que acontece com o valor da variável *y* em correspondência?

3. Na função afim definida por y = f(x) = 10, qual é o valor da soma f(0) + f(1) + f(−1)?

Em uma função definida por f(x) = ax + b, o valor do coeficiente *a* é denominado **taxa de crescimento da função**. Esse valor pode ser obtido pela relação:

$$a = \frac{f(x_2) - f(x_1)}{x_2 - x_1} = \frac{y_2 - y_1}{x_2 - x_1}$$

Assim, vamos considerar dois pontos $A = (x_1, y_1)$ e $B = (x_2, y_2)$ pertencentes ao gráfico de uma função afim da forma $f(x) = ax + b$:

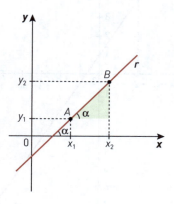

Algebricamente, temos:

$A = (x_1, y_1) \in r \rightarrow y_1 = ax_1 + b$ **I**

$B = (x_2, y_2) \in r \rightarrow y_2 = ax_2 + b$ **II**

zoom: O símbolo $\in$ significa "pertence a". Assim, se o ponto A é um ponto de uma reta r, escrevemos simplesmente $A \in r$.

Fazendo (II) − (I), membro a membro, obtemos:

$$y_2 - y_1 = ax_2 + b - (ax_1 + b)$$
$$y_2 - y_1 = a(x_2 - x_1) \rightarrow a = \frac{y_2 - y_1}{x_2 - x_1}$$

Observe alguns exemplos a seguir.

Exemplo 1

Se atribuirmos valores para x podemos construir no plano cartesiano o gráfico da função afim definida por $f(x) = 3x + 2$.

• Vamos considerar 5 pontos:

$x = 1 \rightarrow y = f(1) = 3 \cdot 1 + 2 = 5$ $x = 4 \rightarrow y = f(4) = 3 \cdot 4 + 2 = 14$
$x = 2 \rightarrow y = f(2) = 3 \cdot 2 + 2 = 8$ $x = 5 \rightarrow y = f(5) = 3 \cdot 5 + 2 = 17$
$x = 3 \rightarrow y = f(3) = 3 \cdot 3 + 2 = 11$

• Localizando esses pontos no plano cartesiano e ligando-os, obtemos o gráfico a seguir.

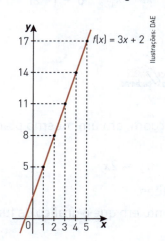

Observe que, aumentando o valor de x em 1 unidade, o valor de y aumenta 3 unidades (o aumento corresponde ao coeficiente a, que é a taxa de crescimento da função). Neste caso, a taxa de crescimento da função é positiva ($a > 0$), portanto a função é crescente.

217

Exemplo 2

O gráfico ao lado representa a função real definida por $y = ax + b$ e passa pelos pontos de coordenadas $A = (-2, 4)$ e $B = (6, -8)$.
Determine a lei de formação dessa função.

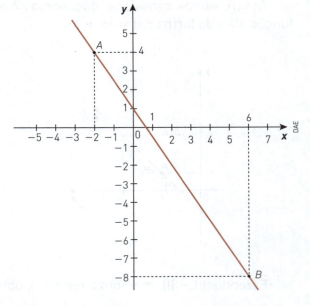

- Considerando que os pontos A e B pertencem à reta, substituímos os valores de x e y correspondentes e recaímos em um sistema de duas equações com duas incógnitas:

$$\begin{cases} 4 = a \cdot (-2) + b \\ -8 = a \cdot 6 + b \end{cases}$$

Resolvendo o sistema, obtemos: $a = -\dfrac{3}{2}$ e $b = 1$.

Assim, a lei de formação da função é $y = -\dfrac{3}{2}x + 1$.

Observe que, nesse caso, a taxa de crescimento da função é negativa ($a < 0$), portanto a função é decrescente.

Note, no exemplo a seguir, que poderíamos também ter calculado a taxa de crescimento da função com base nas coordenadas dos pontos A e B.

$$a = \frac{y_2 - y_1}{x_2 - x_1} = \frac{-8 - 4}{6 - (-2)} = -\frac{3}{2}$$

Atividades

1) Reúna-se com um colega e construam, em um mesmo plano cartesiano, os gráficos das funções definidas por:

I. $y = 2x + 3$ **II.** $y = 2x$ **III.** $y = 2x - 3$

Em seguida, respondam às questões.

a) Quais são as coordenadas do ponto em que o gráfico da função I intercepta o eixo das ordenadas?
b) E as da função II?
c) E as da função III?
d) O que vocês observaram quanto à posição relativa das retas correspondentes aos gráficos dessas funções?

2 Elabore a lei de formação de duas funções da forma y = ax + b e, utilizando uma folha de papel quadriculado, construa no mesmo plano cartesiano os gráficos correspondentes.

3 A seguir estão representados os gráficos de duas funções da forma y = ax + b. O primeiro é uma reta que divide os quadrantes ímpares ao meio (**bissetriz dos quadrantes ímpares**) e o segundo divide os quadrantes pares ao meio (**bissetriz dos quadrantes pares**).

Obtenha a lei de formação de cada função correspondente.

a) b)

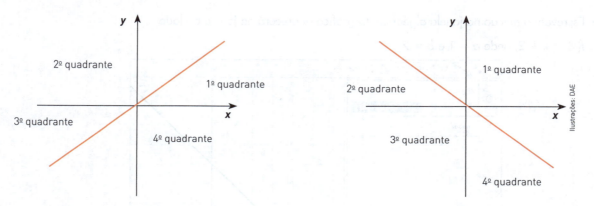

4 Construa, no caderno, o gráfico das funções reais definidas por f(x) = 4x − 1 e g(x) = −2x + 4. Depois, responda às questões.

a) As funções são crescentes ou decrescentes?

b) Quais são as coordenadas dos pontos em que os gráficos dessas funções intersectam o eixo das abscissas?

c) Quais são as coordenadas do ponto em que o gráfico dessa função intersecta o eixo das ordenadas?

5 Um posto de combustível cobra R$ 4,90 pelo litro de gasolina e R$ 2,90 pelo litro de etanol.

a) Obtenha a lei de formação de uma função que forneça a quantia Q a ser paga pela compra de x litros de gasolina.

b) Nessa função, duplicando o valor de x, o que acontece com o valor de Q?

c) Obtenha a lei de formação de uma função que fornece a quantia P a ser paga pela compra de y litros de álcool.

d) Nessa função, duplicando o valor de y, o que acontece com o valor de P?

Posto de combustível.

6 Considere, para determinada localidade, que o valor V, em reais, da conta mensal de energia elétrica é calculado da seguinte forma: para consumos inferiores ou iguais a 200 kWh, cobra-se R$ 0,35 por kWh; para consumos superiores a 200 kWh, o valor do kWh é acrescido de 50%.

a) Obtenha a lei de formação que fornece o valor V cobrado pelo consumo de x kWh considerando que $0 \leq x \leq 200$.

b) Calcule o valor pago pelo consumo de 100 kWh.

c) Obtenha a lei de formação que fornece o valor V cobrado pelo consumo de x kWh considerando que $x > 200$.

d) Determine o valor pago pelo consumo de 300 kWh.

Conviver

Geogebra na construção de gráficos de funções afins

Para esta atividade, junte-se a três colegas. Vocês irão explorar o *software* GeoGebra para a construção de gráficos de funções afins. Sigam as instruções.

1 Escrevam a função na janela algébrica. O gráfico aparecerá na janela ao lado.

$f(x) = x + 2$, onde $a = 1$ e $b = 2$

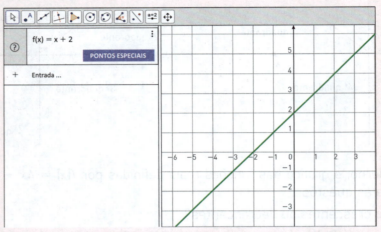

2 Cliquem em "Pontos especiais". Observem que aparecerão destacados os pontos A e B, que poderemos renomear, chamando-os de C e D, para que não sejam confundidos com a, que é o coeficiente de x, e com b, que é o termo independente.

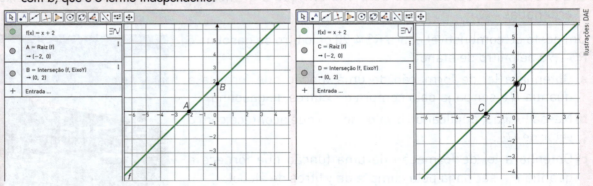

Para mudar a função representada, basta digitar na janela "Entrada" ou apagar a função inicial e escrever outra.

3 Agora respondam:

a) O que acontecerá com o gráfico se mudarmos o sinal do coeficiente de x da função representada?

b) O que acontecerá com o gráfico da função $f(x) = x + 2$ se multiplicarmos por 2 o coeficiente de x e o termo independente?

c) Representem as funções $f(x) = 2x - 1$, $g(x) = 2x - 2$ e $h(x) = 2x - 3$. O que podemos observar em relação a esses gráficos?

d) Representem as funções $f(x) = 3x + 3$ e $g(x) = -3x - 3$. O que podemos observar em relação a esses gráficos?

Função quadrática

A trajetória de uma bola de golfe, como demonstrado na imagem abaixo, pode ser descrita por meio de uma curva que recebe o nome de **parábola**. No futebol também é comum que, quando o goleiro chuta a bola em direção ao campo adversário, sua trajetória seja uma parábola.

Muitas construções também têm o formato de parábola. Veja a fotografia de um edifício na Alemanha.

Edifício Ludwig Erhard Haus, situado em Berlim, Alemanha.

Quer ter uma ideia do que é uma trajetória parabólica?

Junte-se aos colegas, peguem uma bola e vão a um campo de futebol. Chutem a bola diversas vezes para cima e verifiquem a trajetória. Na ilustração a seguir estão representadas três trajetórias possíveis.

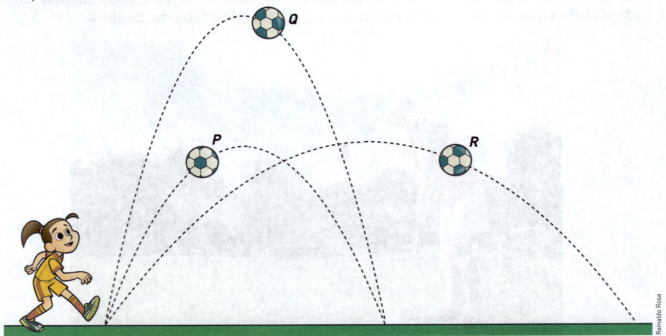

Responda:
1. Em qual das trajetórias a bola atingiu a maior altura?
2. Em qual das trajetórias a bola teve o maior alcance?

A parábola é uma curva especial. Podemos obter o esboço de uma parábola no plano cartesiano com uma função denominada **função quadrática** ou função do 2º grau. A lei de formação de uma função quadrática é:

$y = f(x) = ax^2 + bx + c$

Nessa lei de formação temos que a, b e c são números reais quaisquer com $a \neq 0$. Note que se $a = 0$, a função deixa de ser quadrática.

Observe, a seguir, exemplos de funções quadráticas.

- $f(x) = x^2 - 10x - 7 \rightarrow \begin{cases} a = 1 \\ b = -10 \\ c = -7 \end{cases}$

- $f(x) = 0{,}4x^2 \rightarrow \begin{cases} a = 0{,}4 \\ b = 0 \\ c = 0 \end{cases}$

- $f(x) = -9x^2 + 97 \rightarrow \begin{cases} a = -9 \\ b = 0 \\ c = 97 \end{cases}$

- $f(x) = -3x^2 - 9 \rightarrow \begin{cases} a = -3 \\ b = 0 \\ c = -9 \end{cases}$

Representação gráfica de uma função quadrática

O gráfico de uma função quadrática no plano cartesiano é a curva denominada parábola. Existem muitos casos em que podemos obter um modelo matemático. Muitos desses casos podem ser representados utilizando-se uma função quadrática, como o movimento de queda livre, por exemplo. A construção do gráfico de uma função quadrática não é imediata, como na função afim; são necessários mais pontos para que possamos ter uma ideia melhor do gráfico.

Observe nos exemplos a seguir que podemos obter o gráfico de uma função quadrática atribuindo valores à variável x.

Exemplo 1

O gráfico ao lado é resultado da função quadrática real definida por $y = f(x) = x^2 - 4$.

As coordenadas dos pontos indicados no gráfico foram obtidas da seguinte forma:

$x = -3 \rightarrow y = f(-3) = (-3)^2 - 4 = 5$
$x = -2 \rightarrow y = f(-2) = (-2)^2 - 4 = 0$
$x = -1 \rightarrow y = f(-1) = (-1)^2 - 4 = -3$
$x = 0 \rightarrow y = f(0) = 0^2 - 4 = -4$
$x = 1 \rightarrow y = f(1) = 1^2 - 4 = -3$
$x = 2 \rightarrow y = f(2) = 2^2 - 4 = 0$
$x = 3 \rightarrow y = f(3) = 3^2 - 4 = 5$

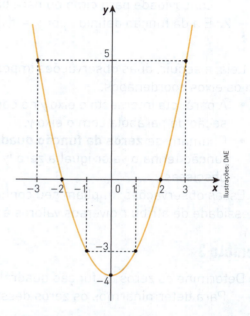

Após localizar os pontos com base nos valores obtidos acima, ligamos esses pontos, obtendo a parábola. Nesse exemplo, dizemos que a parábola tem a **concavidade voltada para cima**.

Exemplo 2

O gráfico ao lado é resultado da função quadrática real definida por $y = f(x) = -x^2 + 4x$.

As coordenadas dos sete pontos indicados no gráfico foram obtidas da seguinte forma:

$y = f(-1) = -(-1)^2 + 4(-1) = -5$
$y = f(0) = 0^2 + 4 \cdot 0 = 0$
$y = f(1) = -1^2 + 4 \cdot 1 = 3$
$y = f(2) = -2^2 + 4 \cdot 2 = 4$
$y = f(3) = -3^2 + 4 \cdot 3 = 3$
$y = f(4) = -4^2 + 4 \cdot 4 = 0$
$y = f(5) = -5^2 + 4 \cdot 5 = -5$

A cada par ordenado obtido, localizamos um ponto no plano cartesiano. Ligando os pontos, obtemos a parábola – que, nesse caso, tem a **concavidade voltada para baixo**.

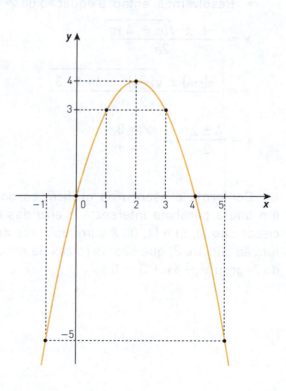

> Em uma função $f: \mathbb{R} \to \mathbb{R}$ definida por $f(x) = ax^2 + bx + c$, sendo a, b e c números reais e $a \neq 0$, temos:
> $a > 0 \to$ parábola com a concavidade voltada para cima;
> $a < 0 \to$ parábola com a concavidade voltada para baixo.

Responda:
1. A parábola correspondente ao gráfico da função real definida por $y = f(x) = 2x^2 - 3$ tem a concavidade para cima ou para baixo?
2. E a da função definida por $y = f(x) = -2x^2 - 3$?

Leia, a seguir, duas observações importantes sobre a interseção do gráfico da função quadrática com os eixos coordenados.
- A parábola intersecta o eixo y no ponto $(0, c)$. Assim, o termo c é a ordenada do ponto de interseção da parábola com o eixo y.
- Chamam-se **zeros da função quadrática** os valores reais da variável x que fazem com que a função tenha o valor igual a zero ($y = f(x) = 0$), ou seja, onde a parábola intersecta o eixo das abscissas.

Essas observações ampliam seu conhecimento sobre o gráfico de uma função quadrática sem a necessidade de atribuir diversos valores à variável x. Observe, a seguir, mais dois exemplos.

Exemplo 3

Determine os zeros da função quadrática definida por $y = f(x) = x^2 - 4x + 3$.
- Para determinarmos os zeros dessa função, igualamos a zero.

$$x^2 - 4x + 3 = 0$$

- Resolvemos, então, a equação do 2º grau correspondente.

$$x = \frac{-b \pm \sqrt{b^2 - 4ac}}{2a}$$

$$x = \frac{-(-4) \pm \sqrt{(-4)^2 - 4 \cdot 1 \cdot 3}}{2 \cdot 1}$$

$$x = \frac{4 \pm 2}{2} \to \begin{cases} x = 3 \\ x = 1 \end{cases}$$

> A parábola intersecta o eixo x quando:
> $\Delta > 0$, em dois pontos;
> $\Delta = 0$, em um ponto;
> $\Delta < 0$, nenhum ponto.

Conforme o esboço do gráfico, os pontos em que a parábola intersecta o eixo das abscissas são $(3, 0)$ e $(1, 0)$. Assim, os zeros dessa função são 1 e 3, que são as raízes da equação do 2º grau $x^2 - 4x + 3 = 0$.

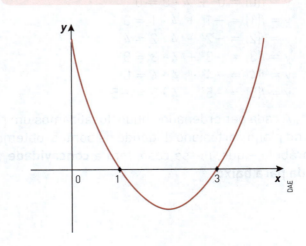

Exemplo 4

Obtenha as coordenadas do ponto em que a parábola correspondente ao gráfico da função quadrática $y = f(x) = 3x^2 + 4x - 7$ intersecta o eixo das ordenadas.

- No eixo das ordenadas, temos que a abscissa é igual a zero. Assim, para obter a ordenada, basta substituir x por zero.

$x = 0$
$y = f(0)$
$y = 3 \cdot 0^2 + 4 \cdot 0 - 7 \Rightarrow y = -7$

O termo independente de x indica a ordenada do ponto em que o gráfico intersecta o eixo das ordenadas.

> Em relação ao gráfico de uma função quadrática definida para qualquer x real, responda:
> 1. Quantos pontos em comum com o eixo das abscissas uma parábola pode ter?
> 2. Quais são as coordenadas do ponto em que a parábola correspondente ao gráfico da função definida nos reais por $y = 3x^2 - 7x + 10$ intersecta o eixo das ordenadas?

Atividades

1 Considere a função quadrática definida por $f(x) = 2x^2 - 10$.
   a) Determine o valor de $f(0)$.
   b) Qual é a concavidade da parábola correspondente ao gráfico dessa função? Justifique.
   c) Calcule o valor de $f(1) \cdot f(-1)$.

2 Determine os zeros de cada função quadrática a seguir.
   a) $f(x) = -x^2 + 7x - 6$
   b) $f(x) = -x^2 + 10x$
   c) $f(x) = x^2 - 4x + 4$
   d) $f(x) = x^2 - x + 7$

3 O dono de um sítio resolveu plantar seringueiras ao redor de todo o terreno, como indicado na imagem (parte vermelha). Na parte interna do terreno (verde), ele resolveu organizar um pomar e construir uma casa. Veja a planta a seguir.

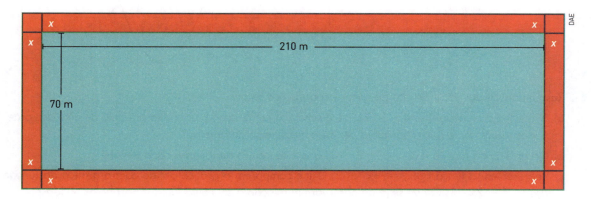

Determine a área A, onde serão plantadas as seringueiras, em função da medida x.

Conviver

Geogebra na construção de gráficos de funções quadráticas

Junte-se a três colegas para fazer esta atividade de construção de gráficos de funções quadráticas com o auxílio do *software* GeoGebra. Sigam as instruções.

1 Escrevam as funções $f(x) = x^2$, $g(x) = x^2 + 1$ e $h(x) = x^2 - 1$ na janela algébrica e comparem os três gráficos.

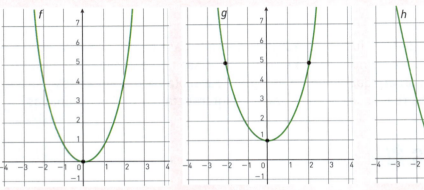

2 Escrevam a função $f(x) = x^2 + 2x - 1$ e observem o gráfico. Em seguida, cliquem em "Pontos especiais".

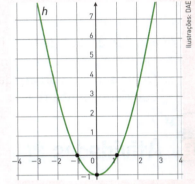

3 Respondam às questões, de acordo com as construções feitas.

a) O gráfico da função $f(x) = x^2 + 2x - 1$ é simétrico em relação a uma reta paralela ao eixo das ordenadas. Qual ponto dessa parábola pertence a esse eixo de simetria?

b) No gráfico da função $f(x) = x^2 + 2x - 1$, o que os pontos destacados representam?

c) Representem a função $g(x) = -x^2 - 2x + 1$ e comparem o gráfico obtido com o gráfico da função $f(x) = x^2 + 2x - 1$. O que se pode observar em relação à concavidade das parábolas obtidas?

d) Representem a função $f(x) = 2x^2 + 2$. Em seguida, cliquem em "Pontos especiais". Que diferenças podemos observar?

CAPÍTULO 21

Relações entre grandezas

Razões e relações de proporcionalidade

Ao analisar a razão entre duas grandezas de espécies diferentes, em determinadas situações podemos ampliar o conhecimento sobre a relação de dependência entre essas grandezas. Como visto anteriormente nesta unidade, uma função pode ser considerada uma relação de dependência entre duas grandezas.

A velocidade constante de um automóvel em uma rodovia é um exemplo de razão que envolve duas grandezas.

Responda:
1. A velocidade pode ser considerada razão entre quais grandezas?
2. Se um automóvel percorre 40 km em $\frac{1}{2}$ hora a uma velocidade constante, qual é essa velocidade?

Observe atentamente as três situações a seguir.

1ª situação

Imagine que uma pessoa, caminhando em linha reta, consiga percorrer 100 m a cada minuto. Representando por y o deslocamento dessa pessoa e por x o tempo em minutos, montamos a tabela a seguir.

Deslocamento (y em metros)	0	100	200	300	400	500
Tempo (x em minutos)	0	1	2	3	4	5

Para valores diferentes de zero no quadro acima, tanto para y como para x, observe que o quociente entre os valores de y (deslocamento) e os valores de x (tempo) se mantém constante.

$$\frac{100\ m}{1\ min} = \frac{200\ m}{2\ min} = \frac{300\ m}{3\ min} = \frac{400\ m}{4\ min} = \frac{500\ m}{5\ min} = k$$

(k é uma constante de proporcionalidade)

Essa constante de proporcionalidade é a velocidade em metros por minuto. Podemos escrever:

$$\frac{y}{x} = k$$

$$\frac{y}{x} = 100 \longrightarrow y = 100x$$

227

2ª situação

Se conhecermos a densidade demográfica de determinada região, podemos mensurar a distribuição da população que vive nela. Essa medida é a razão entre o número de habitantes e a área da região em quilômetros quadrados.

$$\text{Densidade demográfica} = \frac{\text{número de habitantes}}{\text{área}}$$

Vamos calcular a densidade demográfica do Brasil conforme o Censo Demográfico de 2010, considerando que a área do país é de 8 515 767 quilômetros quadrados e, na época, a população era de 190 732 694 pessoas.

- Dividimos o número de habitantes pela população.

$$\text{Densidade} = \frac{190\,732\,694 \text{ hab}}{8\,515\,767 \text{ km}^2}$$

$$\text{Densidade} = 22{,}397\,594 \text{ hab/km}^2$$

$$\text{Densidade} \cong 22{,}4 \text{ hab/km}^2$$

Lemos:
Vinte e dois vírgula quatro habitantes por quilômetro quadrado.

3ª situação

Considere que, em uma viagem de 1 800 km de distância em um trem-bala, sejam simulados os valores da velocidade média em km/h (representado por y) e o tempo em horas (representado por x). Nessa situação, a velocidade do trem e o tempo são inversamente proporcionais. Observe os valores do quadro.

Velocidade y (km/h)	180	200	240	300	360
Tempo x (h)	10	9	7,5	6	5

- Note que os produtos da velocidade pelo tempo correspondente resultam na mesma constante:

$$180 \cdot 10 = 200 \cdot 9 = 240 \cdot 7{,}5 = 300 \cdot 6 = 360 \cdot 5 = k$$

Essa constante de proporcionalidade é a distância total percorrida, considerando uma velocidade constante.

- Para relacionar y com x, escrevemos:

$$y \cdot x = k$$

$$y \cdot x = 1\,800 \rightarrow y = \frac{1\,800}{x}$$

1 Observe o gráfico a seguir, que relaciona y em função de x. Copie e complete o quadro e, depois, responda às questões.

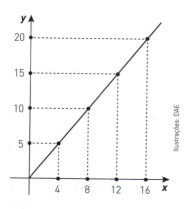

x	4	8	12	16	20	24
y						

a) As grandezas y e x são diretamente proporcionais?

b) É correto afirmar que o quociente $\dfrac{y}{x}$ é uma constante? Qual é essa constante?

c) Nessa situação, duplicando-se o valor de x, o que ocorre com o valor de y?

d) E triplicando-se o valor de x, o que acontece com o valor de y?

2 Junte-se a um colega para fazer esta atividade. Sigam as instruções.

Instruções

1. Pesquisem a população segundo o Censo de 2010 do estado em que vocês moram.

2. Pesquisem a área do território ocupada pelo estado onde moram.

3. Calculem a densidade demográfica correspondente ao estado onde moram.

4. Comparem essa densidade demográfica com a densidade demográfica do Brasil conforme dados do Censo de 2010. Escrevam uma conclusão.

3 Pedro construiu no plano cartesiano um gráfico que relaciona duas grandezas inversamente proporcionais. O gráfico está esboçado abaixo.

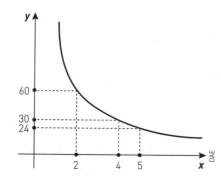

Responda:

a) Para $x = 2$, qual é o valor de y?

b) Quando $y = 24$, qual é o valor correspondente de x?

c) Que expressão relaciona y com x?

d) Nessa situação, qual é a constante de proporcionalidade?

e) Para $x = 4$, qual é o valor correspondente de y?

4 Junte-se a um colega e façam o que se pede.

1. Elaborem uma situação que relacione duas grandezas diretamente proporcionais, escrevam a lei de formação dessa relação e indiquem a constante de proporcionalidade.

2. Elaborem uma situação que relacione duas grandezas inversamente proporcionais, escrevam a lei de formação dessa relação e indiquem a constante de proporcionalidade.

3. Apresentem as duas situações aos demais colegas da turma.

Regra de três composta

Já resolvemos situações que envolvem grandezas diretamente proporcionais e outras que abrangem grandezas inversamente proporcionais. Entretanto, há situações que envolvem mais de duas grandezas, que podem ser, duas a duas, diretamente ou inversamente proporcionais. A esses casos denominamos **problemas de regra de três composta**. Acompanhe as duas situações a seguir.

1ª situação

Trabalhando durante 6 dias, 5 máquinas idênticas produzem 4 000 peças. Quantas peças desse mesmo tipo serão produzidas por 7 máquinas idênticas durante 12 dias?

- São três grandezas relacionadas — veja na tabela.

Número de máquinas	Número de dias	Número de peças
5	6	4 000
7	12	x

Vamos relacionar a grandeza "número de dias" com a grandeza "número de peças", fixando o número de máquinas com duplicação do número de dias, observa-se a duplicação do número de peças produzidas (diretamente proporcionais).

- Fixando agora a grandeza "número de dias", vamos relacionar as grandezas "número de máquinas" e "número de peças". Assim, no mesmo período de tempo, duplicando-se o número de máquinas, o número de peças produzidas será duplicado (diretamente proporcionais).

Desse modo, concluímos que a grandeza "número de peças" é diretamente proporcional às outras duas, podemos relacionar tais valores na seguinte proporção:

$$\frac{5}{7} \cdot \frac{6}{12} = \frac{4\,000}{x} \rightarrow \frac{30}{84} = \frac{4\,000}{x} \rightarrow 30 \cdot x = 84 \cdot 4\,000 \rightarrow x = \frac{336\,000}{30} \rightarrow x = 11\,200$$

Portanto, serão produzidas 11 200 peças.

2ª situação

Ao longo de um treinamento especial para uma competição, um ciclista percorreu cerca de 400 km em 4 dias, pedalando 4 horas diariamente. Se pedalar 5 horas por dia, em quantos dias esse ciclista terá percorrido 1 000 km?

- Vamos organizar essas informações para analisar, duas a duas, as grandezas envolvidas.

Número de quilômetros	Número de horas por dia	Número de dias
400	4	4
1 000	5	x

- Fixando a grandeza "número de quilômetros" e duplicando, por exemplo, o número de horas por dia, cairá pela metade o número de dias para fazer o percurso (inversamente proporcionais).

Fixando a grandeza "número de horas por dia" e duplicando, por exemplo, o número de quilômetros percorridos por dia, o número de dias será duplicado (diretamente proporcionais).

Como "número de dias" é diretamente porporcional a "número de quilômetros" e inversamente porporcional a "número de horas por dia", temos:

razão invertida

$$\frac{400}{1\,000} \cdot \frac{5}{4} = \frac{4}{x} \rightarrow \frac{2\,000}{4\,000} = \frac{4}{x} \rightarrow 2\,000 \cdot x = 4 \cdot 4\,000 \rightarrow x = \frac{16\,000}{2\,000} \rightarrow x = 8$$

Portanto, o ciclista levará 8 dias para percorrer 1 000 km se pedalar 5 horas diariamente.

Há outro modo de analisar esse problema: podemos descobrir quantos quilômetros, em média, esse ciclista percorre por hora.

- Se ele percorre 400 km em 4 dias, percorre, em média, 100 km por dia.
- Se a cada dia ele treina durante 4 horas, significa que ele percorre 25 km a cada hora.

Assim, se treinar durante 4 horas por 5 dias, percorrerá 5 · 25 km = 125 km por dia.

- Para saber em quantos dias ele percorrerá 1 000 km, efetuamos a divisão:

$$1\,000 : 25 = 8$$

Portanto, o ciclista levará 8 dias para percorrer 1 000 km pedalando 5 horas diariamente.

> Em problemas de regra de três composta, relacionamos cada grandeza com aquela que tem o termo a ser determinado. A ideia é verificar se as grandezas são direta ou inversamente proporcionais à grandeza cujo valor é desconhecido.

Atividades

1. Trabalhando 12 dias, 10 operários produzem 800 peças em uma fábrica. Quantas peças desse mesmo tipo serão produzidas por 14 operários em 18 dias?

2. Em relação às grandezas relacionadas na atividade anterior, responda:
   a) Mantendo-se constante o número de dias, as grandezas "número de operários" e "quantidade de peças" são direta ou inversamente proporcionais?
   b) Mantendo-se constante o número de operários, as grandezas "número de dias" e "quantidade de peças" são direta ou inversamente proporcionais?

3. Na construção de um muro com 5 metros de altura e 60 metros de comprimento, alguns pedreiros levaram 48 dias. Em quantos dias o mesmo número de pedreiros, em ritmo idêntico, construiria um muro de 4 metros de altura e 50 metros de comprimento?

4. Ângela dirige, em velocidade média de 60 km/h, 8 horas por dia durante 5 dias para percorrer a distância entre duas cidades. Se ela dirigisse a 100 km/h por 6 horas diárias, em quanto tempo faria o mesmo percurso?

5. No que se refere às grandezas relacionadas na atividade anterior, responda:
   a) Mantendo-se constante a velocidade, as grandezas "horas por dia" e "número de dias" são direta ou inversamente proporcionais?
   b) Mantendo-se constante a quantidade de horas diárias, as grandezas "velocidade" e "número de dias" são direta ou inversamente proporcionais?

6. Seis profissionais, em ritmo de trabalho equivalente, levaram 18 dias para digitar um livro de 720 páginas. Se desde o início do trabalho houvesse 2 digitadores a mais, em quanto tempo eles digitariam 800 páginas?

7. Forme dupla com um colega e elaborem uma situação-problema que tenha ao menos um questionamento que possa ser resolvido por meio da regra de três composta.

Convidem outra dupla para resolver o problema que vocês elaboraram e aproveitem para tentar solucionar o problema concebido por eles. Depois, compartilhem com a turma as maiores dificuldades, as estratégias utilizadas e as possíveis aprendizagens adquiridas após essa experiência.

Retomar

1 A seguir está representado o gráfico de uma função.

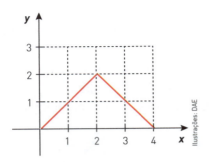

Em relação a essa função, é correto afirmar que o valor de $f(0) + f(1) + f(2) + f(3) + f(4)$ é:

a) 1
b) 2
c) 3
d) 4

2 Um comerciante teve uma despesa de R$ 230,00 na compra de x unidades de determinado produto. Como pretende vender cada unidade por R$ 5,00, o lucro final L é dado em função de x por:

a) $L(x) = 5x + 230$
b) $L(x) = 5x - 230$
c) $L(x) = 5(x + 230)$
d) $L(x) = 5(x - 230)$

3 Considere o gráfico de uma função $y = f(x)$.

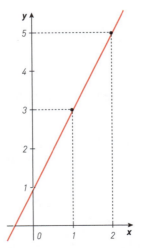

Calculando-se $f(0) + f(1) + f(2)$, obtém-se:

a) 4
b) 5
c) 7
d) 9

4 O lado de um quadrado é representado pela letra ℓ e o perímetro pela letra P.

Qual é a relação matemática que expressa P em função de ℓ?

a) $P = 0{,}4\ell$
b) $P = 2\ell$
c) $P = 4\ell$
d) $P = 8\ell$

5 Em relação à atividade anterior, é correto afirmar que:

a) aumentando-se o valor de ℓ, o valor de P diminui.
b) diminuindo-se o valor de ℓ, o valor de P aumenta.
c) duplicando-se o valor de ℓ, reduz-se pela metade o valor de P.
d) triplicando-se o valor de ℓ, triplica-se também o valor de P.

6 O gráfico a seguir é de uma função que relaciona duas grandezas x e y.

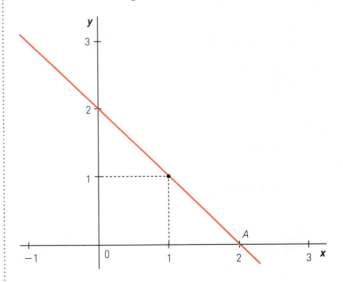

Analisando o gráfico dessa função, é correto afirmar que:

a) $f(0) = 0$
b) $f(1) = 2$
c) $f(2) = 0$
d) $f(2) = 1$

7 Quando duas grandezas são diretamente proporcionais, é correto afirmar que:
a) o produto delas é uma constante.
b) a diferença entre elas é uma constante.
c) o quociente entre elas é uma constante.
d) uma aumenta e a outra diminui.

8 Quando duas grandezas são inversamente proporcionais, é correto afirmar que:
a) o produto delas é uma constante.
b) a diferença entre elas é uma constante.
c) o quociente entre elas é uma constante.
d) uma aumenta e a outra aumenta também.

9 Uma função f é definida no conjunto dos números reais por $f(x) = 9x - 15$. Determine o valor de m tal que $m = \dfrac{f(40) - f(30)}{40 - 30}$.
a) 9
b) 29
c) 39
d) 15

10 Na produção de x peças de determinado produto, sabe-se que o custo fixo é de R$ 800,00, além de um custo variável de R$ 0,50 por unidade produzida. Determine a alternativa que indica corretamente o custo C de produção de x dessas peças.
a) $C(x) = 800 - 0{,}50x$
b) $C(x) = 800x - 0{,}50$
c) $C(x) = 800 + 0{,}50x$
d) $C(x) = 800$

11 Considerando a função f definida no conjunto dos números reais por $f(x) = x^2$, determine a alternativa que indica corretamente o valor de $f(1) + f(2) + f(3)$.
a) 10
b) 14
c) 16
d) 20

12 O gráfico de uma função quadrática intersecta o eixo das abscissas nos pontos $A = (-2, 0)$ e $B = (8, 0)$. Sobre essa função, é correto afirmar que:
a) o gráfico é uma parábola com a concavidade voltada para cima.
b) o gráfico é uma parábola com a concavidade voltada para baixo.
c) o gráfico é uma parábola que pode ter a concavidade para cima ou para baixo.
d) o gráfico é uma reta.

13 Para construir o gráfico de uma função quadrática, Lígia fez uma tabela com sete valores de x. Substituiu esses valores na lei de formação da função e obteve sete valores para y. Em seguida, localizou no plano cartesiano os pontos correspondentes a esses pares ordenados, obtendo o gráfico representado a seguir.

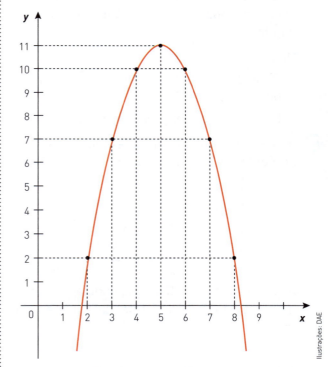

A respeito dessa função e de seu gráfico, é correto afirmar que:
a) o gráfico não intersecta o eixo das abscissas.
b) o gráfico não intersecta o eixo das ordenadas.
c) a função tem dois zeros.
d) essa função admite um mínimo igual a 11.

14 O professor de Matemática desenhou na lousa o gráfico de algumas funções quadráticas que passavam pela origem do sistema de coordenadas cartesianas, conforme esboço a seguir.

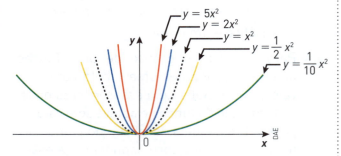

Note que cada curva tem indicada a função quadrática correspondente e que a linha tracejada indica a função quadrática definida por $y = x^2$.

Responda às questões.

a) Qual dessas funções tem a maior imagem para $x = 7$?

b) E qual tem a menor imagem para $x = 7$?

15 As medidas dos lados do retângulo são representadas em função de x.

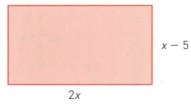

Assinale a alternativa que indica corretamente a função f que relaciona a área do retângulo em função de x.

a) $f(x) = 2x^2 - 10x$
b) $f(x) = 2x^2 + 10x$
c) $f(x) = 2x^2 + 10$
d) $f(x) = x^2 + 10x$

16 Ainda em relação à atividade anterior, qual será a área do retângulo se x assumir o valor 6?

a) 6 unidades de área
b) 12 unidades de área
c) 8 unidades de área
d) 9 unidades de área

17 (Enem)

Vendedores jovens

Fábricas de LONAS – Vendas no atacado

10 vagas para estudantes, 18 a 20 anos, sem experiência.

Salário: R$ 300,00 fixo + comissão de R$ 0,50 por m² vendido.

Contato: 0xx97 4342-1167 ou atacadista@lonaboa.com.br

Na seleção para as vagas desse anúncio, feita por telefone ou correio eletrônico, propunha-se aos candidatos uma questão a ser resolvida na hora. Eles deveriam calcular seu salário no primeiro mês se vendessem 500 m de tecido com largura de 1,40 m e no segundo mês se vendessem o dobro. Foram bem-sucedidos os jovens que responderam, respectivamente:

a) R$ 300,00 e R$ 500,00
b) R$ 550,00 e R$ 850,00
c) R$ 650,00 e R$ 1.000,00
d) R$ 650,00 e R$ 1.300,00
e) R$ 950,00 e R$ 1.900,00

18 (Obmep) Um casal e seus filhos viajaram de férias. Como reservaram dois quartos em um hotel por 15 noites, decidiram que, em cada noite, dois filhos dormiriam no mesmo quarto de seus pais, e que cada filho dormiria seis vezes no quarto dos pais. Quantos são os filhos do casal?

a) 5   d) 8
b) 6   e) 9
c) 7

19 (Obmep) Sempre que Yurika abastece seu carro, ela enche o tanque e anota a data, a quilometragem marcada no painel e a quantidade de litros de combustível colocada. Na tabela estão os dados registrados por Yurika em dois abastecimentos consecutivos. Quantos quilômetros por litro, aproximadamente, fez o carro de Yurika nesse período?

Data	km	Litros
⋮	⋮	⋮
1/2	35 723	32,5
7/2	36 144	43,0
⋮	⋮	⋮

a) 5,6
b) 9,8
c) 11,1
d) 12,9
e) 40,1

20 **(Obmep)** A figura mostra o gráfico da função definida por $y = x^2$. O ponto A tem coordenadas $(0, p)$. Qual é o valor de p?

a) 5
b) 5,5
c) 6
d) 6,25
e) 6,5

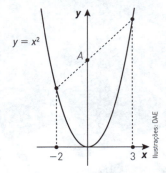

21 **(Obmep)** Se $f(x) = 5x^2 + ax + b$, com $a \neq b$, $f(a) = b$ e $f(b) = a$, qual é o valor de $a + b$?

a) -5
b) $-\dfrac{1}{5}$
c) 0
d) $\dfrac{1}{5}$
e) 5

22 **(Obmep)** Na figura abaixo, $BHEG$ é um retângulo com $BG > BH$, e A, C, D e F são pontos médios de seus respectivos lados. Um ponto P desloca-se ao longo da poligonal $ABCDEF$, partindo de A até o ponto F.

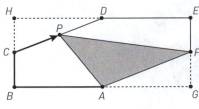

Qual é o gráfico que melhor representa a área $R(x)$ do triângulo APF em função da distância x percorrida pelo ponto P ao longo dessa poligonal?

a)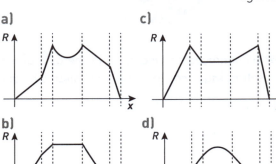
c)
e)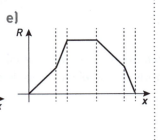
b)
d)

Ampliar

Almanaque das curiosidades matemáticas, de Ian Stewart (Zahar).

Sim, a Matemática que você aprende na escola é interessante, de acordo com Ian Stewart, que desde os 14 anos faz anotações sobre desafios, histórias e anedotas de Matemática. O livro traz parte dessas anotações, passando por temas diversos, como o teorema de Pitágoras e o famoso problema $N = NP$, que ainda não foi solucionado (a propósito, quem conseguir resolvê-lo levará o prêmio de 1 milhão de dólares). Obra muito interessante, não só para os amantes de Matemática.

Os maiores problemas matemáticos de todos os tempos, de Ian Stewart (Zahar).

O professor Ian Stewart traz, de forma envolvente e curiosa, grandiosos desafios matemáticos, como o teorema de Fermat e a complexa hipótese de Riemann, entre muitos outros. Cada capítulo é dedicado a um desses problemas. De forma detalhada, simples e objetiva, ele apresenta desde o contexto da origem de cada desafio e enigma até sua atual importância.

UNIDADE 8

Vista superior de plantas e desenhos de uma casa em que aparecem alguns detalhes externos e internos, tais como quartos, cozinha, corredor, banheiro etc.

Com frequência, antes de iniciar a construção de uma casa, inúmeros profissionais são envolvidos na elaboração de desenhos, esquemas, projetos e até mesmo maquetes.

Porcentagens, formas e medidas

Arquitetos analisam uma maquete ao montá-la.

1. Por que é feita a planta de uma casa?

2. Qual profissional está diretamente envolvido na elaboração do projeto de uma casa?

CAPÍTULO 22

Porcentagem

Resolução de problemas com porcentagens

No comércio, em particular, o conhecimento a respeito de porcentagem e de como fazer os cálculos envolvendo porcentagem é algo que os profissionais da área precisam dominar.

Responda:
1. Se estão ausentes 7 alunos de uma sala de aula com um total de 28 alunos, qual é o percentual de alunos que há na sala?
2. Multiplicar um número n por 0,23 é o mesmo que calcular quanto por cento desse número?

Nos volumes anteriores desta coleção, você já teve contato com cálculos de porcentagem. Neste capítulo, iremos retomar e aprofundar esse conceito por meio de diversas situações. Inicialmente, analise com os colegas as situações apresentadas a seguir.

1ª situação (procedimento com a calculadora)

Como determinar 4% de R$ 9.745,00 utilizando uma calculadora?
- O procedimento em algumas calculadoras consiste em digitar inicialmente o valor 9 745, apertar a tecla de multiplicação, digitar 4 e então apertar a tecla com o símbolo %, isto é:

No visor da calculadora irá aparecer o número 389,8, que corresponde a R$ 389,80, ou seja, 4% de R$ 9.745,00.

2ª situação (procedimento sem a calculadora)

Sem a utilização da calculadora, como fazer para determinar 4% de R$ 9.745,00?
- Uma estratégia para o cálculo envolvendo porcentagens sem o uso de uma calculadora é iniciar obtendo o correspondente a 1%.
- Calculamos 1% de 9 745, isto é: 1 centésimo de 9 745 (dividimos 9 745 por 100)

$$1\% \text{ de } 9\,745 = 9\,745 : 100 = 97,45$$

- Calculamos 4% de 9 745, multiplicando o valor obtido por 4:

$$4\% \text{ de } 9\,745 = 4 \cdot 97,45 = 389,80$$

Portanto, verificamos que 4% de R$ 9.745,00 correspondem a R$ 389,80, mesmo sem usar a calculadora.

3ª situação (cálculo com desconto)

Ao comprar uma geladeira no valor anunciado de R$ 1.256,00, o vendedor oferece um desconto de 3% para pagamento à vista. Como calcular o valor do desconto e o valor a ser pago?
- Podemos inicialmente calcular o valor correspondente ao desconto:

$$3\% \text{ de } 1\,256 = \frac{3}{100} \cdot 1\,256$$

$$3\% \text{ de } 1\,256 = \frac{3 \cdot 1\,256}{100}$$

$$3\% \text{ de } 1\,256 = \frac{3\,768}{100} \longrightarrow 3\% \text{ de } 1\,256 = 37,68$$

- Do valor anunciado, subtraímos o correspondente ao desconto para obter o valor para pagamento à vista:

$$\text{valor à vista} = 1\,256 - 37,68$$
$$\text{valor à vista} = 1\,218,32$$

- Outra maneira de calcular um desconto de 3% implica observar que o valor à vista corresponde a 97% do valor anunciado (100% − 3% = 97%). Assim, para saber qual será o valor do pagamento à vista, fazemos:

$$97\% \text{ de } 1256 = \frac{97}{100} \cdot 1\,256 = \underline{0,97 \cdot 1\,256} = 1\,218,32$$

→ multiplicação direta

Responda:
1. Multiplicar um valor qualquer por 0,07 corresponde a calcular qual percentual desse valor?
2. Para calcular o novo valor após um desconto de 8% sobre R$ 950,00, basta multiplicar a quantia em reais por qual número?

4ª situação (valor com multa)

Carlos tinha de pagar uma conta no valor de R$ 358,00. Entretanto, acabou se esquecendo de efetuar o pagamento no dia do vencimento. Com isso, teve de pagar a conta com um acréscimo de 2,5% sobre o valor. Como determinar o valor total que ele pagou?

- Uma maneira de obter a resposta é calcular 2,5% do valor da conta, ou seja, R$ 358,00, e depois adicionar o valor obtido ao valor da conta.

    Cálculo de 2,5%:
    $$25\% \text{ de } 358 = \frac{2,5}{100} \cdot 358 = \frac{2,5 \cdot 358}{100} = \frac{895}{100} = 8,95$$
    ou
    $$2,5\% \text{ de } 358 = 0,025 \cdot 358 = 8,95$$
    Valor com a multa:
    valor = 358,00 + 8,95 = 366,95

- Como há um aumento de 2,5%, o novo valor corresponde a 102,5% (100% + 2,5% = 102,5%). Assim, outra maneira de obter o resultado é calcular 102,5% de 358:
    $$102,5\% \text{ de } 358 = \frac{102,5}{100} \cdot 358 = \underbrace{1,025 \cdot 358}_{\text{multiplicação direta}} = 366,95$$

> Responda:
> 1. Multiplicar um valor por 1,09 é calcular qual percentual desse valor?
> 2. Para calcular o novo valor após um aumento de 6% sobre R$ 902,00, basta multiplicar a quantia em reais por qual número?

Nas atividades a seguir, você irá resolver problemas envolvendo o cálculo com porcentagens. Em alguns deles, haverá uma indicação para que você resolva com a calculadora.

1. Calcule mentalmente:

   a) 1% de R$ 500,00;
   5% de R$ 500,00;
   0,5% de R$ 500,00.

   b) 1% de 2 500 km;
   4% de 2 500 km;
   0,4% de 2 500 km.

2. Responda:

   a) Se 1 em cada 10 pessoas usa boné, qual é o percentual das pessoas que usam boné?

   b) Se 2 em cada 50 reais que são gastos no supermercado se referem a produtos supérfluos, qual é o percentual que se gasta com supérfluos no supermercado?

   c) De cada 5 chutes que dá em direção ao gol, Rosário acerta 2. Qual é o percentual de acertos dele?

3. Maria Eduarda acabou esquecendo de pagar a conta do consumo de energia elétrica no valor de R$ 242,00. Quando foi pagar, devido ao atraso, observou que houve um acréscimo de R$ 9,68 relativos à multa pelo atraso.

   a) Qual é a porcentagem correspondente à multa?

   b) É possível calcular essa porcentagem efetuando na calculadora apenas uma divisão? Explique.

   c) Calcular um aumento de 10% e, em seguida, outro aumento de 10% é o mesmo que calcular um aumento de 20% de uma única vez? Justifique sua resposta.

4 Na construção da nova escola no município em que Pedro mora, foi designada uma área de 400 m² para quadras esportivas. Sabe-se que essa área ocupa cerca de 25% da área total do terreno destinado à escola. Calcule a área total do terreno destinado à escola.

5 Cerca de 60% da população de uma cidade de 4 500 habitantes se ocupa diariamente com o plantio de hortaliças. Responda:

a) Qual é o percentual de pessoas dessa localidade que não se ocupa diariamente com o plantio de hortaliças?

b) Quantas pessoas se ocupam com o plantio de hortaliças?

c) E quantas pessoas não se ocupam com o plantio de hortaliças?

6 Pesquise em jornais ou em *sites* uma situação relacionada à utilização de porcentagem. Depois, com base na situação pesquisada, elabore um problema envolvendo cálculos com porcentagens e apresente-o aos colegas.

Cálculo de percentuais sucessivos

Diariamente são feitas transações financeiras que exigem cada vez mais do consumidor conhecimento sobre **educação financeira**. Quando se fala nisso, não significa deixar de gastar ou de comprar, mas saber gastar e comprar o que de fato é necessário.

Além disso, os próprios comerciantes devem estar atentos ao reajustar os preços das mercadorias. Em algumas vezes, precisam fazer aumentos sucessivos e, em outras, descontos. Observe o exemplo a seguir.

Um relógio de parede estava sendo vendido por R$ 40,00 no mês de janeiro. Em fevereiro, o preço foi aumentado em 5% e, em março, houve um aumento de 2% sobre o preço de fevereiro.

Dessa forma, foram aplicados dois aumentos sucessivos.

> Responda:
> 1. Qual foi o preço do relógio no mês de fevereiro? Explique o cálculo.
> 2. Qual foi o preço do relógio no mês de março? Explique o cálculo.

Em relação à situação apresentada anteriormente, o que significa, percentualmente, dar dois aumentos sucessivos, sendo o primeiro de 5% e o segundo de 2%?

Essa pergunta pode ser respondida observando atentamente o seguinte cálculo:

- Em **fevereiro**:

Como o aumento foi de 5%, o novo valor foi 105% do valor de janeiro:

$$105\% \text{ de } 40 = \frac{105}{100} \cdot 40 = \underbrace{1,05 \cdot 40}_{\text{valor após o aumento de 5\%}}$$

- Em **março**:

Como o aumento foi de 2%, o novo valor foi 102% do valor de fevereiro:

$$102\% \text{ de } 1,05 \cdot 40 = \frac{102}{100} \cdot \left(\frac{105}{100} \cdot 40\right) = 1,02 \cdot (1,05 \cdot 40)$$

$$102\% \text{ de } 1,05 \cdot 40 = \frac{10\,710}{10\,000} \cdot 40 = \underbrace{1,071 \cdot 40}_{\text{valor após aumentos sucessivos de 5\% e de 2\%}} = 42,84$$

Conclusão

Multiplicar o valor de R$ 40,00 por 1,071 significa aumentar esse valor em 7,1%. Assim, aumentos sucessivos de 5% e de 2% correspondem a um único aumento de 7,1%. Note que, para obter o percentual resultante, bastaria você fazer a seguinte multiplicação:

$$(1,05) \cdot (1,02) = 1,071$$

Mas, no comércio, também existem as chamadas liquidações e os descontos que algumas vezes podem ser sucessivos. Para exemplificar, considere a situação a seguir.

Situação

Uma bola estava sendo vendida por R$ 60,00. Como as vendas estavam baixas, o comerciante resolveu dar um desconto de 8%. Passadas algumas semanas, resolveu dar um novo desconto de 5%. Assim, o comerciante deu dois **descontos sucessivos**. Qual será o novo valor da bola?

- Valor da bola após o 1º desconto de 8%:

Como será dado um desconto de 8%, o novo valor da bola corresponde a 92% do valor anterior (100% − 8% = 92%):

$$92\% \text{ de } 60,00 = \underbrace{0,92 \cdot 60}_{\text{valor após o desconto de 8\%}}$$

- Valor da bola após o 2º desconto de 5%:

Como será dado um desconto de 5%, o novo valor da bola corresponde a 95% do valor anterior (100% − 5% = 95%):

$$95\% \text{ de } 0,92 \cdot 60,00 = 0,95 \cdot (0,92 \cdot 60)$$
$$95\% \text{ de } 0,92 \cdot 60,00 = (0,95 \cdot 0,92) \cdot 60$$
$$95\% \text{ de } 0,92 \cdot 60,00 = 0,874 \cdot 60 = 52,44$$

87,4% de R$ 60,00 → valor após descontos sucessivos de 8% e de 5%

Conclusão

Multiplicar o valor de R$ 60,00 por 0,874 significa diminuir esse valor em 12,6%. Assim, descontos sucessivos de 8% e de 5% correspondem a um único desconto de 12,6%. Note que, para obter qual é o percentual resultante, bastaria fazer uma multiplicação e depois uma subtração:

$$(0,92) \cdot (0,95) = 0,874$$
$$1 - 0,874 = 0,126 = 12,6\%$$

Responda:

1. Quando multiplicamos um valor por 0,874, estamos aumentando ou diminuindo esse valor? Em quanto por cento?

2. Dar dois descontos sucessivos de 4% é o mesmo que dar um só desconto de 8%? Justifique.

Atividades

1. Um litro de gasolina estava sendo vendido a R$ 4,50. No início do mês, houve um aumento de 4% sobre esse valor. Já no final do mês, houve uma redução de 2% sobre o valor que estava sendo praticado. Responda:

   a) Qual é o valor do litro de gasolina após o aumento de 4%?

   b) Qual é o valor do litro de gasolina, no final do mês, com a redução de 2%?

2. Em relação à atividade anterior, responda:

   a) Aumentar um valor em 4% e sobre o novo valor fazer uma redução de 2% significa aumentar o valor inicial em quanto por cento?

   b) Com base no valor R$ 4,50, como você pode obter o valor final por meio de multiplicação? Escreva a multiplicação correspondente.

3. Na figura da esquerda está representado um quadrado de lado ℓ. Já na figura da direita, está representado um quadrado em que a medida do lado foi aumentada em 20%.

   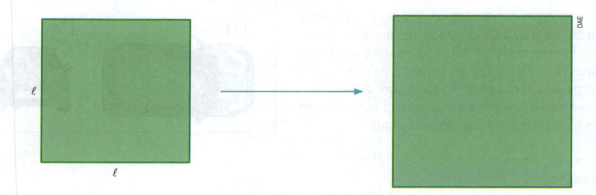

   a) Qual é a medida do novo lado do quadrado em função de ℓ?

   b) Aumentar a medida do lado do quadrado em 20% equivale a aumentar a área em quanto por cento?

4. Agora considere outra situação em relação a um quadrado de lado medindo ℓ.

   Inicialmente, aumenta-se em 20% a medida do lado do quadrado. Logo após, reduz-se em 10% a nova medida do lado do quadrado. Em relação ao quadrado inicial, explique percentualmente o que aconteceu.

5. No início deste ano, Marcos teve um aumento de 5% sobre o salário que ganhava no final do ano passado. Já no 2º semestre deste ano, foi promovido na empresa e passou a receber 12% a mais do que recebia anteriormente. Esses dois aumentos consecutivos correspondem a um único aumento. Qual é o percentual desse aumento? Justifique.

6. Junte-se a um colega e elaborem um problema parecido com o anterior, porém alterando os percentuais. Em seguida, apresentem o enunciado e também a resolução do problema para os demais colegas.

7. Um automóvel no valor de R$ 32.999,00 sofreu uma depreciação de 18% no primeiro ano e uma de 15% no segundo ano. Qual é o valor do automóvel após as depreciações?

CAPÍTULO 23
Figuras espaciais

Vistas ortogonais e perspectivas

Há uma modalidade de venda muito frequente atualmente, a chamada venda *on-line*. Nesse tipo de comércio, deve-se ter o cuidado para não cair em golpes. Nesse sentido, sempre é recomendável verificar todas as informações sobre o vendedor e também sobre o produto. Muitos *sites* não são confiáveis.

Na venda por essa modalidade, é comum a exibição de detalhes diversos do produto (fotos, componentes, preços, datas, garantias etc.). Um recurso muito utilizado é a exibição de fotos sobre diversos ângulos: as chamadas vistas do objeto.

Imagine que você está querendo comprar um carro e encontra as ilustrações ao lado.

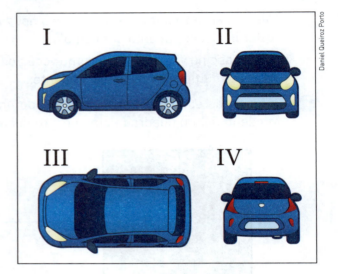

Responda:
1. O que está detalhado nas ilustrações I, II, III e IV?
2. O que significam vista lateral, vista frontal e vista superior de um objeto?

Ao longo do Ensino Fundamental, você já teve a oportunidade de observar a representação da vista lateral, da vista frontal e da vista superior de um objeto. Vamos relembrar essas vistas com base em um objeto de madeira, como o ilustrado ao lado.

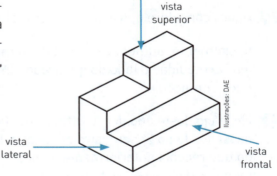

Nos desenhos abaixo estão representadas essas vistas. Você saberia identificá-las?

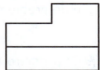

Projeção ortogonal

Quando representamos um objeto em um plano de projeção (pode ser uma parede, por exemplo), se as linhas ditas visuais forem perpendiculares a esse plano, então a projeção é ortogonal. No desenho a seguir, foram feitas no plano as projeções ortogonais do cubo e do prisma.

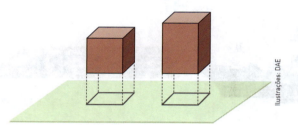

Tanto no cubo como no prisma as projeções foram feitas em um plano horizontal (vista superior). Para isso, foram traçadas, por quatro vértices do cubo e por quatro vértices do prisma, linhas perpendiculares ao plano horizontal. A interseção dessas linhas com o plano define as projeções horizontais dos vértices.

Agora, podemos fazer essas projeções em um **plano frontal**.

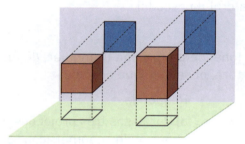

Além do plano de projeção horizontal (vista superior) e do plano frontal (vista frontal), também podemos ter outros planos de projeção. Essas projeções são utilizadas quando queremos detalhar um objeto. Elas podem ser imaginadas como desenhos feitos em três paredes que são perpendiculares. Assim, observe, por exemplo, as projeções ortogonais dos degraus de uma escada na ilustração a seguir:

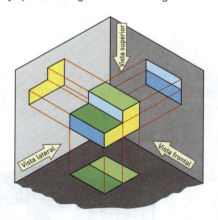

Responda:
1. A projeção correspondente à vista superior de um objeto é suficiente para identificar esse objeto?
2. É possível termos objetos diferentes com a mesma projeção frontal?

Atividades

1 Observe a seguir um mesmo navio representado em vistas diferentes.

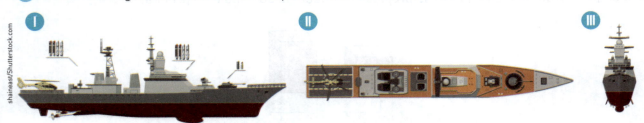

Explique o que essas vistas representam em relação ao navio.

2 Ao lado está representada uma pequena escada. Em uma folha quadriculada, represente:

a) a projeção horizontal (vista superior da escada);

b) a projeção frontal (vista frontal da escada);

c) a projeção lateral (vista lateral da escada).

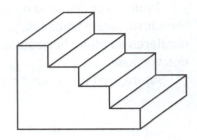

3 Ao fazer uma projeção ortogonal de um prisma triangular, de um prisma quadrangular e de um cilindro, todos de mesma altura, observe o que ocorreu.

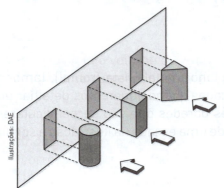

Responda:

a) Por essas três projeções ortogonais, é possível identificar os sólidos geométricos? Justifique.

b) A projeção horizontal poderia auxiliar nessa identificação?

c) Quais figuras geométricas correspondem às projeções horizontais desses três sólidos?

4 Elabore um problema envolvendo projeções de um sólido geométrico e apresente-o a um colega. Forneça duas projeções de um sólido e solicite a um colega que obtenha outra projeção. Você pode também fornecer um sólido geométrico e solicitar que um colega desenhe três projeções desse sólido.

Desenhos em perspectiva

Lélia é uma arquiteta. Ela estava projetando um restaurante para um de seus clientes. Para dar uma ideia de como esse restaurante iria ficar, ela fez o desenho ao lado.

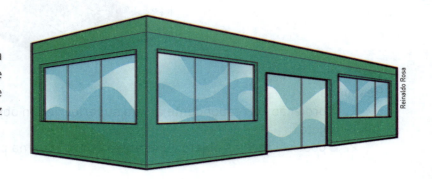

Para fazer esse desenho em **perspectiva**, Lélia utilizou inicialmente algumas linhas tracejadas a partir de um ponto (ponto de fuga). Observe agora o mesmo desenho com as linhas auxiliares:

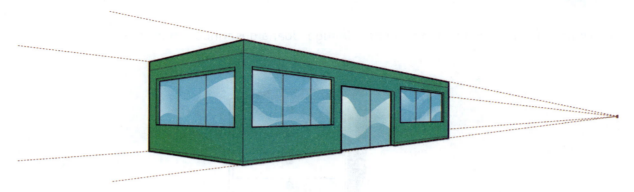

As linhas traçadas (chamadas de linhas de fuga) e o ponto de fuga representam elementos que nos dão a noção de profundidade e auxiliam no desenho de objetos em perspectiva.

O ponto de fuga na ilustração pode ser identificado pelo encontro dessas linhas de fuga. Outro importante elemento de um desenho em perspectiva é a linha do horizonte, que corresponde a uma linha horizontal imaginária que contém o ponto de fuga.

Esses elementos todos aparecem destacados a seguir em um desenho em perspectiva.

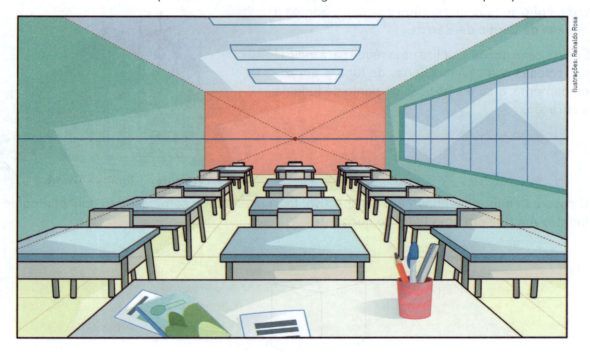

Ilustrações: Reinaldo Rosa

Responda:
1. O desenho acima retrata uma sala de aula em perspectiva. A linha do horizonte é posicionada à altura do observador. Onde, conforme o desenho, estaria o observador nessa sala de aula?
2. No desenho em perspectiva, as linhas que representam as horizontais estão desenhadas na horizontal? Exemplifique.
3. No desenho em perspectiva, as linhas que representam as verticais estão desenhadas na vertical?

247

Atividades

1) Utilizando um ponto de fuga e linhas de fuga, Joana desenhou um gaveteiro.

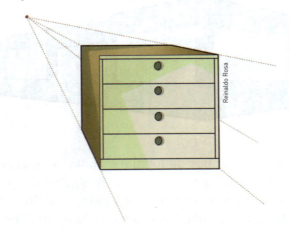

Faça um desenho no caderno utilizando um ponto de fuga e quatro linhas de fuga.

2) O desenho ao lado foi retirado do álbum *Santos a nankin*, de Sérgio de Barros.

Sem riscar a gravura, utilize uma régua para indicar aos colegas quais são as linhas de fuga e, aproximadamente, qual é a posição do ponto de fuga na ilustração.

3) O cubo a seguir, desenhado em perspectiva, foi representado com base em dois pontos de fuga (pontos *A* e *B*) e em uma linha do horizonte.

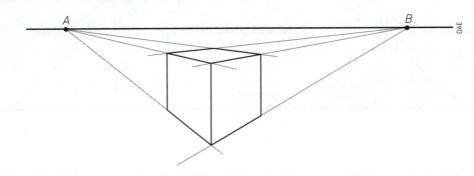

Utilizando esse procedimento, com o auxílio de uma régua, faça um desenho de um cubo em perspectiva em uma folha de papel. Utilize dois pontos de fuga.

4) Junte-se a um colega e pesquise na internet:

a) uma fotografia de uma rua em que é possível identificar ponto de fuga e linhas de fuga;

b) um desenho de um prédio feito com base em um ponto de fuga e em linhas de fuga.

Apresente essas imagens à turma toda.

CAPÍTULO 24
Medidas de volumes

Volume de prismas

Vimos no livro anterior desta coleção que, para o cálculo de volume de um bloco retangular (arestas medindo a, b e c), podemos utilizar a seguinte relação matemática:

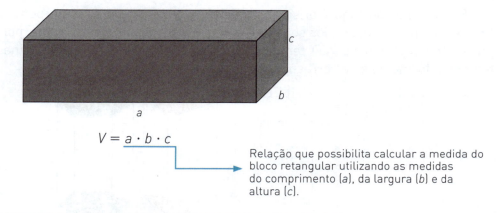

$V = a \cdot b \cdot c$

Relação que possibilita calcular a medida do bloco retangular utilizando as medidas do comprimento (a), da largura (b) e da altura (c).

De acordo com essa relação, responda às perguntas a seguir.
1. Se duplicarmos a medida da altura c do bloco retangular e mantivermos as medidas a e b, o que acontece com o volume desse bloco?
2. Da multiplicação da medida a pela medida b, resulta uma área. Qual é o significado dessa área?

Uma figura similar à figura a seguir foi utilizada no volume anterior desta coleção para ampliar um pouco a ideia do cálculo de volume. Note que na ilustração há folhas de mesmo tamanho (comprimento a e largura b) em três pilhas com a mesma altura c.

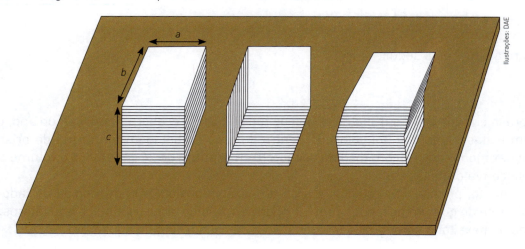

249

Como as três pilhas ocupam o mesmo espaço, dizemos que têm o mesmo volume. Assim, o volume de cada pilha pode ser calculado multiplicando a área de cada folha retangular pela correspondente altura da pilha. Essa ideia pode ser ilustrada pela caixa em forma de bloco retangular (ver linha tracejada) dentro da qual são colocadas as folhas, uma em cima da outra.

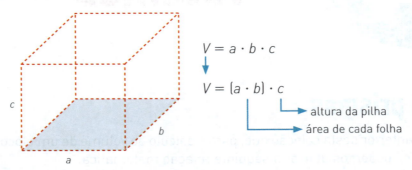

$V = a \cdot b \cdot c$

$V = (a \cdot b) \cdot c$

↳ altura da pilha
↳ área de cada folha

Se imaginarmos agora prismas retos (cujas faces laterais são perpendiculares às bases), os volumes podem ser calculados seguindo o mesmo raciocínio. Dessa forma, por exemplo, considerando que os três prismas a seguir tenham a mesma altura h, é como se "as folhas empilhadas" tivessem a mesma forma da face correspondente à base em cada prisma.

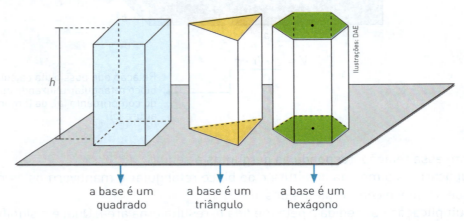

a base é um quadrado   a base é um triângulo   a base é um hexágono

Assim, o volume de cada um desses prismas pode ser calculado pela relação:

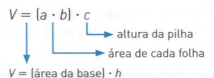

$V = (a \cdot b) \cdot c$

↳ altura da pilha
↳ área de cada folha

$V = $ (área da base) $\cdot h$

> Dado um prisma reto de altura h e de área da base B, seu volume V pode ser calculado pela relação:
> $V = B \cdot h$

Considere a situação a seguir.

Situação

Na empresa em que Carlos trabalha, todos os funcionários receberam, no final do ano, um bolo especial com frutas. Cada bolo foi colocado dentro de uma embalagem em forma de prisma cuja base era um hexágono regular com medida de lado 10 cm e altura de 24 cm. Qual é o volume ocupado por esse bolo com a embalagem?

• Inicialmente, precisamos calcular a área do hexágono regular com medida de lado 10 cm. Lembre-se de que um hexágono regular pode ser dividido em 6 triângulos equiláteros. Assim, a área do hexágono será igual a 6 vezes a área de cada triângulo equilátero.

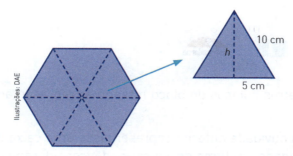

- Utilizando o teorema de Pitágoras, determinamos a altura do triângulo equilátero:

$$10^2 = 5^2 + h^2$$
$$100 - 25 = h^2$$
$$75 = h^2 \rightarrow h = \sqrt{75} \text{ cm}$$

- Observando que a área de um triângulo é a metade do produto das medidas da base e da altura, podemos determinar a área de cada triângulo equilátero.

$$A_{\text{triângulo}} = \frac{b \cdot h}{2}$$

$$A_{\text{triângulo}} = \frac{10 \cdot \sqrt{75}}{2} \rightarrow A_{\text{triângulo}} = 5\sqrt{75} \text{ cm}^2$$

- Cálculo da área do hexágono regular (área B da base do prisma)

$$B = 6 \cdot A_{\text{triângulo}}$$
$$B = 6 \cdot 5\sqrt{75} \rightarrow B = 30\sqrt{75} \text{ cm}^2$$

- Volume do prisma:

$$V = B \cdot h$$
$$V = 30\sqrt{75} \cdot 24$$
$$V \cong 30 \cdot 8{,}66 \cdot 24 \rightarrow V \cong 6235{,}2 \text{ cm}^3$$

Analisando essa situação, responda: Qual foi a maior dificuldade no cálculo do volume do prisma de base hexagonal?

Na situação apresentada anteriormente, tivemos de calcular a área de um triângulo equilátero. Podemos, entretanto, obter uma fórmula para o cálculo da área do triângulo equilátero de lado ℓ. Observe a seguir:

- Pelo teorema de Pitágoras, calculamos h em função de ℓ.

$$\ell^2 = h^2 + \left(\frac{\ell}{2}\right)^2$$

$$\ell^2 - \frac{\ell^2}{4} = h^2$$

$$\frac{3\ell^2}{4} = h^2 \rightarrow h = \frac{\ell\sqrt{3}}{2}$$

- Cálculo da área (metade do produto da medida da base pela medida da altura).

$$A = \frac{1}{2} \cdot b \cdot h$$

$$A = \frac{1}{2} \cdot \ell \cdot \frac{\ell\sqrt{3}}{2} \rightarrow A = \frac{\ell^2\sqrt{3}}{4}$$

251

 **Atividades**

1. Calcule o volume em metros cúbicos do bloco retangular representado ao lado.

2. Se o bloco retangular da atividade anterior representasse uma caixa de água, qual seria a capacidade em litros dessa caixa, desconsiderando a espessura das paredes?

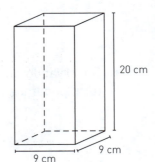

3. Veja ao lado a representação de um prisma de base quadrada com as medidas das arestas em centímetros.

   a) Calcule a área da base desse prisma.
   b) Calcule o volume desse prisma.

4. Observe a ilustração de dois recipientes de vidro e as correspondentes medidas de suas arestas. O primeiro é um bloco retangular ocupado parcialmente por água. Essa água foi transferida para o recipiente da direita (um prisma de base quadrada), de 40 cm de altura.

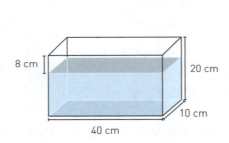 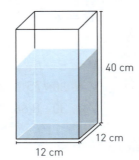

   a) Calcule o volume dos dois recipientes.
   b) Calcule o volume que a água ocupa no bloco retangular desprezando a espessura do vidro.
   c) Calcule a altura ocupada pela água no prisma.

5. Na atividade anterior, considere que o prisma está completamente cheio e o recipiente correspondente ao bloco retangular está completamente vazio. Se todo o líquido do prisma for transferido para o bloco retangular com base 40 cm por 10 cm, qual será a altura do nível da água?

6. Junte-se a um colega para resolver o problema a seguir.
   O prisma hexagonal representado ao lado tem medida da aresta de base de 10 cm e altura de 30 cm. Determinem:

    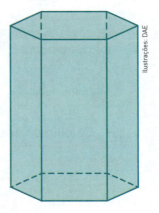

   a) a área da base do prisma — considerem que ela pode ser decomposta em 6 triângulos equiláteros;
   b) o volume desse prisma.

Volume de cilindros

Grandes reservatórios em forma de cilindros são construídos em indústrias para ser usados como recipientes para depósito de água e também de outros produtos. O cálculo da capacidade desses reservatórios em litros pode ser determinado pelo volume interno deles.

Imagem de reservatório da Petrobras.

Lembre-se de que podemos relacionar a medida do volume com a medida da capacidade. Assim, temos as seguintes relações já vistas ao longo do Ensino Fundamental para algumas medidas:

Volume	Capacidade
1 m³	1 000 L
1 dm³	1 L
1 cm³	1 mL

Responda:
1. Qual é a medida de aresta em centímetros de um cubo com 1 dm³ de volume?
2. Quantos litros cabem em um recipiente cilíndrico cujo volume de sua parte interna é igual a 9,5 m³?
3. Que medidas são necessárias para o cálculo do volume de uma lata cilíndrica?

E o cálculo do volume de um cilindro?

Retomando a ideia apresentada no volume anterior, considere que na figura da direita a linha tracejada represente um recipiente cilíndrico com a geratriz perpendicular à base. Considere ainda que nesse recipiente as folhas têm formato de círculos de mesma área e serão colocadas umas em cima das outras.

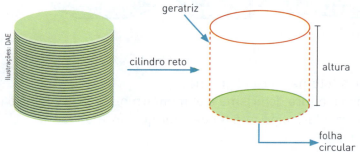

Esse "recipiente" tem a forma de um cilindro circular reto. Assim, como mostra a figura da direita, o volume do cilindro pode ser calculado multiplicando-se a área da folha circular pela altura do cilindro. Lembre-se de que a área de um círculo de raio r é $\pi \cdot r^2$.

> O volume V de um cilindro circular reto de raio de base r e altura h é dado pela relação:
> $$V = \pi \cdot r^2 \cdot h$$
> em que $\pi \cdot r^2$ é a área do círculo correspondente à base do cilindro.

Exemplo

Uma empresa confecciona embalagens para bolos em forma de cilindro com diâmetro da base de 24 cm e altura de 26 cm. Qual é o volume do cilindro correspondente?

- Como o diâmetro da base é 24 cm, a medida do raio é 12 cm. Assim, o volume V é:

$$V = \pi \cdot r^2 \cdot h$$
$$V \cong 3{,}14 \cdot 12^2 \cdot 26$$
$$V \cong 3{,}14 \cdot 144 \cdot 26$$
$$V \cong 11\,756{,}16 \text{ cm}^3$$

Agora vamos retomar o cálculo do volume de um prisma reto e comparar com o volume de um cilindro circular reto. Considere que em cima de uma mesa foram colocados os quatro prismas retos com bases formadas por polígonos regulares e o cilindro circular reto, como ilustrado a seguir.

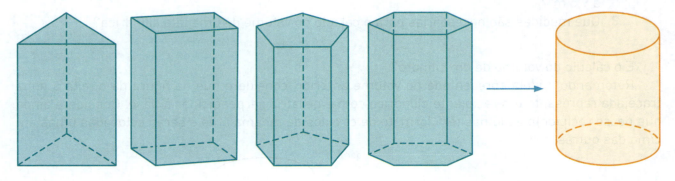

Responda:
1. Como calcular o volume de cada prisma?
2. Se mantivermos a altura do prisma e aumentarmos cada vez mais o número de lados da base (polígono regular), o prisma tende a ter qual forma?

Atividades

1 No bairro em que Luana mora, uma empresa lançará um suco de acerola. O suco será vendido em latas cilíndricas de alumínio, como ilustrado ao lado. Cada latinha tem 10 cm de altura e volume de 450 cm³. Qual é a medida do diâmetro da base da latinha?

2 Na atividade anterior, o volume ocupado pela latinha era de aproximadamente 450 cm³. Desprezando a espessura do alumínio utilizado para confeccionar a latinha, qual é, aproximadamente, a capacidade da latinha em mililitros?

3 Junte-se a um colega para esta atividade. Sigam as instruções.

Instruções

1. Encontrem um objeto em forma de cilindro, como na imagem ao lado.
2. Obtenham a medida do diâmetro da base desse objeto.
3. Obtenham a altura desse objeto.
4. Com o auxílio de uma calculadora e usando a aproximação 3,14 para π, calculem o volume desse cilindro em centímetros cúbicos.
5. Em uma folha de papel, desenhem a lata cilíndrica anotando as medidas do diâmetro e da altura. Em seguida, indiquem passo a passo como calcularam o volume desse objeto.
6. Apresentem aos colegas da turma o cálculo e o desenho.

4 Na casa de Paula há uma lata de óleo de soja em forma de cilindro com as seguintes medidas internas:

- diâmetro da base: 9 cm
- altura: 16 cm

Sabendo que a capacidade da lata é de 900 mL de óleo, calcule a parte não ocupada dessa lata.

5 Na ilustração a seguir, estão representadas as vistas frontais de dois cilindros A e B e as medidas correspondentes.

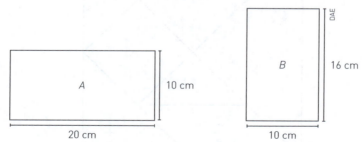

Elabore um problema que envolve os volumes desses dois cilindros.

255

Retomar

1) No gráfico de setores a seguir estão indicados os percentuais ocupados.

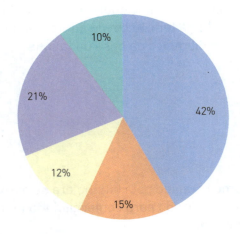

O maior setor corresponde a um ângulo de

a) 42°.   b) 151,2°.   c) 36°.   d) 84°.

2) Ainda sobre o gráfico de setores da atividade anterior, o menor setor corresponde a um ângulo de:

a) 10°.   b) 151,2°.   c) 36°.   d) 84°.

3) Multiplique, usando uma calculadora, o valor R$ 7.200,00 por 1,09. O resultado corresponde a:

a) 9% do valor R$ 7.200,00.
b) 109% do valor R$ 7.200,00.
c) 81% do valor R$ 7.200,00.
d) 100% do valor R$ 7.200,00.

4) Você quer saber qual é o valor de um produto após o desconto de 15%. Para isso, basta multiplicar o valor do produto por:

a) 0,15.   b) 1,15.   c) 0,85.   d) 2,15.

5) Cada parte do Tangram corresponde a uma fração do quadrado maior, como indicado na figura.

Qual dessas frações corresponde a 12,5%?

a) $\dfrac{1}{4}$

b) $\dfrac{1}{8}$

c) $\dfrac{1}{16}$

d) $\dfrac{1}{2}$

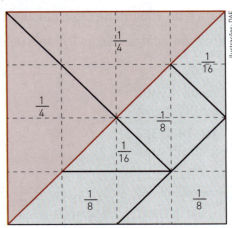

6 Dois aumentos consecutivos de 9% equivalem a aumento de:

a) 18%. **b)** 81%. **c)** 18,81%. **d)** 9,9%.

7 Dois descontos consecutivos de 20% equivalem a desconto de:

a) 36%. **b)** 81%. **c)** 60%. **d)** 40%.

8 Um tambor em forma de cilindro tem 60 cm de diâmetro de base e 100 cm de altura. A expressão que fornece o volume desse cilindro é:

a) $9\,000\,\pi$ cm³.

b) $90\,000\,\pi$ cm³.

c) $9\,000$ cm³.

d) $90\,000$ cm³.

9 Triplicando-se a medida do raio da base de um cilindro e mantendo-se a medida da altura, seu volume:

a) permanece igual.

b) triplica.

c) é multiplicado por 9.

d) é multiplicado por 3.

10 No restaurante de Carla há uma panela com as seguintes medidas.

Fernando Raposo

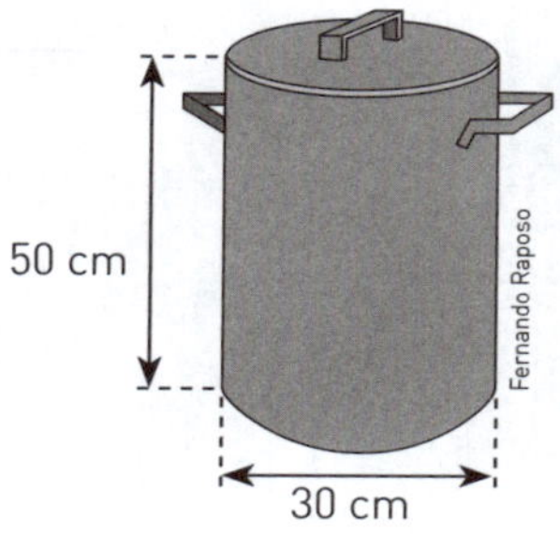

Qual é o volume dessa panela?

a) $11\,250\,\pi$ cm³

b) $22\,500\,\pi$ cm³

c) $45\,000$ cm³

d) $4\,500$ cm³

11 Ainda em relação à atividade anterior, desprezando-se a espessura da panela, qual é a capacidade aproximada dessa panela? Considere que 1 cm³ corresponde a 1 mL de capacidade.

a) 14 L

b) 100 L

c) 120 L

d) 141 L

12 Considere que a seta ao lado indica a posição de um observador (vista frontal) e assinale a alternativa que indica corretamente a vista indicada desse objeto.

Ilustrações: DAE

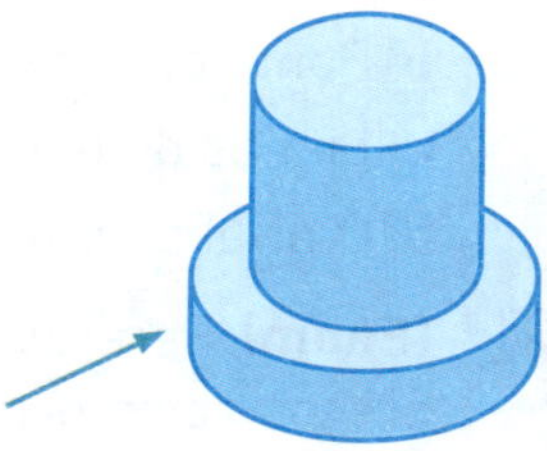

a)

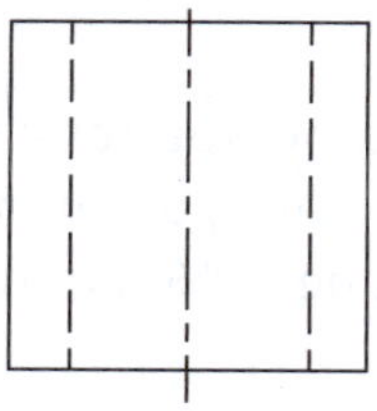

b)

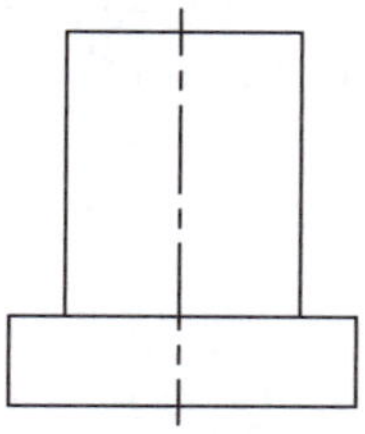

c)

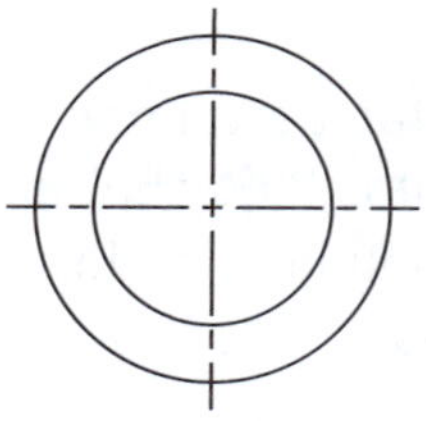

d)

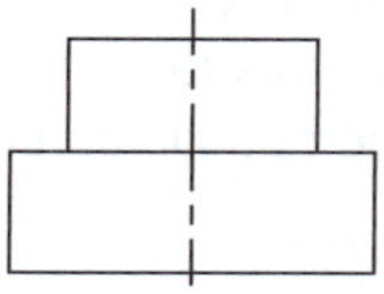

13 Observe o objeto representado e desenhe as vistas indicadas.

14 O desenho abaixo ilustra a perspectiva de uma rua em uma cidade. O que indica a linha vermelha?

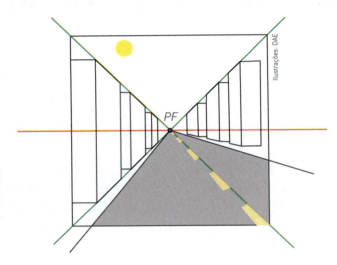

a) Linha de fuga.
b) Ponto de fuga.
c) Linha do horizonte.
d) Nível do mar.

15 Ainda em relação à atividade anterior, responda: O que as linhas verdes indicam?

a) Linhas de fuga.
b) Ponto de fuga.
c) Linhas do horizonte.
d) O nível do mar.

16 (Enem) Para aumentar as vendas no início do ano, uma loja de departamentos remarcou os preços de seus produtos 20% abaixo do preço original. Quando chegam ao caixa, os clientes que possuem o cartão fidelidade da loja têm direito a um desconto adicional de 10% sobre o valor total de suas compras.

Um cliente deseja comprar um produto que custava R$ 50,00 antes da remarcação de preços. Ele não possui o cartão fidelidade da loja. Caso esse cliente possuísse o cartão fidelidade da loja, a economia adicional que obteria ao efetuar a compra, em reais, seria de

a) 15,00
b) 14,00
c) 10,00
d) 5,00
e) 4,00

17 **(Obmep)** Em um clube, as escolinhas de futebol e de basquete têm exatamente quatro atletas em comum. Eles correspondem a 10% dos atletas da escolinha de futebol e a 25% dos atletas da escolinha de basquete. Quantos atletas participam de apenas uma dessas escolinhas?

a) 35
b) 40
c) 44
d) 48
e) 56

18 **(Obmep)** Rodrigo comprou três cadernos iguais em uma promoção na qual o segundo e o terceiro cadernos eram vendidos, respectivamente, com 20% e 40% de desconto sobre o preço do primeiro. No dia seguinte, terminada a promoção, Gustavo comprou três cadernos iguais aos de Rodrigo, todos sem desconto. Percentualmente, quanto Rodrigo pagou a menos que Gustavo?

a) 20%
b) 22%
c) 25%
d) 28%
e) 30%

19 **(Obmep)** Dois quadrados de papel se sobrepõem como na figura. A região não sobreposta do quadrado menor corresponde a 52% de sua área e a região não sobreposta do quadrado maior corresponde a 73% de sua área. Qual é a razão entre o lado do quadrado menor e o lado do quadrado maior?

a) $\dfrac{3}{4}$
b) $\dfrac{5}{8}$
c) $\dfrac{2}{3}$
d) $\dfrac{4}{7}$
e) $\dfrac{4}{5}$

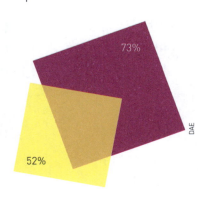

Ampliar

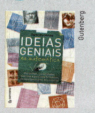

Ideias geniais na Matemática –

Maravilhas, curiosidades, enigmas e soluções brilhantes da mais fascinante das ciências, de Surendra Verma (Gutenberg).

Com a leitura desse livro, você conhecerá um pouco mais a história da Matemática e muitas ideias incríveis dessa área. As curiosidades e enigmas tornam a leitura atraente e extremamente envolvente.

Gabarito

UNIDADE 1

Capítulo 1

Página 11 – Atividades

1. a) −7,333333... – dízima periódica
   b) 3,461538461538... – dízima periódica
   c) 0,072072072... – dízima periódica
   d) −0,005 – decimal exato

2. a) $\frac{75}{99}$ b) $\frac{4}{9}$ c) $\frac{23}{9}$ d) $\frac{129}{999}$

3. a) Resposta pessoal.
   b) Resposta pessoal.

4. a) $\frac{4}{7}$ b) $\frac{12}{7}$ c) $\frac{7}{9}$ d) $\frac{3}{4}$

5. a) O número é 3.   b) O número é $\frac{1}{3}$.

6. a) Entre 14 e 15.   b) O número 14.

7. Resposta pessoal.

Capítulo 2

Página 16 – Atividades

1. a) Não, pois a representação pode ter infinitas casas decimais e periódicas (portanto, o número seria racional).
   b) Não, pois a representação de um número irracional tem infinitas casas decimais sem repetição.

2. a) 6,928 cm
   b) 2,999824 cm²
   c) 3 cm²

3. a) 1,7320   b) 2,2361   c) 2,4495

4. Não, mas valores próximos.

5. a) 1,4   c) 2,2   e) 4,5
   b) 1,7   d) 3,2

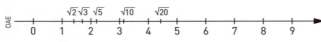

6. Infinita e não periódica.

7. a) $\sqrt{40}$ cm
   b) 39,9424 cm²
   c) 40,0689 cm²
   d) Sim. Tem infinitas casas decimais.

Página 21 – Atividades

1. a) 1,2   d) 240
   b) 110   e) 0,5
   c) 0,7   f) 4,242640687...

2. a) Sim.
   b) Todos, menos o correspondente à raiz quadrada de 18.
   c) Apenas o correspondente à raiz quadrada de 18.

3. a) 3,414   b) 0,926   c) 6,646   d) 1,096

4.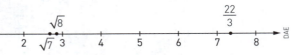

5. $5 \cdot \sqrt{2}$ é maior. Resposta pessoal.

6. 25 m

7. 25,8064 cm²

Capítulo 3

Página 24 – Atividades

1.

$7,3 \cdot 10^2$	$2,301 \cdot 10^4$	$0,92 \cdot 10^5$	$3,1346 \cdot 10^4$	$5,24 \cdot 10^1$	$2,22222 \cdot 10^7$
730	23 010	92 000	31 346	52,4	22 222 200

2. a) $1,5 \cdot 10^{-7}$ 3. a) 10^5
   b) $2,3 \cdot 10^8$ b) 10^6
   c) $3,45 \cdot 10^{-10}$ c) 10^{-3}
   d) $4,55 \cdot 10^5$ d) 10^{-1}
                                e) 10^8
                                f) 10^{-4}

4. $\frac{29}{20}$

5. a) 81   g) 256
   b) −125   h) −256
   c) −0,008   i) −0,008
   d) −343   j) 0,015625
   e) 0,0025   k) 0,0625
   f) −243   l) −0,000001

6. 0,000001 m²

7. 0,008 cm³

8.

Número	Notação científica	Número	Notação científica
1 000	$1 \cdot 10^3$	0,001	$1 \cdot 10^{-3}$
1 000 000	$1 \cdot 10^6$	0,000001	$1 \cdot 10^{-6}$
1 000 000 000	$1 \cdot 10^9$	0,000000001	$1 \cdot 10^{-9}$
1 000 000 000 000	$1 \cdot 10^{12}$	0,000000000001	$1 \cdot 10^{-12}$

9. $1,5 \cdot 10^4$ segundos

10. Resposta pessoal.

Página 27 – Atividades

1. a) 3^{15} **c)** 7^{12} **e)** a^2
b) 5^{-5} **d)** x^7 **f)** y^{20}

2. 3^{-9}

3.

Unidade	Símbolo	Valor	Múltiplo base 2	Múltiplo base 10
kilobyte	KB	1 024 B	2^{10}	10^3
megabyte	MB	1 024 KB	2^{20}	10^6
gigabyte	GB	1 024 MB	2^{30}	10^9
terabyte	TB	1 024 GB	2^{40}	10^{12}

4. 32 pendrives.

5. Resposta pessoal.

Página 31 – Atividades

1. a) $\sqrt{49}$ **b)** $\sqrt{100}$ **c)** $\sqrt{1,44}$ **d)** $\sqrt{0,64}$

2. a) 1,3 m **b)** 5,2 m

3.

Aresta (cm)	2	4	6	10	11
Volume (cm³)	8	64	216	1 000	1 331

4. a) $\sqrt{8}$ cm **b)** 4 cm² **c)** 2 cm

5. Resposta pessoal.

Página 32 – Atividades

1. a) 14 **b)** 5 **c)** 24 **d)** 5

2. a) $10\sqrt{2}$ **d)** $3\sqrt{3}$ **g)** $2\sqrt{10}$
b) $10\sqrt{7}$ **e)** $3\sqrt{10}$ **h)** $3\sqrt{5}$
c) $6\sqrt{5}$ **f)** $6\sqrt{2}$

3. a) 5,64 **c)** 5,64
b) 4,23 **d)** 9,87

4. a) $\sqrt{20}$ **d)** $\sqrt{700}$ **g)** $\sqrt{24}$
b) $\sqrt{32}$ **e)** $\sqrt{18}$ **h)** $\sqrt[3]{16}$
c) $\sqrt{98}$ **f)** $\sqrt{80}$

5. O maior desses números é $\sqrt[3]{3}$. Para verificar, basta colocar os dois radicais no índice 12 (índice comum) e comparar os radicandos correspondentes.

6. 2. a) 10 **3. a)** 4,64159
b) 4 **b)** 5,47723
c) 20 **c)** $-2,88540$
d) 5 **d)** $-3,68403$

Página 35 – Atividades

1. a) 27 **c)** 10 **e)** 10
b) -10 **d)** 12 **f)** -1

2. a) $7\sqrt{2}$ **b)** $12\sqrt{2}$ **c)** $8\sqrt{2}$ **d)** $20\sqrt{2}$

3. a) $-9\sqrt{2}$
b) $10\sqrt{5}$
c) $7\sqrt{2} + 35\sqrt{3}$
d) $6\sqrt{3}$

4. $(6\sqrt{2} + \sqrt{3} + 4)$ cm

Página 38 – Atividades

1. a) $4\sqrt{10}$ **d)** 4
b) $\sqrt{24} = 2\sqrt{6}$ **e)** 25
c) $\sqrt{60} = 2\sqrt{15}$ **f)** 3

2. a) $\sqrt{4} = 2$ **c)** $\sqrt{16} = 4$
b) $\sqrt{4} = 2$ **d)** $\dfrac{1}{\sqrt{36}} = \dfrac{1}{6}$

3. a) $\dfrac{\sqrt{5}}{5}$ **c)** $\dfrac{\sqrt{2}}{4}$
b) $\sqrt{3}$ **d)** $\dfrac{9\sqrt{7}}{14}$

4. a) $2\sqrt{3} + 2$ **c)** $2\sqrt{5} - 10$
b) $12 + 4\sqrt{6}$ **d)** $12 - 6\sqrt{6}$

5. a) 4 **d)** 125
b) $2\sqrt[3]{2}$ **e)** $\dfrac{1}{6}$
c) 49 **f)** $\dfrac{1}{100}$

261

6. a) 125 cm³ **b)** $5\sqrt{5}$ cm³ **c)** 5 cm³

7. a) $\sqrt[4]{5}$ **b)** $\sqrt[12]{2}$ **c)** $\sqrt[24]{7}$ **d)** $\sqrt[16]{10}$

8. $\sqrt[4]{12}$

Página 40 – Retomar

1. 25 é natural e $\sqrt{2}$ é irracional

2. b   **9.** c   **16.** b   **23.** d
3. c   **10.** c   **17.** b   **24.** e
4. c   **11.** d   **18.** d   **25.** b
5. c   **12.** a   **19.** b   **26.** a
6. b   **13.** b   **20.** c   **27.** c
7. c   **14.** c   **21.** a   **28.** c
8. b   **15.** d   **22.** a   **29.** c

UNIDADE 2

Capítulo 4

Página 47 – Atividades

1. a) $5x$ **b)** $3x$ **c)** $8x$

2. a) $x + 10$ **b)** $x - 5$

3. a) $10 + x$ **b)** $35 + x$

4. a) $8x^3$ **b)** 1 000
   c) Representa o volume do cubo na unidade de volume correspondente.

5. a) $24x^2$
   b) 600
   c) Indica a área total da superfície do cubo na correspondente unidade de área.

6. a) $18x + 14$ **b)** $6y + 8x$

7. $3n^2 + 6n + 5$

Página 50 – Atividades

1. a) 124,5 cm² **b)** $A = 3x^2$

2. a) 3 464 cm
   b) A área ficará multiplicada por 4, isto é, a área quadruplicará.

3. Pode-se substituir b por h e B por $2h$, isto é $A = \left(\dfrac{2h + h}{2}\right) \cdot h = \dfrac{3h^2}{2}$

4. a) 800 cm³ **b)** $V = x^3$

5. Resposta pessoal.

Capítulo 5

Página 54 – Atividades

1. a) $x^2 + 10x + 25$ **e)** $9x^2 + 12x + 4$
   b) $a^2 + 6a + 9$ **f)** $16a^2 + 8a + 1$
   c) $16 + 8m + m^2$ **g)** $4x^2 + 4xy^2 + y^4$
   d) $x^2 + 2xa + a^2$ **h)** $\dfrac{1}{4}x^2 + 4xa + 16a^2$

2. a) $9 + 4\sqrt{2}$ cm²
   b) 14,656 cm²

3. a) 2 601 **b)** 40 804 **c)** 6 889 **d)** 1 849

4. a) $10x$; $4x^2$; 25; $10x$ **c)** $4x^2 + 20x + 25$
   b) $(5 + 2x)^2$

5. a) 196 e 116; os resultados são diferentes
   b) 225 e 225; os resultados são iguais.
   c) $x^2 + 2xy + y^2$ e $x^2 + 2xy + y^2$; os resultados são iguais.

Página 55 – Atividades

1. a) $x^2 - 14x + 49$ **f)** $x^2 - 2xy^2 + y^4$
   b) $a^2 - 10a + 25$ **g)** $9x^2 - 6x^3 + x^4$
   c) $36 - 12y + y^2$ **h)** $64 - 32x + 4x^2$
   d) $16 - 8m + m^2$ **i)** $\dfrac{1}{4}x^2 - 2xa + 4a^2$
   e) $9x^2 - 30x + 25$

2. $(x - 3)^2$ ou $x^2 - 6x + 9$

3. a) 2 401 **b)** 39 204 **c)** 5 929 **d)** 1 521

4.

Quadrado de um binômio	Trinômio correspondente
$(y - 8)^2$	$y^2 - 16y + 64$
$(2m - 1)^2$	$4m^2 - 4m + 1$
$(3 - 2r)^2$	$9 - 12r + 4r^2$

5. a) $-x^2 + 4x + 6$
   b) $-3x^4 - 8x^3 + 4x^2 - 4x + 4$

6. $(x - 5)^2 = x^2 - 10x + 25$

Página 58 – Atividades

1. a) $9x^2 - 25$ **c)** $16y^2 - 9$ **e)** $9x^2 - x^4$
   b) $4x^2 - 49$ **d)** $x^2 - y^4$ **f)** $\dfrac{1}{4} - 4a^2$

2. a) 2 **b)** 5 **c)** 11 **d)** 8

3. a) 2 499 **b)** 39 996 **c)** 6 391 **d)** 1 599

4. a) Multiplicamos o numerador e o denominador pela expressão $\sqrt{5} - \sqrt{3}$.

b) Consideramos o produto da soma pela diferença de dois termos.

5. a) $\dfrac{2(5 + \sqrt{2})}{23}$ **c)** $\dfrac{4(6 - \sqrt{3})}{33}$

b) $\dfrac{\sqrt{6} - \sqrt{3}}{3}$ **d)** $\dfrac{-(\sqrt{10} + 2)}{6}$

6.

Produto da soma pela diferença	Diferença de dois quadrados
$(x + 10) \cdot (x - 10)$	$x^2 - 100$
$(y + 8) \cdot (y - 8)$	$y^2 - 64$
$(2m + 1) \cdot (2m - 1)$	$4m^2 - 1$
$(4 + 9x) \cdot (4 - 9x)$	$16 - 81x^2$
$(3 + 2r) \cdot (3 - 2r)$	$9 - 4r^2$
$(2x + 2y) \cdot (2x - 2y)$	$4x^2 - 4y^2$

7. a) $-4x^2 + 2y^2$ **c)** $5x^4 - 5x^2$

b) $-9x^2 - 8x + 4$ **d)** $9a^2b^2 + 5ab - 9$

8. a) $4x$ **b)** $x^2 - y^2$

9. Respostas pessoais.

Capítulo 6

Página 62 – Atividades

1. a) $4(m - 2)$ **d)** $x(m + 2)$

b) $3(x - 3)$ **e)** $n(m + 3)$

c) $4(4 - y)$ **f)** $7(x - 7y)$

2. a) $2(8\sqrt{3} + \sqrt{5})$ **b)** $8(2\sqrt{5} - \sqrt{2})$

3. a) As áreas do quadrado e do retângulo menor.

b) A área do retângulo maior.

c) $x(x + a)$

4. a) $x(3x^2 + 2x - 4)$ **e)** $4r^2(3r + 1 - 6r^2)$

b) $2x(x^2 + 2x - 8)$ **f)** $xy(x^2y^2 - xy + 3)$

c) $2(3m^2 - 2m + 4)$ **g)** $5r^2x(x + 2 - 20x^2)$

d) $5a^2x(3x + 2 - 4x^2)$ **h)** $12y^2(y - 2 + 4y^2)$

5. a) $(m - n) \cdot (7 - x)$ **d)** $(2m + 1) \cdot (50 - y)$

b) $(a + b) \cdot (x - 4)$ **e)** $(y + 3x) \cdot (8x - 5)$

c) $(x - 2) \cdot (9 + y)$ **f)** $(x + y) \cdot (m + 10)$

6. a) $(3 + b) \cdot (x + y)$ **e)** $(m + x) \cdot (p - r)$

b) $(x - 4) \cdot (x + 2)$ **f)** $(3 + m) \cdot (3 - x)$

c) $(a - b) \cdot (y + x)$ **g)** $(n + 9)^2$

d) $(m + 1) \cdot (n + 2)$ **h)** $(y - 12)^2$

7. a) $(x - y) \cdot (a + b)$ **c)** $(2m + 3n) \cdot (5m - 2)$

b) $(x - 2y) \cdot (x + 3)$ **d)** $(x + 4) \cdot (x^2 + 1)$

Página 65 – Atividades

1. a) $(x + 2)^2$ **g)** $(3y - 1)^2$

b) $(a + 7)^2$ **h)** $(m - \sqrt{2})^2$

c) $(2y + 1)^2$ **i)** $(x + 3)(x - 3)$

d) $(3m + \sqrt{2})^2$ **j)** $(a + 4)(a - 4)$

e) $(x - 3)^2$ **k)** $(3y + 1)(3y - 1)$

f) $(a - 8)^2$ **l)** $(m + \sqrt{2})(m - \sqrt{2})$

2. a) $(2 - x)^2$ **c)** $(3y - 5) \cdot (3y + 5)$

b) $(8 + y)^2$ **d)** $(x + 5)^2$

e) $(y + 6)^2$

f) $(10 - 2x) \cdot (10 + 2x)$

3. c

4. a) $(25a)^2 - (9b)^2 = 625a^2 - 81b^2 = (25a + 9b) \cdot (25a - 9b)$

b) $20{,}25 \text{ m}^2$

5.

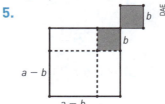

Página 68 – Retomar

1. d   **5.** b   **9.** d   **12.** c

2. b   **6.** d   **10.** b   **13.** a

3. d   **7.** a   **11.** c

4. c   **8.** d

14. a) $20a + 2b$ **b)** $24a^2 + 8ab - 2b^2$

15. c   **17.** c   **19.** e

16. d   **18.** d   **20.** b

UNIDADE 3

Capítulo 7

Página 75 – Atividades

1. a) 117°. O ângulo a e o ângulo de medida 63° são ângulos suplementares.

b) 63°. Os ângulos 63° (externo ao paralelogramo) e b são alternos internos.

c) 117°. Os ângulos 63° e c são suplementares.

2. a) Sim.

b) Não, pois as retas r e s não são paralelas.

c) São ângulos suplementares: b + c = 180°.

3. Resposta pessoal.

4. x = 50°, y = z = 130°

5. x = 70°

Capítulo 8

Página 80 – Atividades

1. a) $\frac{1}{3}$ c) 2 e) $\frac{20}{3}$

b) $\frac{1}{2}$ d) $\frac{3}{8}$ f) $\frac{1}{2}$

2. a) 1 b) $\frac{1}{5}$ c) $\frac{5}{4}$ d) $\frac{1}{2}$

3. 10 cm

4. A razão é igual a 1, pois os ângulos são congruentes, isto é, têm a mesma medida.

5. 30 cm e 50 cm

6. 8 cm e 24 cm

7. a) $\frac{1}{4}$ b) 50 c) $\frac{3}{4}$ d) $\frac{10}{3}$

8. a) $\frac{1}{4}$ b) 4 c) $\frac{1}{5}$

9. a) 40° e 140° b) 32 cm e 20 cm

10. Resposta pessoal.

Página 84 – Atividades

1. a) 6 cm b) 18 cm e 12 cm

2. As medidas são 30 m e 24 m, respectivamente.

3. a) $2\sqrt{3}$ cm b) $2\sqrt{3}$ cm e $4\sqrt{3}$ cm

4. a) 8 cm

b) 8 cm e 10 cm

c) 20 cm e 25 cm

5. a) $0,\overline{6}$ b) 7,5 cm c) 4,5 cm

6. 36 cm

7. Resposta possível:

Página 91 – Atividades

1. x = 16 cm

2. a) AD = 4 cm b) AE = $\frac{13}{3}$ cm

3. y = 2x ou x = $\frac{y}{2}$

4. a) Sim, o ângulo O.

b) Sim.

c) Uma proporção possível seria:
$\frac{AR}{OT} = \frac{RE}{TE} = \frac{AE}{OE}$

5. a) Sim. b) 129 cm

6. a) Sim. c) $\frac{54}{7}$ cm

b) $\frac{7}{10}$ d) $\frac{70}{3}$ cm

7. x = 9 cm e y = $\frac{32}{3}$ cm

8. 26 cm, 30 cm e 45 cm

9. Respostas pessoais.

10. 25 m

Capítulo 9

Página 95 – Atividades

1. a) 12,56 cm b) 1,05 cm

2. Aproximadamente 10,5 cm.

3. a) 90°

b) 5π cm ou aproximadamente 15,7 cm

4. 70,65 m²

5. a) 92° aproximadamente

b) 20 m² aproximadamente

6. a) 102,8 m b) 628 m²

7. 32 153,6 m

8. Resposta pessoal.

Página 100 – Atividades

1. a) 98° b) 262°

2. a) 120° b) 260°

3. a) 102° b) 62°

4. a) 39° b) 19,5°

5. a) 90° b) 62° c) 56° d) 124°

6. x = 6

7. a) 60° c) 180° e) 30° g) 22,5°

b) 22,5° d) 6x f) 90° h) 2α

8. a) 70° b) 70°

9. a) 44° **b)** 88°

10. a) 218° **b)** 142° **c)** 218°

Página 104 – Retomar

1. c	6. a	11. d	16. b
2. a	7. a	12. c	17. c
3. d	8. a	13. b	18. e
4. a	9. b	14. a	19. c
5. c	10. c	15. b	20. b

UNIDADE 4
Capítulo 10

Página 111 – Atividades

1. a) 10; −10 **c)** 0,1; −0,1
b) 20; −20 **d)** $\frac{2}{7}$; $-\frac{2}{7}$

2. Essas afirmações são verdadeiras. A equação apresenta as soluções 30 e −30. Já raiz quadrada de 900 tem apenas a solução positiva 30.

3. a) 6 e −6 **b)** $\sqrt{2}$ e $-\sqrt{2}$
c) Apenas zero.
d) Nenhum número real.

4. a) $6x^2 = 216$
b) A medida do lado do quadrado é 6 cm.

5. a) Não é solução. **c)** É solução.
b) É solução. **d)** Não é solução.

6. a) $384 = 3x^2$
b) As medidas são: $B = 16\sqrt{2}$ cm; $b = 8\sqrt{2}$ cm e $h = 16\sqrt{2}$ cm.

Página 114 – Atividades

1. a) $4x^2 - x - 3 = 0$
b) $a = 4$, $b = -1$ e $c = -3$

2. 10 não é solução da equação

3. a) {15, −15} **d)** $\{2\sqrt{2}, -2\sqrt{2}\}$
b) $\{\sqrt{10}, -\sqrt{10}\}$ **e)** {100, −100}
c) $\left\{\frac{11}{2}, -\frac{11}{2}\right\}$ **f)** {30, −30}

4. a) {0, −1} **b)** {0, 3}

5. Respostas pessoais.

6. a) {0, 4} **c)** {0, −9}
b) $\left\{0, -\frac{1}{7}\right\}$ **d)** {0, −0,5}

7. 0 ou 2

8. 12

9. 39 cm e 78 cm

10. a) $4y = y^2$ **b)** $y = 4$

11. Resposta pessoal.

12. $x = 0$, $x = -2$ e $x = 2$.

Capítulo 11

Página 118 – Atividades

1. a) 16 **d)** 2 **g)** 4 **j)** 36
b) 9 **e)** 25 **h)** 1 **k)** 14
c) $\frac{1}{4}$ **f)** 18 **i)** 25 **l)** 6

2. a) {−1, 5}
b) {−5, 3}
c) {−2, 4}
d) $\left\{\frac{1}{4}, \frac{3}{4}\right\}$
e) $\{\sqrt{2}, -3\sqrt{2}\}$
f) {2, 1}

3. a) −5
b) A equação não apresenta solução real, pois não existe número real que, elevado ao quadrado, resulte em um número negativo.

4. a) {−1, −5} **g)** {−2, 1}
b) {1, 5} **h)** {2, 8}
c) {9, −1} **i)** {−1, −17}
d) {−6} **j)** {1, 7}
e) {1, −3} **k)** {−9, −3}
f) {16, 2} **l)** {3, 11}

5. Quadrado: lado 2 u.c. e área 4 u.a.
Retângulo: lados 1 u.c. e 8 u.c. e área 8 u.a.

6. A medida x é igual a 8.

7. Resposta pessoal.

Página 121 – Atividades

1. $\left\{\frac{1}{2}, 3\right\}$

a) Não, apenas uma delas é um número inteiro.
b) Dois elementos.

265

2. a) Não. $x = \dfrac{3 \pm \sqrt{-23}}{2}$

b) Nenhum elemento.

3. a) $S = \left\{-\dfrac{2}{3}\right\}$ **c)** $S = \left\{-2, \dfrac{5}{2}\right\}$

b) $S = \{-\sqrt{3}, 3\sqrt{3}\}$ **d)** $S = \{\ \}$

4. a) $S = \left\{-1, -\dfrac{5}{3}\right\}$ **b)** $S = (3, -2)$

5. a) $\{0, 11\}$

b) $\left\{\dfrac{2}{3}, -\dfrac{2}{3}\right\}$

c) $\{0, -9\}$

d) $\left\{\dfrac{9}{2}, -\dfrac{9}{2}\right\}$

6. O filho tem 5 anos e o pai 47.

7. 8

8. a) 1 real, 2 reais, 2,5 reais, 3 reais e 3,5 reais.

b) Construção do gráfico.

c) Resposta possível: O custo do plantio por m² é menor quanto maior for a área plantada. Conforme observado no gráfico, podemos entender que alguns custos fixos para o plantio são mais bem absorvidos em áreas maiores.

Capítulo 12

Página 123 – Atividades

1. a) $x(x - 1) = 110$ **c)** 11 cm e 10 cm

b) $\{11, 10\}$

2. 6 e 9 ou −6 e −9

3. Resposta pessoal.

4. 6 cm e 14 cm

5. O filho tem 4 anos e o pai 48.

6. 7 ou −2

7. $2\sqrt{2}$

8. 20 e 21

9. Resposta pessoal.

10. a) $x^2 - x - 20 = 0$

b) $x = 5$ ou $x = -4$ (que não convém a essa resolução uma vez observada a área apresentada no enunciado).

c) 2 cm e 7 cm

11. $x = 10$ cm.

12. 1 ou −3

Página 131 – Atividades

1. a) Soma: 2; produto: $\dfrac{1}{3}$.

b) Soma: $2\sqrt{3}$; produto: $-3\sqrt{3}$.

c) Soma: 16; produto: 28.

d) Soma: 2; produto: $-\dfrac{3}{2}$.

e) Soma: $-\dfrac{2}{3}$; produto: $\dfrac{1}{9}$.

f) Soma: $-9\sqrt{2}$; produto: 16.

2. a) $k = 5$ **b)** $\dfrac{2}{5}$

3. a) $m = 10$. **b)** −36 **c)** $\{6, -6\}$

4. a) $m = 3$. **b)** $\left\{2, \dfrac{1}{2}\right\}$

5. $k = 7$

6. a) $\dfrac{7}{2}$ **b)** $\dfrac{1}{2}$ **c)** $\dfrac{7}{4}$ **d)** $\dfrac{25}{2}$

7. a) $(x - 2)(x - 3) = 0$ **d)** $(x - 9)(x + 7) = 0$

b) $(x + 4)(x + 8) = 0$ **e)** $(x - 4)(x + 5) = 0$

c) $(x - 10)(x + 10) = 0$ **f)** $(x + 10)(x - 11) = 0$

8. Resposta pessoal.

9. a) 2 e 14 **b)** −10 e 7

Página 132 – Retomar

1. b **6.** b **11.** d **16.** b **21.** d
2. c **7.** d **12.** c **17.** c **22.** c
3. a **8.** c **13.** a **18.** c **23.** c
4. d **9.** d **14.** a **19.** c **24.** d
5. c **10.** c **15.** d **20.** d

UNIDADE 5

Capítulo 13

Página 141 – Atividades

1. a) Como são 15 números pares e 15 números ímpares, a probabilidade de ser sorteado um número ímpar é a mesma de ser sorteado um número par.

b) $\dfrac{7}{30}$ **c)** $\dfrac{6}{30}$ **d)** $\dfrac{3}{30}$ **e)** $\dfrac{27}{30}$

2. A soma é igual a 1.

3. a) Os elementos são: 1, 2, 3, 4, 5, 6, 7, 8, 9, 10, 11 e 12.

b) $\dfrac{1}{12}$ **c)** $\dfrac{3}{12}$ **d)** $\dfrac{4}{12}$

4. Respostas pessoais.

5. É mais provável o colega acertar o dia da semana, pois a probabilidade é $\frac{1}{7}$, enquanto a probabilidade de acertar o dia do mês é $\frac{1}{31}$ (outubro tem 31 dias).

6. É mais provável descobrir qual é o algarismo, pois a probabilidade de acertar o algarismo é $\frac{1}{10}$, enquanto a probabilidade de acertar a letra é $\frac{1}{26}$ (o alfabeto da língua portuguesa tem 26 letras).

7. a) $\frac{1}{24}$ b) $\frac{1}{7}$

8. Respostas pessoais.

9. a) 65%
   b) $\frac{1}{5}$ e $\frac{4}{5}$

10. O cadeado cujo segredo é composto de 4 algarismos.

Página 146 – Atividades

1. a) (K, K, K), (K, K, C), (K, C, K), (C, K, K), (C, C, C), (C, C, K), (C, K, C), (K, C, C)
   b) Não, pois os eventos correspondentes ao resultado do primeiro lançamento, ao resultado do segundo lançamento e ao resultado do terceiro lançamento são independentes.

2. a) $\frac{1}{8}$
   b) Basta multiplicar a probabilidade de sair cara no primeiro lançamento pela probabilidade de sair cara no segundo lançamento e pela probabilidade de sair cara no terceiro lançamento, isto é: $p = \frac{1}{2} \cdot \frac{1}{2} \cdot \frac{1}{2} = \frac{1}{8}$.

3. a) $\frac{1}{7}$
   b) Temos de calcular a probabilidade de errar na primeira tentativa e de acertar na segunda tentativa considerando que, na segunda tentativa, diminui o número de elementos do espaço amostral (exclui-se aquele escolhido na primeira tentativa):
   $p = \frac{6}{7} \cdot \frac{1}{6} = \frac{6}{42} = \frac{1}{7}$.

4. a) $p = \frac{1}{6} \cdot \frac{5}{6} = \frac{5}{36}$. b) $p = \frac{1}{6} \cdot \frac{1}{6} = \frac{1}{36}$.
   c) $p = \frac{5}{6} \cdot \frac{5}{6} = \frac{25}{36}$.

5. a) $p = \frac{80}{100} \cdot \frac{79}{99} = \frac{6320}{9900}$.
   b) $p = \frac{80}{100} \cdot \frac{20}{99} = \frac{1600}{9900}$.
   c) $p = \frac{20}{100} \cdot \frac{19}{99} = \frac{380}{9900}$.
   d) $p = \frac{20}{100} \cdot \frac{80}{99} = \frac{1600}{9900}$.

6. a) $\frac{1}{5}$ b) $\frac{1}{5} \cdot \frac{1}{6} = \frac{1}{30}$

7. a) $\frac{1}{2}$ b) $p = \frac{1}{2} \cdot \frac{1}{31} = \frac{1}{62}$.

8. a) O primeiro pé de meia pode ser qualquer um dos 10. Assim, a probabilidade é:
   $p = \frac{10}{10} \cdot \frac{1}{9} = \frac{1}{9}$.
   b) A probabilidade de que as duas meias sejam de pares diferentes é a probabilidade complementar de serem do mesmo par, isto é: $p = 1 - \frac{1}{9} \longrightarrow p = \frac{8}{9}$.

Capítulo 14

Página 150 – Atividades

1. a) 1,90 filho por família
   b) A partir de 1960.

2. a) Construção do gráfico.
   b) Resposta pessoal.

3. a) Portal Mobilize/Estudo Mobilize 2011
   b) Gráfico de barras (horizontal)
   c) Resposta esperada: cidades ou capitais brasileiras.

4. a) Rio de Janeiro e Curitiba.
   b) Resposta pessoal.

5. a) Significa 10 em cada 1 000 pessoas.
   b) Entre as décadas de 2040.
   c) Resposta pessoal. Planejamento de políticas voltadas às pessoas, por exemplo.

6. Respostas pessoais.

7. a) 207 milhões de pessoas
   b)

Brasil: Distribuição da população por cor/raça (2017)		
Cor/raça	Percentual	População
parda	46,8%	96 876 000
branca	43,6%	90 252 000
preta	8,6%	17 802 000

8. a) Não, resulta em 99%.
  b) Resposta pessoal.

Página 155 – Atividades

1. Resposta esperada: Ao obter a soma dos percentuais, o resultado dá 177%.
2. Resposta pessoal.
3. **a)** Resposta pessoal.
   b) O adequado seria fazer um gráfico cujo eixo vertical começasse com 0%.
4. **a)** De janeiro a fevereiro, logo depois de ele ter assumido o cargo de diretor de vendas, foi omitida uma queda acentuada de vendas e, de setembro a outubro, foi omitida outra acentuada queda de vendas.
   b) Considerando que a linha aponta para baixo, há uma tendência de decrescimento (redução).
   c) Considerando que a linha aponta para cima, há uma tendência de crescimento.

Capítulo 15

Página 161 – Atividades

1. 2

Região	Área aproximada (km)	Percentual	Ângulo do setor
Centro-Oeste	1 605 000	18,8%	67°
Nordeste	1 554 000	18,3%	66°
Norte	3 853 000	45,2%	164°
Sudeste	925 000	10,9%	39°
Sul	576 000	6,8%	24°
Brasil	8 513 000	100%	360°

3. Construção do gráfico.
2. Resposta pessoal. Uma possível tabela pode ser:

Faturamento (em mil reais)				
	1º trimestre	2º trimestre	3º trimestre	4º trimestre
2017	20	18	15	24
2018	22	25	21	27

3. Resposta pessoal.
4. Respostas pessoais.
5. Respostas pessoais.

Página 164 – Retomar

1. c   2. c   3. a   4. b   5. d
6. **a)** 6 classes
   b) 4 minutos
   c) A de 16 a 28 minutos.
   d) A classe de 8 a 12 e a classe de 28 a 32 minutos.

7. d   9. d
8. d   10. b
11. Resposta pessoal.
12. **a)** $\frac{3}{18}$ **b)** $\frac{5}{18}$ **c)** $\frac{10}{18}$
13. a   **14.** b   **15.** d   **16.** c

UNIDADE 6
Capítulo 16

Página 174 – Atividades

1. **a)** 12 cm   **b)** 16 cm   **c)** 9 cm
2. Resposta pessoal.
3. **a)** 6 cm   **c)** $6\sqrt{3}$ cm   **d)** $12\sqrt{3}$ cm
   b) 18 cm
4. O triângulo obtido é retângulo no vértice C. Trata-se da propriedade chamada de arco capaz de 90°. Todo triângulo inscrito numa circunferência em que um dos lados é seu diâmetro será um triângulo retângulo.

Página 177 – Atividades

1. **a)** 15 cm   **b)** 15 cm   **c)** 16 cm
2. **a)** $3\sqrt{2}$ cm   **b)** $5\sqrt{2}$ cm   **c)** 14 cm
3. Resposta pessoal.
4. 125 m
5. **a)** 10 cm   **b)** 26 cm   **c)** 26 cm   **d)** 16 cm
6. Respostas pessoais.
7. **a)** 5 cm   **b)** 120 cm²
8. 250 cm
9. Resposta pessoal.
10. Aproximadamente 5,39 quilômetros.
11. 250 km
12. Resposta pessoal.

Capítulo 17

Página 183 – Atividades

1. **a)** $A(-2, 2)$, $B(3, 2)$, $C(1, -1)$ e $D(-4, -1)$.
   b) No 2º quadrante.   **c)** 15 u.a.
2. **a)** (1, 4)   **c)** (5, 4)
   b) 4 u.c.   **d)** (1, 8)
3. As respostas dependerão dos vértices do quadrado representado no plano cartesiano.
4. 21 cm²

Página 187 – Atividades

1. a) P(4, 7) e Q(4, −3)
   b) M(4, 2)
2. O ponto médio é a origem do plano cartesiano, isto é, (0, 0).
3. a) A(−1, 6), B(7, 6), C(7, −2) e D(−1, −2)
   b) 8 u.c.
   c) 32 u.c.
   d) 64 u.a.
   e) (3, 2)
4. a) Sim.
   b) (0, 0), (0, 3) e (4, 0)
   c) (0, 0) e (0, 3)
   d) (0, 0) e (4, 0)
5. a) $\left(\dfrac{-3}{2}, -1\right)$
   b) A(−1, 5)
   c) B(8, −2)
6. A(5, 13), B(15, 13), C(15, 3) e D(5, 3)

Página 191 – Atividades

1. a) A(0, 0), B(4, 0) e C(2, 3)
   b) 3 u.c.
   c) 6 u.a.
   d) $\sqrt{13}$ u.c.
2. Os lados medem: AB = $\sqrt{8}$ u.c, BC = $\sqrt{32}$ u.c e AC = $\sqrt{40}$ u.c.
3. a) AB = 7 u.c., DC = 7 u.c., AD = 10 u.c. e BC = 10 u.c.
   b) 34 u.c.
   c) 70 u.a.
4. a) AC = $\sqrt{149}$ u.c.
   b) AC = $\sqrt{149}$ u.c.
5. II. AB = $\sqrt{13}$ u.c., BC = $\sqrt{10}$ u.c., CD = $\sqrt{17}$ u.c., DE = $\sqrt{10}$ u.c., EA = $\sqrt{18}$ u.c.
   III. $p \cong 18{,}29$ u.c.

Capítulo 18

Página 196 – Atividades

1. Resposta pessoal.
2. Resposta pessoal.
3. Resposta pessoal.
4. a) 12 lados
   b) 9 diagonais
   c) 54 diagonais

Página 198 – Retomar

1. c
2. b
3. b
4. a
5. d
6. a
7. b
8. d
9. a
10. b
11. b
12. d
13. c
14. d
15. b
16. c
17. a
18. c
19. a
20. e

UNIDADE 7
Capítulo 19

Página 207 – Atividades

1. a) −10   b) −1   c) −28   d) −100
2. a) $A = \ell^2$
   b) $\ell = 7$ cm
   c) $A = 12{,}25$ cm²
3. a) 45
   b) x = 2 ou x = −2
   c) x = 5 ou x = −5
4. a) A(x) = (4x − 1)(2x − 2)
   b) 44 u.a.
   c) P(x) = 12x − 6
   d) 42 u.c.
5. a) 37
   b) 28 cm
6. a) y = 7x
   b) É duplicado também.
   c) x = 100
7. a)

Ordem	Número de palitos	Número de triângulos
1ª	3	1
2ª	5	2
3ª	7	3
4ª	9	4

   b) 11 palitos
   c) (2n + 1) palitos
   d) 5 triângulos
   e) n triângulos
8. a) 390,20 reais
   b) 390,10 reais
   c) Não
   d) 5 sacas

Página 212 – Atividades

1. a) (5, 0)
   b) (0, 3)
   c) Decrescente.
2. O valor máximo de y nessa função é 4.
3. a) O gráfico será uma reta.
   b) O gráfico será uma parábola com a concavidade voltada para cima.
   c) O gráfico será uma parábola com a concavidade voltada para cima.
   d) O gráfico será uma curva crescente passando pela origem (cúbica).
4. a) No intervalo de agosto a novembro.
   b) Em nenhum intervalo.
   c) No intervalo de outubro a novembro.

Capítulo 20

Página 215 – Atividades

1. a) -10
   b) $x = 5$
   c) 10
   d) $x = 15$

2.

Valores de x	Valores de y
$x = 0$	$y = f(0) = -4 \cdot 0 + 10 = 10$
$x = 1$	$y = f(1) = 6$
$x = 2$	$y = f(2) = 2$
$x = 3$	$y = f(3) = -2$

a) 1 unidade
b) 3 unidades

3. a)

Valores de x	Valores de y
$x = 0$	$y = f(0) = 3 \cdot 0 + 5 = 5$
$x = 1$	$y = f(1) = 8$
$x = 2$	$y = f(2) = 11$
$x = 3$	$y = f(3) = 14$

b) Ela diminui em 4 unidades.

4. $f(x) = 10x - 10$
   a) -10
   b) $4,5$

5. a) $m = \dfrac{11}{5}$ e $n = $ R$ 1.600,00
   b) R$ 3.580,00

6. Respostas pessoais.

Página 218 – Atividades

1. a) $(0, 3)$
   b) $(0, 0)$
   c) $(0, -3)$
   d) As retas são paralelas.

2. Resposta pessoal.

3. a) $y = x$
   b) $y = -x$

4. a) $f(x)$ é crescente e $g(x)$ é decrescente.
   b) Para $f(x)$ é $\left(\dfrac{1}{4}, 0\right)$ e $g(x)$ é $(2, 0)$.
   c) Para $f(x)$ é $(0, -1)$ e para $g(x)$ é $(0, 4)$.

5. a) $Q = 4,9x$
   b) Duplica também.
   c) $P = 2,90y$
   d) Duplica também.

6. a) $V = 0,35x$
   b) $V = $ R$ 35,00
   c) $V = 0,525x$
   d) $V = $ R$ 157,00

Página 225 – Atividades

1. a) -10
   b) Concavidade voltada para cima.
   c) 64

2. a) $x = 1$ ou $x = 6$
   b) $x = 0$ ou $x = 10$
   c) $x = 2$
   d) A função não tem zeros.

3. $A(x) = 4x^2 + 560x$

Capítulo 21

Página 229 – Atividades

1.

x	4	8	12	16	20	24
y	5	10	15	20	25	30

a) Sim.
b) Sim. A constante é $\dfrac{5}{4}$.
c) Duplica também.
d) Triplica também.

2. Respostas pessoais.

3. a) $y = 60$
   b) $x = 5$
   c) $yx = 120$
   d) 120
   e) 30

4. Respostas pessoais.

Página 231 – Atividades

1. 1 680 peças
2. a) Diretamente proporcionais.
   b) Diretamente proporcionais.
3. Em 32 dias.
4. Em 4 dias.
5. a) Inversamente proporcionais.
   b) Inversamente proporcionais.
6. Em 15 dias.
7. Resposta pessoal.

Página 232 – Retomar

1. d
2. b
3. d
4. c
5. d
6. c
7. c
8. a
9. a
10. c
11. b
12. c
13. c

14. a) $y = 5x^2$
    b) $y = \dfrac{1}{10}x^2$

15. a
16. b
17. c
18. a
19. b
20. c
21. b
22. e

UNIDADE 8

Capítulo 22

Página 240 – Atividades

1. a) R$ 5,00; R$ 25,00; R$ 2,50
   b) 25 km; 100 km; 10 km
2. a) 10% b) 4% c) 40%
3. a) 4% de multa.
   b) Sim. Basta efetuar a divisão
   $\dfrac{9,68}{242,00} = 0,04 = 4\%$.
   c) Não, pois o segundo aumento deve ser calculado sobre o valor inicial mais o primeiro aumento de 10%.
4. 1 600 m²
5. a) 40%
   b) 2 700 pessoas
   c) 1 800 pessoas
6. Resposta pessoal.

Página 243 – Atividades

1. a) R$ 4,68
   b) R$ 4,5864 ou aproximadamente R$ 4,59.
2. a) Aumentar em 0,192%.
   b) Basta multiplicar 4,50 por 1,04 (aumento de 4%) e o resultado multiplicar por 0,98 (redução de 2%), isto é: 4,50 × 1,04 × 0,98.
3. a) 1,20 ℓ.
   b) A = (1,20 ℓ)² = 1,44 ℓ² ⟶ 44% maior.
4. O quadrado inicial sofreu um aumento de 8%, isto é: 0,90 · (1,20 ℓ) = 1,08 ℓ.
5. 17,6%. Após o 1º aumento, o salário x passa a ser 1,05x.
   Após o 2º aumento, o salário passa a ser 1,12(1,05x) = 1,176x.
6. Resposta pessoal. 7. R$ 23.000,30

Capítulo 23

Página 246 – Atividades

1. **I.** representa a vista lateral do navio (navio visto de lado); **II.** representa a vista superior (navio visto de cima); e **III.** representa a vista frontal do navio (navio visto de frente).

2. As respostas apresentam os desenhos correspondentes.
3. a) Não. Observe no desenho que as projeções feitas são todas retangulares (com a mesma altura).
   b) Sim, pode auxiliar na identificação dos sólidos geométricos.
   c) Triângulo (prisma triangular), círculo (cilindro) e quadrado (prisma quadrangular).
4. Resposta pessoal.

Página 248 – Atividades

1. Resposta pessoal. 3. Resposta pessoal.
2. Resposta pessoal. 4. Resposta pessoal.

Capítulo 24

Página 251 – Atividades

1. 9 m³. 2. 9000 ℓ.
3. a) 81 cm². b) 1 620 cm³.
4. a) Bloco retangular: 8 000 cm³; Prisma quadrangular: 5 760 cm³.
   b) 4800 cm³. c) 33,33 cm.
5. 14,4 cm.
6. a) $150\sqrt{3}$ cm² ≅ 259,5 cm²
   b) $4500\sqrt{3}$ cm³ ≅ 7785 cm³

Página 255 – Atividades

1. 7,6 cm aproximadamente.
2. 450 ml.
3. Resposta pessoal.
4. 117,36 ml.
5. Resposta pessoal.

Página 256 – Retomar

1. b   4. c   7. a   10. a
2. c   5. b   8. b   11. d
3. b   6. c   9. c   12. b

13.

A

B

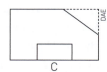
C

14. c   16. e   18. a
15. a   17. d   19. a

Referências

ABDOUNUR, Oscar João. *Matemática e música:* – o pensamento analógico na construção de significados. São Paulo: Escrituras Editora, 1999. (Coleção Ensaios Transversais).

ALBRECHT, J. *Resolução de problemas matemáticos*: uma abordagem metodológica da proposta educação para o pensar. São Paulo: Clube dos Autores, 2010.

ALMOULOUD, S. A.; SILVA, M. J. F. da. Engenharia didática: evolução e diversidade. *Revemat – Revista Eletrônica de Educação Matemática*, v. 7, n. 2, p. 22-52, 2012.

BARBOSA, João Lucas Marques. *Geometria euclidiana plana*. SBM, 1995. Coleção do Professor de Matemática.

BAYÓN, M. I. V.; SALDAÑA, M. A. H.; FERNÁNDEZ, J. R.; FERNANDÉZ, M. M. *Projeto de inteligência Harvard*: resolução de problemas. Madri: Ciencias de la Educación Preescolar y Especial (Cepe), s.d.

BIANCHINI, Edwaldo; PACCOLA, Herval. *Sistemas de numeração ao longo da História*. São Paulo: Moderna, 1997.

BOYER, Carl B. *História da Matemática*. São Paulo: Edgard Blücher, 1974.

BROLEZZI, A. C. *Criatividade e resolução de problemas*. São Paulo: Editora Livraria da Física, 2013.

CÂNDIDO, Suzana Laino. *Formas num mundo de formas*. São Paulo: Moderna, 1997.

COVER, Front.; MILIES, Francisco C P.; Coelho, Sonia P. *Números*: uma introdução à Matemática. São Paulo: Edusp, 2001.

CURY, Helena Noronha; VIANA, Carlos Roberto (Org.). *Formação do professor de Matemática*: reflexões e propostas. Santa Cruz do Sul: IPR, 2012.

DANTZIG, Tobias. *Número*: a linguagem da ciência. Tradução de Sergio Goes de Paula. Rio de Janeiro: Zahar Editores, 1970.

DAVIS, Harold T. *Computação:* tópicos de história da Matemática para uso em sala de aula. Tradução de Hygino H. Domingues. São Paulo: Atual, 1992.

EVES, Howard. *Introdução à história da Matemática*. Campinas: Unicamp, 1997.

_____. *Geometria:* tópicos de história da Matemática para uso em sala de aula. Tradução de Hygino H. Domingues. São Paulo: Atual, 1992.

GARBI, Gilberto G. *O romance das equações algébricas*. São Paulo: Editora Livraria da Física, 2010.

GUELLI, Oscar. *Equação:* o idioma da álgebra. 5. ed. São Paulo: Editora Ática, 1995. Coleção Contando a história da Matemática.

GUNDLACH, Bernard H. *Números e numerais:* tópicos de história da Matemática para uso em sala de aula. Tradução de Hygino H. Domingues. São Paulo: Atual, 1992.

HOGBEN, Lancelot. *Maravilhas da Matemática:* influência e função da matemática nos conhecimentos humanos. Tradução de Paulo Moreira da Silva, Roberto Bins e Henrique Carlos Pfeifer. 2. ed. Rio de Janeiro: Globo, 1956.

KARLSON, Paul. *A magia dos números:* a Matemática ao alcance de todos. Tradução de Henrique Carlos Pfeifer, Eugênio Brito e Frederico Porta. Rio de Janeiro: Globo, 1961.

MACHADO, Nilson José. *Medindo comprimentos*. São Paulo: Scipione, 1995. (Coleção Vivendo a Matemática).

MLODINOW, Leonard. *O andar do bêbado*: como o acaso determina nossa vida. Rio de Janeiro: Zahar, 2009.

OLIVEIRA, Ana Teresa de C. C. de. Reflexões sobre a aprendizagem da álgebra. *Educação Matemática em Revista*, ano 9, n. 12, p. 35-39, jul. 2002.

PETITTO, S. *Projetos de trabalho em informática*: desenvolvendo competências. Campinas: Papirus, 2003.

POLYA, George. *A arte de resolver problemas*. Rio de Janeiro: Interciência, 1978.

ROQUE, Tatiana. *História da Matemática*. Rio de Janeiro: Zahar, 2012.

SILVA, C. M. S. *Explorando as operações aritméticas com recurso da história da Matemática*. Brasília: Plano Editora, 2003.

SOUZA, Júlio César de Mello. *Matemática divertida e curiosa*. 10. ed. Rio de Janeiro: Record.

STEWART, Ian. *Almanaque das curiosidades matemáticas*. Rio de Janeiro: Zahar, 2010.

_____. *Incríveis passatempos matemáticos*. Tradução de Diego Alfaro. Rio de Janeiro: Zahar, 2010.

TARDIF, Maurice. *Saberes docentes e formação profissional*. 17. ed. Rio de Janeiro: Vozes, 2014.